市场制度深化与产业结构变迁

张 涛 著

纪念改革开放四十周年丛书

40周年

复旦大学出版社

本丛书系"上海市中国特色哲学社会科学学术话语体系建设基地"研究成果

上海市社会科学界联合会
上海市哲学社会科学学术话语体系建设办公室
上海市哲学社会科学规划办公室
上海市"理论经济学高峰学科支持计划"
联合策划资助出版

纪念改革开放四十周年丛书编委会

学术顾问　洪远朋　张　军　陈诗一

主　　任　寇宗来

委　　员　王弟海　尹　晨　李志青　朱富强
　　　　　　陈　硕　陆前进　高　帆　高　虹
　　　　　　张　涛　张晖明　许　闲　章　奇
　　　　　　严法善　樊海潮

主　　编　张晖明

副 主 编　王弟海　高　帆

纪念改革开放四十周年丛书(12卷)作者介绍

丛书主编：张晖明,1956年7月出生,经济学博士,教授,博士研究生导师。现任复旦大学经济学系主任,兼任复旦大学企业研究所所长,上海市哲学社会科学研究基地复旦大学社会主义政治经济学研究中心主任,上海市政治经济学研究会会长。

丛书各卷作者介绍：

1.《国有企业改革的政治经济学分析》,张晖明。

2.《从割裂到融合：中国城乡经济关系演变的政治经济学》,高帆,1976年11月出生,经济学博士,复旦大学经济学院教授,博士生导师,经济学系常务副主任。

3.《中国二元经济发展中的经济增长和收入分配》,王弟海,1972年12月出生,经济学博士,复旦大学经济学院教授,博士生导师,院长助理,经济学系副系主任,《世界经济文汇》副主编。

4.《中国央地关系：历史、演进及未来》,陈硕,1980年2月出生,经济学博士,复旦大学经济学院教授。

5.《政治激励下的省内经济发展模式和治理研究》,章奇,1975年2月出生,经济学博士、政治学博士,复旦大学经济学院副教授。

6.《市场制度深化与产业结构变迁》,张涛,1976年4月出生,经济学博士,复旦大学经济学院副教授。

7.《经济集聚和中国城市发展》,高虹,1986年9月出生,经济学博士,复旦大学经济学院讲师。

8.《中国货币政策调控机制转型及理论研究》,陆前进,1969年9月出生,经济学博士,复旦大学经济学院教授。

9.《保险大国崛起：中国模式》,许闲,1979年9月出生,经济学博士,复旦大学经济学院教授,风险管理与保险学系主任,复旦大学中国保险与社会安全研究中心主任,复旦大学-加州大学当代中国研究中心主任。

10.《关税结构分析、中间品贸易与中美贸易摩擦》,樊海潮,1982年4月出生,经济学博士,复旦大学经济学院教授。首届张培刚发展经济学青年学者奖获得者。

11.《绿色发展的经济学分析》,李志青,1975年11月出生,经济学博士,复旦大学经济学院高级讲师,复旦大学环境经济研究中心副主任。

12.《中国特色社会主义政治经济学的新发展》,严法善,1951年12月出生,经济学博士,复旦大学经济学院教授,博士生导师,复旦大学泛海书院常务副院长。

总序一

改革开放到今天已经整整走过了四十年。四十年来,在改革开放的进程中,中国实现了快速的工业化和经济结构的变化,并通过城镇化、信息化和全球化等各种力量的汇集,推动了中国经济的发展和人均收入的提高。从一个孤立封闭型计划经济逐步转变为全面参与全球竞争发展的开放型市场经济。中国经济已经全面融入世界经济一体化,并成为全球第二经济大国。

中国社会经济的飞速发展源于中国改革开放的巨大成功。改革开放在"解放思想、实事求是"思想指导下,以"三个有利于"为根本判断标准,以发展社会生产力作为社会主义的根本任务,逐步探索建设中国特色社会主义事业的改革路径。四十年来的改革开放,是一个摸着石头过河的逐步探索过程和渐进性改革过程,也是一个伟大的社会发展和经济转型过程,是世界经济发展进程中的一个奇迹。当前,中国经济发展进入新常态,中国特色社会主义进入了新时代。回顾历史,借往鉴来,作为中国的经济学者,我们有义务去研究我们正在经历的历史性经济结构和制度结构转型过程,有责任研究和总结我们在过去四十年经济改革中所取得的众多成功经验和所经历过的经验教训。对这个历史变迁过程中已经发生的事件提供一个更好的理解和认识的逻辑框架,为解决我们当前所面临的困境和挑战提出一种分析思路和对策见解,从而让我们对未来尚未发生或者希望发生的事件有一个更加理性的预见和思想准备,这是每一个经济学者的目标。

为了纪念中国改革开放四十周年,深化对中国经济改革和社会发展过程的认识,加强对一些重大经济问题的研究和认识,同时也为更好解决当前以及未来经济发展所面临的问题和挑战建言献策,复旦大学经济学系主任张晖明教授组织编著了这套纪念改革开放四十周年丛书。本套丛书共包括十二卷,分别由复旦大学经济学系教师为主的十多位学者各自独立完成。丛书主要围绕四十年来中国经济体制改革过程中的重大经济问题展开研究,研究内容包括中国特色社会主义政治经济学的新发展、二元经济发展中的经济增长和收入分配、货币政策调控机制转型及理论研究、国企改革和基本经济制度完善、城乡关系和城乡融合、中央地方财政关系和财政分权、经济结构变迁和产业进入壁垒、经济集聚和城市发展、"一带一路"倡议和对外贸易、政治激励下的省内经济发展和治理模式、保险业的发展与监管、绿色发展和环境生态保护等十多个重大主题。

复旦大学经济学院具有秉承马克思主义经济学和西方经济学两种学科体系的对话和发展的传统。本套丛书在马克思主义指导下,立足中国现实,运用中国政治经济学分析方法、现代经济学分析方法和数理统计计量等数量分析工具,对中国过去四十年的改革开放的成功经验、特征事实以及新时代发展所面临的困境和挑战进行翔实而又深刻的分析和探讨,既揭示出了改革开放四十年来中国经济发展的典型事实和中国特色,也从中国的成功经验中提炼出了社会经济发展的一般规律和理论;是既立足于中国本土经济发展的事实分析和研究又具有经济发展一般机制和规律的理论创新和提升。

值得提及的是,编写纪念改革开放丛书已经成为复旦大学经济学院政治经济学科的一种传统。1998年复旦大学经济学院政治经济学教授伍柏麟先生曾主编纪念改革开放二十周年丛书,2008年复旦大学经济学院新政治经济学研究中心主任史正富教授曾主编纪念改革开放三十周年丛书。2018年正值改革开放四十周年之际,复旦大学经济学院经济学系主任张晖明教授主编了这套纪念改革开放四十周年丛书,也可谓是秉承政治经济学科的传统。

作为本套丛书的主要贡献者——复旦大学经济学院政治经济学科是国家的重点学科,也一直都是中国政治经济学研究和发展的最主要前沿阵地之一。复旦大学经济学院政治经济学历史悠久,学术辉煌,队伍整齐。她不但拥有一大批直接影响着中国政治经济学发展和中国改革进程的老一辈经济学家,今天更聚集了一批享誉国内的中青年学者。1949年中华人民共和国成立以后,老一辈著名政治经济学家许涤新、吴斐丹、漆琪生等就在复旦大学执鞭传道;改革开放之后,先后以蒋学模、张薰华、伍柏麟、洪远朋等老先生为代表的复旦政治经济学科带头人对政治经济学的学科建设和人才培养,以及国家改革和上海发展都做出了卓越贡献。蒋学模先生主编的《政治经济学教材》目前已累计发行2000多万册,培育了一批批马克思主义的政治经济学理论学者和党政干部,在中国改革开放和现代化事业建设中发挥了重要作用。张薰华教授20世纪80年代中期提出的社会主义级差地租理论厘清了经济中"土地所有权"和"土地私有权"之间的关系,解释了社会主义经济地租存在的合理性和必要性,为中国的土地使用制度改革和中国城市土地的合理使用奠定了理论基础。目前,在张晖明教授、孟捷教授等国内新一代政治经济学领军人物的引领下,复旦大学政治经济学科聚集了高帆教授、陈硕教授、汪立鑫教授和周翼副教授等多位中青年政治经济学研究者,迎来新的发展高峰。2018年4月,由张晖明教授任主任的上海市哲学社会科学研究基地"复旦大学中国特色社会主义政治经济学研究中心"已经在复旦大学经济学院正式挂牌成立,它必将会极大推动复旦大学经济学院政治经济学理论研究和学科发展。作为复旦大学经济学院政治经济学理论研究宣传阵地,由孟捷教授主编的《政治经济学报》也已经获得国家正式刊号,未来也必将在政治经济学理论研究交流和宣传中发挥积极作用。

张晖明教授主编的本套丛书,可以视为复旦大学经济学院政治经济学科近来理论研究和学科发展的重要成果之一。通过对本套丛书的阅读,相信读者对中国的改革开放必将有新的认识和理解,对中国目前面临的挑战和未来发展必将产生新的思考和启发。

复旦大学经济学院教授、院长　张军
2018年12月9日

总序二

大约在两年前,我就开始考虑组织队伍,开展系列专题研究,为纪念改革开放四十周年撰写专著,承接和保持我们复旦大学政治经济学学科纪念改革开放二十周年、三十周年都曾经组织撰写出版大型丛书的学术传统,以体现经济理论研究者对经济社会发展的学术责任。我的这一想法得到学院领导的肯定和支持,恰好学院获得上海市政府对复旦理论经济学一级学科高峰计划的专项拨款,将我们这个研究计划列入支持范围,为研究工作的开展创造了一定的条件。在我们团队的共同努力下,最后遴选确定了十二个专题,基本覆盖了我国经济体制的主要领域或者说经济体制建构的不同侧面,经过多次小型会议,根据参加者各自的研究专长,分工开展紧张的研究工作。复旦大学出版社的领导对我们的丛书写作计划予以高度重视,将这套丛书列为2018年的重点出版图书;我们的选题也得到上海市新闻出版局的重视和鼓励。这里所呈现的就是我们团队这两年来所做的工作的最后成果。我们力求从经济体制的不同侧面进行系统梳理,紧扣改革开放实践进程,既关注相关体制变革转型的阶段特点和改革举措的作用效果,又注意联系运用政治经济学理论方法进行理论探讨,联系各专门体制与经济体制整体转型相互之间的关系,力求在经济理论分析上有所发现,为中国特色社会主义经济理论内容创新贡献复旦人的思想和智慧,向改革开放四十周年献礼。

中国经济体制改革四十年的历程举世瞩目。以1978年底召开的中国共产党十一届三中全会确定"改革开放"方针为标志,会议在认真总结中国开展社会主义实践的经验教训的基础上,纠正了存在于党的指导思想上和各项工作评价方式上存在的"左"的错误,以"破除迷信""解放思想"开路,回到马克思主义历史唯物主义"实事求是"的方法论上来,重新明确全党全社会必须"以经济建设为中心",打开了一个全新的工作局面,极大地解放了社会生产力,各类社会主体精神面貌焕然一新。从农村到城市、从"增量"到"存量"、从居民个人到企业、从思想观念到生存生产方式,都发生了根本的变化,改革开放激发起全社会各类主体的创造精神和行动活力。

中国的经济体制改革之所以能够稳健前行、行稳致远,最关键的一条就是有中国共产党的坚强领导。我们党对改革开放事业的领导,以党的历次重要会议为标志,及时地在理论创新方面作出新的表述,刷新相关理论内涵和概念表达,对实践需要采取的措施加以具体规划,并在扎实地践行的基础上及时加以规范,以及在体制内容上予以巩固。我们可以从四十年来党的历次重要会议所部署的主要工作任务清晰地看到党对改革开放事业的方向引领、阶段目标设计和工作任务安排,通过对所部署的改革任务内容的前一阶段工作予以及时总结,及时发现基层创新经验和推广价值,对下一阶段改革深化推进任务继续加以部署,久久为功,迈向改革目标彼岸。

党的十一届三中全会(1978)实现了思想路线的拨乱反正,重新确立了马克思主义实事求是的思想路线,果断地提出把全党工作的着重点和全国人民的注意力转移到社会主义现代化建设上来,作出了实行改革开放的新决策,启动了农村改革的新进程。

党的十二大(1982)第一次提出了"建设有中国特色的社会主义"的崭新命题,明确指出:"把马克思主义的普遍真理同我国的具体实际结合起来,走自己的道路,建设有中国特色的社会主义,这就是我们总结长期历史经验得出的基本结论。"会议确定了"党为全面开创社会主义现代化建设新局面而奋斗的纲领"。

党的十二届三中全会(1984)制定了《中共中央关于经济体制改革的决定》,明确坚决地系统地进行以城市为重点的整个经济体制的改革,是我国形势发展的迫切需要。这次会议标志着改革由农村走向城市和整个经济领域的新局面,提出了经济体制改革的主要任务。

党的十三大(1987)明确提出我国仍处在"社会主义初级阶段",为社会主义确定历史方位,明确概括了党在社会主义初级阶段的基本路线。

党的十四大(1992)报告明确提出,我国经济体制改革的目标是建立社会主义市场经济体制,就是要使市场在社会主义国家宏观调控下对资源配置起基础性作用;明确提出"社会主义市场经济体制是同社会主义基本制度结合在一起的"。在所有制结构上,以公有制为主体,个体经济、私营经济、外资经济为补充,多种经济成分长期共同发展,不同经济成分还可以自愿实行多种形式的联合经营。国有企业、集体企业和其他企业都进入市场,通过平等竞争发挥国有企业的主导作用。在分配制度上,以按劳分配为主体,其他分配方式为补充,兼顾效率与公平。

党的十四届三中全会(1993)依据改革目标要求,及时制定了《中共中央关于建立社会主义市场经济体制若干问题的决定》,系统勾勒了社会主义市场经济体制的框架内容。会议通过的《决定》把党的十四大确定的经济体制改革的目标和基本原则加以系统化、具体化,是中国建立社会主义市场经济体制的总体规划,是20世纪90年代中国进行经济体制改革的行动纲领。

党的十五大(1997)提出"公有制实现形式可以而且应当多样化,要努力寻找能够极大促进生产力发展的公有制实现形式"。"非公有制经济是我国社会主义市场经济的重要组成部分","允许和鼓励资本、技术等生产要素参与收益分配"等重要论断,大大拓展了社会主义生存和实践发展的空间。

党的十五届四中全会(1999)通过了《中共中央关于国有企业改革和发展若干重大问题的决定》,明确提出,推进国有企业改革和发展是完成党的十五大确定的我国跨世纪发展的宏伟任务,建立和完善社会主义市场经济体制,保持国民经济持续快速健康发展,大力促进国有企业的体制改革、机制转换、结构调整和技术进步。从战略上调整国有经济布局,要同产业结构的优化升级和所有制结构的调整完善结合起来,坚持有进有退,有所为有所不为,提高国有经济的控制力;积极探索公有制的多种有效实现形式,大力发展股份制和混合所有制经济;要继续推进政企分开,按照国家所有、分级管理、授权经营、分工监督的原则,积极探索国有资产管理的有效形式;实行规范的公司制改革,建立健全法人治理结构;要建立与现代企业制度相适应的收入分配制度,形成有效的激励和约束机制;必须切实加强企业管理,重视企业发展战略研究,健全和完善各项规章制度,从严管理企业,狠抓薄弱环节,广泛采用现代管理技术、方法和手段,提高经济效益。

党的十六大(2002)指出,在社会主义条件下发展市场经济,是前无古人的伟大创举,是中国共产党人对马克思主义发展作出的历史性贡献,体现了我们党坚持理论创新、与时俱进的巨大勇气。并进一步强调"必须坚定不移地推进各方面改革"。要从实际出发,整体推进,重点突破,循序渐进,注重制度建设和创新。坚持社会主义市场经济的改革方向,使市场在国家宏观调控下对资源配置起基础性作用。

党的十六届三中全会(2003)通过的《中共中央关于完善社会主义市场经济体制若干问题的决定》,全面部署了完善社会主义市场经济体制的目标和任务。按照"五个统筹"①的要求,更大程度地发挥市场在资源配置中的基础性作用,增强企业活力和竞争力,健全国家宏观调控,完善政府社会管理和公共服务职能,为全面建设小康社会提供强有力的体制保障。主要任务是:完善公有制为主体、多种所有制经济共同发展的基本经济制度;建立有利于逐步改变城乡二元经济结构的体制;形成促进区域经济协调发展的机制;建设统一开放、竞争有序的现代市场体系;完善宏观调控体系、行政管理体制和经济法律制度;健全就业、收入分配和社会保障制度;建立促进经济社会可持续发展的机制。

党的十七大(2007)指出,解放思想是发展中国特色社会主义的一大法

---

① 即统筹城乡发展、统筹区域发展、统筹经济社会发展、统筹人与自然和谐发展、统筹国内发展和对外开放。

宝,改革开放是发展中国特色社会主义的强大动力,科学发展、社会和谐是发展中国特色社会主义的基本要求。会议强调,改革开放是决定当代中国命运的关键抉择,是发展中国特色社会主义、实现中华民族伟大复兴的必由之路;实现未来经济发展目标,关键要在加快转变经济发展方式、完善社会主义市场经济体制方面取得重大进展。要大力推进经济结构战略性调整,更加注重提高自主创新能力、提高节能环保水平、提高经济整体素质和国际竞争力。要深化对社会主义市场经济规律的认识,从制度上更好发挥市场在资源配置中的基础性作用,形成有利于科学发展的宏观调控体系。

党的十七届三中全会(2008)通过了《中共中央关于农村改革发展的若干重大问题的决议》,特别就农业、农村、农民问题作出专项决定,强调这一工作关系党和国家事业发展全局。强调坚持改革开放,必须把握农村改革这个重点,在统筹城乡改革上取得重大突破,给农村发展注入新的动力,为整个经济社会发展增添新的活力。推动科学发展,必须加强农业发展这个基础,确保国家粮食安全和主要农产品有效供给,促进农业增产、农民增收、农村繁荣,为经济社会全面协调可持续发展提供有力支撑。促进社会和谐,必须抓住农村稳定这个大局,完善农村社会管理,促进社会公平正义,保证农民安居乐业,为实现国家长治久安打下坚实基础。

党的十八大(2012)进一步明确经济体制改革进入攻坚阶段的特点,指出"经济体制改革的核心问题是处理好政府和市场的关系",在党中央的领导下,对全面深化改革进行了系统规划部署,明确以经济体制改革牵引全面深化改革。

党的十八届三中全会(2013)通过了《中共中央关于全面深化改革若干重大问题的决定》,全方位规划了经济、政治、社会、文化和生态文明"五位一体"的336项改革任务,面对改革攻坚,提倡敢于啃硬骨头的坚忍不拔的精神,目标在于实现国家治理体系和治理能力的现代化。会议决定成立中共中央全面深化改革领导小组,负责改革总体设计、统筹协调、整体推进、督促落实。习近平总书记强调:"全面深化改革,全面者,就是要统筹推进各领域改革。

就需要有管总的目标,也要回答推进各领域改革最终是为了什么、要取得什么样的整体结果这个问题。""这项工程极为宏大,零敲碎打调整不行,碎片化修补也不行,必须是全面的系统的改革和改进,是各领域改革和改进的联动和集成。"①

党的十八届四中全会(2014)通过了《中共中央关于全面推进依法治国若干重大问题的决定》,明确提出全面推进依法治国的总目标,即建设中国特色社会主义法治体系,建设社会主义法治国家。

党的十八届五中全会(2015)在讨论通过《中共中央关于"十三五"规划的建议》中,更是基于对社会主义实践经验的总结,提出"创新、协调、绿色、开放和共享"五大新发展理念。进一步丰富完善"治国理政",推进改革开放发展的思想理论体系。不难理解,全面深化改革具有"系统集成"的工作特点要求,需要加强顶层的和总体的设计和对各项改革举措的协调推进。同时,又必须鼓励和允许不同地方进行差别化探索,全面深化改革任务越重,越要重视基层探索实践。加强党中央对改革全局的领导与基层的自主创新之间的良性互动。

党的十九大(2017)开辟了一个新的时代,更是明确提出社会主要矛盾变化为"不充分、不平衡"问题,要从过去追求高速度增长转向高质量发展,致力于现代化经济体系建设目标,在经济社会体制的质量内涵上下功夫,提出以效率变革、质量变革和动力变革,完成好"第一个一百年"收官期的工作任务,全面规划好"第二个一百年"②的国家发展战略阶段目标和具体工作任务,把我国建设成为社会主义现代化强国。国家发展战略目标的明确为具体工作实践指明了方向,大大调动实践者的工作热情和积极性,使顶层设计与基层主动进取探索之间的辩证关系有机地统一起来,着力推进改革走向更深层

---

① 习近平在省部级主要领导干部学习贯彻十八届三中全会精神全面深化改革专题研讨班开班式上的讲话,2014年2月17日。

② "第一个一百年"指建党一百年,"第二个一百年"指新中国成立一百年。

次、发展进入新的阶段。

改革意味着体制机制的"创新"。然而,创新理论告诉我们,相较于对现状的认知理解,创新存在着的"不确定性"和因为这种"不确定性"而产生的心理上的压力,有可能影响到具体行动行为上出现犹豫或摇摆。正是这样,如何对已经走过的改革历程有全面准确和系统深入的总结检讨,对所取得成绩和可能存在的不足有客观科学的评估,这就需要认真开展对四十年改革经验的研究,并使之能够上升到理论层面,以增强对改革规律的认识,促进我们不断增强继续深化改革的决心信心。

四十年风雨兼程,改革开放成为驱动中国经济发展的强大力量,产生了对于社会建构各个方面、社会再生产各个环节、社会生产方式和生活方式各个领域的根本改造。社会再生产资源配置方式从传统的计划经济转型到市场经济,市场机制在资源配置中发挥决定性作用,社会建构的基础转到以尊重居民个人的创造性和积极性作为出发点。国有企业改革成为国家出资企业,从而政府与国家出资的企业之间的关系就转变成出资与用资的关系,出资用资两者之间进一步转变为市场关系。因为出资者在既已出资后,可以选择持续持股,也可以选择将股权转让,从而"退出"股东位置。这样的现象,也可以看作是一种"市场关系"。通过占主体地位的公有制经济与其他社会资本平等合作,以混合所有制经济形式通过一定的治理结构安排,实现公有制与市场经济的有机融合。与资源配置机制的变革和企业制度的变革相联系,社会再生产其他方方面面的体制功能围绕企业制度的定位,发挥服务企业、维护社会再生产顺畅运行的任务使命。财政、金融、对外经济交往等方面的体制架构和运行管理工作内容相应配套改革。伴随改革开放驱动经济的快速发展,城乡之间、区域之间关系相应得到大范围、深层次的调整。我们在对外开放中逐渐培养自觉遵循和应用国际经济规则的能力,更加自觉地认识到,必须积极主动地融入全球化潮流,更深层次、更广范围、更高水平地坚持对外开放,逐渐提升在对外开放中参与国际规则制定和全球治理的能力。也正是由于对经济社会发展内涵有了更加深刻的认识,摈弃了那种片面追求

GDP增长的"线性"发展思维和行为,我们开始引入环境资源约束,自觉探寻可持续的"绿色"发展道路。

可以说,改革开放对中国经济社会产生全方位的洗礼作用。正是基于这样的见解,我们的**丛书研究主题**尽可能兼顾覆盖经济体制和经济运行的相关主要方面。为了给读者一个概貌性的了解,在这里,我把十二卷论著的主要内容做一个大致的介绍。

高帆教授的《从割裂到融合:中国城乡经济关系演变的政治经济学》,基于概念界定和文献梳理,强调经典的二元经济理论与中国这个发展中大国的状况并不完全契合。我国存在着发展战略和约束条件—经济制度选择—微观主体行为—经济发展绩效(城乡经济关系转化)之间的依次影响关系,其城乡经济关系是在一系列经济制度(政府-市场关系、政府间经济制度、市场间经济制度)的作用下形成并演变的,政治经济学对理解中国的城乡经济关系问题至关重要。依据此种视角,该书系统研究了我国城乡经济关系从相互割裂到失衡型融合再到协同型融合的演变逻辑,以此为新时代我国构建新型城乡经济关系提供理论支撑,为我国形成中国特色社会主义政治经济学提供必要素材。

张晖明教授的《国有企业改革的政治经济学分析》,紧扣国有企业改革四十年的历程,系统总结国有企业改革经验,尝试建构中国特色的企业理论。基于对企业改革作为整个经济体制改革"中心环节"的科学定位分析,该书讨论了企业经营机制、管理体制到法律组织和经济制度逐层推进变革,促成企业改革与市场发育的良性互动;概括了企业制度变革从"国营"到"国有",再到"国家出资";从"全民所有""国家所有"到"混合所有";从政府机构的"附属物"改造成为法人财产权独立的市场主体,将企业塑造成为"公有制与市场经济有机融合"的组织载体,有效、有力地促进政资、政企关系的变革调整。对改革再出发,提出了从"分类"到"分层"的深化推进新思路,阐述了国有企业改革对于国家治理体系现代化建设的意义,对于丰富和完善我国基本经济制度内涵的理论意义。

王弟海教授的《中国二元经济发展中的经济增长和收入分配》，主要聚焦于改革开放四十年来中国二元经济发展过程中的经济增长和收入分配问题。该书主要包括三大部分：第1编以中国实际GDP及其增长率作为分析的对象，对中国经济增长的总体演化规律和结构变迁特征进行分析，并通过经济增长率的要素分解，研究了不同因素对中国经济增长的贡献；第2编主要研究中国经济增长和经济发展之间的关系，探讨一些重要的经济发展因素，如投资、住房、教育和健康等同中国经济增长之间相动机制；第3编主要研究了中国二元经济发展过程中收入分配的演化，包括收入分配格局的演化过程和现状、收入差距扩大的原因和机制，以及未来可能的应对措施和策略。

陈硕教授的《中国央地关系：历史、演进及未来》，全书第一部分梳理我国历史上央地关系变迁及背后驱动因素和影响；第二和第三部分分别讨论当代央地财政及人事关系；第四部分则面向未来，着重讨论财权事权分配、政府支出效率、央地关系对国家、社会及政府间关系的影响等问题。作者试图传达三个主要观点：第一，央地关系无最优之说，其形成由历史教训、政治家偏好及当前约束共同决定；第二，央地关系的调整会影响国家社会关系，对该问题的研究需借助一般均衡框架；第三，在更长视野中重新认识1994年分税制改革对当代中国的重要意义。

章奇副教授的《政治激励下的省内经济发展模式和治理研究》认为，地方政府根据自己的政治经济利益，选择或支持一定的地方经济发展模式和经济政策来实现特定的经济资源和利益的分配。换言之，地方经济发展模式和政策选择本质上是一种资源和利益分配方式（包含利益分享和对应的成本及负担转移）。通过对发展模式的国际比较分析和中国20世纪90年代以来的地方经济发展模式的分析，指出地方政府领导层的政治资源的集中程度和与上级的政治嵌入程度是影响地方政府和官员选择地方经济发展模式的两个重要因素。

张涛副教授的《市场制度深化与产业结构变迁》，讨论了改革开放四十年来，中国宏观经济结构发生的显著变化。运用经济增长模型，从产品市场和劳动力市场的现实特点出发,研究开放经济下资本积累、对外贸易、产业政策等影响宏观经济结构变化的效应、机制和相应政策。

高虹博士的《经济集聚和中国城市发展》,首先澄清了对于城市发展的一个误解,就是将区域间"协调发展"简单等同于"同步发展",并进一步将其与"经济集聚"相对立。政策上表现为试图缩小不同规模城市间发展差距,以平衡地区间发展。该书通过系统考察经济集聚在城市发展中的作用发现,经济集聚的生产率促进效应不仅有利于改善个人劳动力市场表现,也将加速城市制造业和服务业产业发展,提升经济发展效率。该书为提高经济集聚程度、鼓励大城市发展的城市化模式提供了支持。

陆前进教授的《中国货币政策调控机制转型及理论研究》,首先从中央银行资产负债表的角度分析了货币政策工具的调控和演变,进而探讨了两个关键变量(货币常数和货币流通速度)在货币调控中的作用。该书重点研究了货币和信贷之间的理论关系以及信贷传导机制——货币调控影响货币和信贷,从而会影响中央银行的铸币税、中央银行的利润等——进而从货币供求的角度探讨了我国中央银行铸币税的变化,还从价格型工具探讨了我国中央银行的货币调控机制,重点研究了利率、汇率调控面临的问题,以及我国利率、汇率的市场化形成机制的改革。最后,总结了我国货币政策调控面临的挑战,以及如何通过政策搭配实现宏观经济内外均衡。

许闲教授的《保险大国崛起:中国模式》,讨论了改革开放四十年中国保险业从起步到崛起,按保费规模测算已经成为全球第二保险大国。四十年的中国保险业发展,是中国保险制度逐步完善、市场不断开放、主体多样发展、需求供给并进的历程。中国保险在发展壮大中培育了中国特色的保险市场,形成了大国崛起的中国模式。该书以历史叙事开篇,从中国保险公司上市、深化改革中的保险转型、中国经济增长与城镇化建设下的保险协同发展、对外开放中保险业的勇于担当、自贸区和"一带一路"倡议背景下保险业的时代作为、金融监管与改革等不同视角,探讨与分析了中国保险业改革开放四十年所形成的中国模式与发展路径。

樊海潮教授的《关税结构分析、中间品贸易与中美贸易摩擦》,指出不同国家间关税水平与关税结构的差异,往往对国际贸易产生重要的影响。全书从中国关税结构入手,首先对中国关税结构特征、历史变迁及国际比较进行了梳理。之后重点着眼于2018年中美贸易摩擦,从中间品关税的角度对中美贸易摩擦的相关特征进行了剖析,并利用量化分析的方法评估了此次贸易摩擦对两国福利水平的影响,同时对其可能的影响机制进行了分析。全书的研究,旨在为中国关税结构及中美贸易摩擦提供新的研究证据与思考方向。

李志青高级讲师的《绿色发展的经济学分析》,指出当前中国面对生态环境与经济增长的双重挑战,正处于环境库兹涅茨曲线爬坡至顶点、实现环境质量改善的关键发展阶段。作为指导社会经济发展的重要理念,绿色发展是应对生态环境保护与经济增长双重挑战的重要途径,也是实现环境与经济长期平衡的重要手段。绿色发展在本质上是一个经济学问题,我们应该用经济学的视角和方法来理解绿色发展所包含的种种议题,同时通过经济学的分析找到绿色发展的有效解决之道。

严法善教授的《中国特色社会主义政治经济学的新发展》,运用马克思主义政治经济学基本原理与中国改革开放实践相结合的方法,讨论了中国特色社会主义政治经济学理论的几个主要问题:新时代不断解放和发展生产力,坚持和完善基本经济制度,坚持社会主义市场经济体制,正确处理市场与政府关系、按劳分配和按要素分配关系、对外开放参与国际经济合作与竞争关系等。同时还研究了改革、发展、稳定三者的辩证关系,新常态下我国面临的新挑战与机遇,以及贯彻五大新发展理念以保证国民经济持续快速、健康、发展,让全体人民共享经济繁荣成果等问题。

以上十二卷专著,重点研究中国经济体制改革和经济发展中的一个主要体制侧面或决定和反映经济发展原则和经济发展质量的重要话题。反映出每位作者在自身专攻的研究领域所积累的学识见解,他们剖析实践进程,力求揭示经济现象背后的结构、机制和制度原因,提出自己的分析结论,向读者传播自己的思考和理论,形成与读者的对话并希望读者提出评论或批评的回应,以求把问题的讨论引向深入,为指导实践走得更加稳健有效设计出更加完善的政策建议。换句话说,作者所呈现的研究成果一定存在因作者个人的认识局限性带来的瑕疵,欢迎读者朋友与作者及时对话交流。作为本丛书的主编,在这里代表各位作者提出以上想法,这也是我们组织这套丛书所希望达到的目的之一。

是为序。

张晖明

2018 年 12 月 9 日

前　言

改革开放四十年来,我国社会主义市场经济制度逐渐确立并进一步发展完善,市场从配置资源的基础性作用向决定性作用转变。市场深化的体现有:产品市场消除进入壁垒、竞争程度逐渐增强,劳动力市场促进地区和部门间流动,金融市场建立了多元融资体系和利率逐渐自由化,外汇市场推进汇率改革等。这些市场制度的深化完善,通过促进资本积累和要素优化配置,有效地提高了企业生产率,推动产业升级。产业层面的效率提升最终反映为宏观经济增长和结构变迁。

通过了解东亚其他经济体发展过程中的经历,有助于我们更好地理解我国市场制度深化与产业结构变迁的关系。例如,东亚出口导向型经济对技能学习、产业升级和宏观结构变迁的积极作用;金融模式如何塑造一个经济体的发展重点和产业结构;金融体系对于新产业形成的重要性,银行依赖型和证券依赖型模式金融制度对技术制度变更的影响是什么;如何在产业结构变迁和收入分配之间寻找一个良性互动的发展模式等。在当下我们正面临着新增长模式形成的阶段,这些经济体的经验提供了丰富的借鉴可能。本书的主要框架结构如图1所示。

第1章,通过构建一个具有要素密集度差异的两部门模型,分析了部门间全要素生产率(TFP)增长率差异、物质资本积累、恩格尔效应,以及部门进入壁垒变化对产业结构和劳动收入份额的影响。首先,在资本深化且劳动密集型产品为优先需求的前提下,恩格尔效应将会导致劳动收入份额下降,并且这种效应渐近地趋于零;其次,部门 TFP 增长率差异、物质资本积累、产业壁垒变化对劳动收入份额的影响则取决于替代弹性的具体大小。

第 2 章,通过构建一个包含城乡劳动力转移的二元经济索罗模型,运用比较静态分析方法考察了各种外生变化对产业结构、要素收入分配的短期及长期影响。就部门技术水平、部门进入壁垒等总供给冲击而言,传统的鲍莫尔效应依然成立;就部门出口比例变动等总需求冲击而言,需求外生增加的部门占现代部门的产值比重,以及该部门密集使用的要素占现代部门收入的份额均会上升。

第 3 章,利用我国 37 个工业行业 2003—2009 年的面板数据,在考虑行业外部融资依赖度和有形资产比重、国有资产比重等行业特征的基础上,实证检验了金融发展对行业研发强度的影响。实证结果表明:用银行信贷、股票市场、企业债券市场等指标衡量的国内金融发展对研发强度的作用显著为正,而用外商直接投资(FDI)使用额衡量的国际金融发展的作用显著为负。

第 4 章,用赫芬达尔-赫希曼指数(HHI)衡量的市场结构因素纳入考察实际汇率波动对企业生产率作用机制的理论模型,并且运用面板数据分别对从事出口和不从事出口的企业进行实证分析。实证结果发现:① 汇率升值对所有类型企业的生产率的直接影响均显著为负;② 汇率升值会通过进口竞争效应显著提高国内竞争程度较弱的行业中非出口企业的生产率;③ 汇率升值会通过出口市场冲击显著降低国内出口企业的生产率,并且这种负面影响与企业所处行业的市场集中度和企业出口依存度正相关。另外,运用 Heckman 两步法回归发现:汇率升值带来的进口竞争效应部分是通过企业研发支出、职工培训这两个途径实现的。

第 5 章,基于我国 2 766 家上市公司 2007—2017 年的面板数据,利用固定效应模型实证检验了专利对企业绩效的短期影响和长期影响。研究发现:短期专利对企业净资产收益率、总资产收益率、主营业务利润率、人均营业收入、净利润和托宾 Q 有负向影响,但对营业收入总额有正向影响;长期专利对企业绩效均没有显著影响。另外,本章通过理论分析和实证检验发现:(1)企业可能通过非正常专利申请套取政府财政补贴,增加营业外收入;(2)专利可以帮助企业提高市场占有率;(3)企业出于战略考虑申请专利,以确保未来的产业竞争优势。基于上述研究发现,本章提出了提高我国技术创新能力的相关对策建议。

第6章,选取1999—2007年中国工业企业库数据,利用固定效应模型和广义矩估计方法(GMM)研究企业增长与盈利能力的相互影响。基本结果显示:盈利能力的提高会推动企业增长,但企业增长的加快会降低盈利能力。从三个方面进一步检验:首先,将数据由非平衡面板转化为平衡面板,回归结果总体不变;其次,构造二次函数和分段函数,结果表明两者之间可能存在非线性关系,但基本结论保持不变;最后,不同特征的企业,盈利能力与企业增长的相互关系存在差异。

第7章,通过考察韩国产业结构升级和竞争力提升的关系,提出相应的政策借鉴。在韩国发展过程中,工资上涨迫使产业升级,淘汰了落后企业和技术,工人的人力资本积累也在动态干中学中得到提高。由此导致产业从劳动密集型向资本和技术密集型过渡,促进产业结构高级变化,与此同时,研发的作用逐渐突出,技术获取从依赖引进转变为自主研发。韩国经验可供的借鉴是:(1)通过提高生产率来消化成本上涨;(2)加强职工培训,促进新技术采用;(3)调整技术引进政策,重构市场竞争环境,促进自主创新;(4)通过产业升级促进服务业发展等。

第8章,阐述银行和股票两种融资模式对创新的影响:银行充当了监督者的角色,故银行融资更能促使企业进行长期投资;作为一种公共信息,股票价格能够协调厂商的技术标准采用行为。所以,给定技术标准,银行融资有利于促进创新;但在面临技术标准的更替时,股票融资能够促使新技术时代更快来临。随着股票价格精度的提高,亦即股票价格越能反映新技术的价值,厂商间的行为越能得到良好协调,股票融资制度的优势会进一步加强。本章的假说为解释美国和日本创新成果的差异提供了一个全新的视角:

20世纪70—80年代,日本技术后来居上,与美国并驾齐驱;进入90年代,美国重新发力,尤其在信息技术领域取得绝对领先优势。

第9章,通过考察日本、韩国的历史发展经验,分析在产业结构、收入分配和需求结构三者良性互动关系基础之上产业升级和良性的收入分配演变格

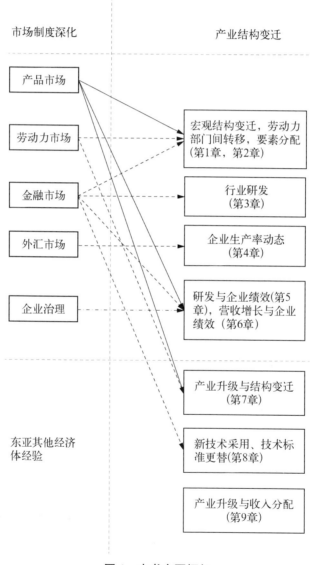

图1　本书主要框架

局。在工业化过程中,日本支持企业创新并扶植中小企业发展;韩国政府支持创新并成功实施了"新村运动"。借鉴日、韩经验,我国应通过扶植企业创新、消除行业垄断来促进产业升级,通过加大中西部地区基础设施建设引导地区间竞争并缩小地区收入差距。

最后,进行总结,强调中国的增长动能,实现从政府主导投资驱动向大企业主导创新驱动转变。

在此,感谢上海海事大学经济管理学院陈磊副教授,以及我的学生严肃、刘婷、潘磊,他们对本书的形成作出了重要贡献。

目 录

第1章 资本深化、结构变迁及劳动收入份额变动 1

  1.1 引言 3

  1.2 模型及比较静态分析 5

  1.3 数值模拟及对我国 1996—2006 年劳动收入份额下降的解释 11

  1.4 结论与评价 15

第2章 产业进入壁垒、劳动力转移及结构变化 17

  2.1 引言 19

  2.2 相关文献回顾 21

  2.3 模型设定 23

  2.4 短期均衡 28

  2.5 稳态均衡及数值模拟 35

  2.6 结论 41

  附录 2.A 43

  附录 2.B 50

第3章 金融发展对行业研发的影响 57

  3.1 引言 59

3.2 估计方程和指标说明 61

3.3 实证检验与分析 65

3.4 结论与政策建议 73

第4章 汇率市场化与工业企业生产率 75

4.1 引言 77

4.2 文献回顾 78

4.3 理论基础 79

4.4 计量模型设定及数据说明 81

4.5 实证分析 86

4.6 结论与不足 100

第5章 专利和企业绩效：基于中国上市公司专利数据的实证研究 103

5.1 引言 105

5.2 文献综述 106

5.3 研究设计 108

5.4 实证研究 111

5.5 机制分析 115

5.6 结论与对策建议 121

第6章 企业增长和盈利能力的相互影响：基于中国工业企业数据库的分析 125

6.1 引言 127

6.2 文献综述 128

6.3 计量模型与数据 131

6.4 基本计量结果与解释 134

6.5 进一步检验 139

6.6 结论 161

第7章 动态干中学与产业结构变迁：韩国经验及对中国的启示 163
7.1 引言 165

7.2 韩国发展过程中的产业升级经验 166

7.3 韩国产业升级经验对中国的借鉴 178

第8章 融资模式与技术采用：直接融资与间接融资的比较研究 183
8.1 引言与文献综述 185

8.2 基本假设与模型 189

8.3 单调均衡与新技术标准的采纳 194

8.4 不同融资模式下临界值的比较分析 199

8.5 结论 201

第9章 产业升级、收入分配改善与需求结构变化 203
9.1 引言 205

9.2 产业升级与收入分配的关系 206

9.3 新兴市场国家的发展经验：以日韩为例 209

9.4 日韩发展经验对我国的启示 215

总结 从政府主导投资驱动向大企业主导创新驱动转变 219

参考文献 226

第1章

资本深化、结构变迁及劳动收入份额变动

1.1 引言

自 20 世纪 90 年代中期以来,我国劳动收入份额出现了较为显著的下降,根据罗长远(2009b)的测算,劳动收入占 GDP 的份额已由 1996 年的 54% 下降到 2006 年的 40%[①]。劳动收入份额的下降不仅会导致总量消费的减少[②],而且由于劳动要素相比资本要素能更均匀地被个人持有,因此,劳动收入份额的下降也意味着更大的收入差距。对"劳动收入份额"的研究主要集中于两个方面:其中一类致力于对劳动收入份额下降的分解,例如在 1993—2003 年,劳动收入份额下降的五个百分点中,约有三个百分点可归结为产业间效应,其余两个百分点归结为产业内效应(罗长远,2009a;白重恩,2009a)。另一类研究则探讨了导致劳动收入份额下降的背后成因,涉及市场和非市场两方面的因素:前者主要包括资本产出比的上升、资本增强型技术进步、人均 GDP 的变化;后者则包括国有企业垄断程度的变化、FDI 以及国有企业改制(民营化)所引起的劳动者谈判能力的下降。例如,罗长远(2009a)和白重恩(2009b)均得到了资本与劳动互补的结果[③],即物质资本的积累将会提高劳动收入份额;同时,国企垄断程度的提高、民营化、外商直接投资(FDI)的规模对

[①] 即使剔除 GDP 中的生产税净额,白重恩(2009a)利用要素成本法得出,劳动收入份额在 1995—2006 年已从 59.1% 下降到 47.31%。

[②] Kuijis(2006)认为我国消费低迷并不是通常所认为的居民储蓄增加的结果,而是来自我国劳动收入份额及居民收入占比的降低,汪同三(2007)也持类似的观点。

[③] 当资本与劳动的生产替代弹性大于 1 时,本章称两种要素是替代的;反之,则称两者是互补的。

劳动收入份额均具有负面影响。

与上述大量实证研究相比,国内近期对劳动收入份额变化的理论探讨却相对较少,而国外同类研究也基本上从属于如何在一个产业结构变化的框架下融合"卡尔多事实"的相关研究。一般有两种机制可以实现产业结构的跨时变化:其一是利用部门间的全要素生产率(TFP)增长率差异,如 Ngai 和 Pissarides(2005)、Acemoglu 和 Guerrieri(2006)、陈体标(2007)的研究结论均表明,若各部门产品的替代弹性小于1,TFP 增长率最小的部门将渐近地吸收整个系统的生产资源;其二是利用部门间产品需求的恩格尔效应,如 Kongsamut et al.(2001)、Foellmi 和 Zweimuller(2005)均利用部门产品的需求收入弹性差异得到了部门就业结构变化的库兹涅茨事实。然而,除 Acemoglu 和 Guerrieri(2006)的研究外,上述研究均假设所有部门的生产函数都是要素密集度相同的科布道格拉斯函数,由此先验性地排除了总体劳动收入份额的跨时变化①。最后,Dennis et al.(2009)综合了前述两种机制,同时考察了部门间 TFP 增长率差异、恩格尔效应对部门就业份额的影响。

本章通过构建一个具有要素密集度差异的两部门模型,系统地分析了部门间 TFP 增长率差异、物质资本积累、恩格尔效应,以及产业进入壁垒变化对产业结构和劳动收入份额的影响。尽管本章模型设定与 Dennis et al.(2009)相近,但是,由于研究目标及方法论差异②,两文中即使同名效应其内涵也明显不同;另外,Dennis et al.(2009)主要运用校准方法,而本章则主要运用比较静态分析与数值模拟方法,因此,就方法论而言,本章与 Acemoglu 和

---

① 由于各部门生产函数都采用 $F_i = A_i k^{\alpha} l^{1-\alpha}$,因此每个部门的劳动收入份额将为 $1-\alpha$。而总体劳动收入份额等于部门劳动收入份额按照部门附加值作为权重进行加总,因此,总体劳动收入份额将永远固定在 $1-\alpha$,即使在两种稳态间的转移路径上。

② 本章的研究目标是劳动收入份额的变化,而 Dennis et al.(2009)的目标是美国制造业各部门就业数量结构的变化。而且,由于他们的方法论主要是对美国制造业的现实数据进行校准试验,因此其定义各种效应时需要对应于现实世界中测度相对准确的统计量。例如,其资本深化定义为年投资产出比;而本章的方法论主要是比较静态分析及数值模拟,不用过于考虑相关变量的统计易获性,因此各种效应的定义更以研究的简便性为准。

Guerrieri(2006)更加相近。然而,Acemoglu 和 Guerrieri(2006)的研究仅包含两个部门,因此,随着经济增长,总体劳动收入份额将呈现单调递增或者递减的变化路径,由此,产生李稻葵(2009)所提出的劳动收入份额变化的"U"形规律至少需要增加一个产业部门,这将会极大地增加动态分析的复杂程度。与其相比,本章通过引入恩格尔效应,即使在一个两部门框架下,也产生了总体劳动收入份额变化的"U"形规律。

本章结论表明:劳动收入份额变化是部门间 TFP 增长率差异、物质资本积累、恩格尔效应、部门进入壁垒变化共同作用的结果。具体而言,在资本深化且劳动密集型产品作为优先需求的前提下,无论替代弹性的具体数值如何,恩格尔效应都将导致劳动收入份额下降,但是,这种效应渐近地趋于零;物质资本积累、部门间 TFP 增长率差异、产业壁垒变化对劳动收入份额的作用方向则取决于替代弹性与 1 的相对大小。其中,在替代弹性小于 1 的情形下,资本深化、资本密集型产业相对较快的 TFP 增长率、资本密集型产业进入壁垒的相对下降都将会提高劳动收入份额。

本章具体安排如下:第 2 节建立一个两部门模型,并运用比较静态分析方法定性地考察了恩格尔效应、部门间 TFP 增长率差异、人均资本拥有量的增加,以及产业进入壁垒变动对产业结构、劳动收入份额的影响;第 3 节在资本深化且产品需求替代弹性小于 1 的情形下,运用数值模拟方法定量地分析了第 2 节所涉及的各种效应,并解释了我国劳动收入份额自 20 世纪 90 年代中期以来持续下降的成因;第 4 节是本章的结论及政策建议。

1.2 模型及比较静态分析

1.2.1 模型设定

本章模型首先设定社会总体福利函数、两个部门的生产函数,然后解决一个资源最优配置问题：给定任意时刻的两部门技术水平、产业进入壁垒程度、资源总量水平，解得均衡时每个部门的资本及劳动投入、部门产出，以及劳动收入份额。最后，对模型结果进行比较静态分析，由此得到资本深化、人口扩张、技术进步、产业进入管制变动对产业结构、劳动收入份额的影响。假定社会总体福利函数为：

$$U = [\gamma(y_1 - \tau)^\rho + (1-\gamma)y_2^\rho]^{1/\rho} \qquad (1-1)$$

y_1、y_2分别为第一、第二部门的产出，假设资本积累是外生决定的①，产品只用于消费。$\tau > 0$，表示第一部门产品中的"基本需要"部分，该参数有两方面的作用：一方面，τ越大，需要向第一部门配置的生产资源也就越多；另一方面，由于τ的存在，将会产生恩格尔效应，即随着收入的提高，收入增量将更多地花费在第二部门产品之上②。最后，本章规定$\rho < 1$，该参数反映了两种产品的替代程度，若令$y_1 - \tau$与y_2间替代弹性为ε，易得两者之间关系为$\rho = \dfrac{\varepsilon - 1}{\varepsilon}$。根据大部分关于部门产品替代弹性的经验研究，$\varepsilon$一般位于0.6

---

① 这是一个简化问题的假设，因为我们主要关心资本在部门间的分配，而不是资本的形成，从而使得本章更能集中地分析人均资本存量变化对劳动收入份额的影响。该假设剔除了资本的内生性问题，给定每一期的资本存量，经济决定资本在两个部门的分配及产品生产，产品只用于消费。因为没有正式刻画资本形成的来源，这里的资本存量可以简单地理解为经济系统每一期初获得的自然禀赋。也有其他构造方法，如Acemoglu和Guerrieri（2006）将两部门的产品首先按照类似于本章公式（1-1）的形式加总成一种最终产品，而后该最终产品分配为当期消费及投资，由此其求解过程可分为两步，第一步求解一个静态的部门资源配置问题，然后求解跨时资本积累问题。因此，若在Acemoglu和Guerrieri（2006）框架中引入体现恩格尔效应的参数τ，其关于劳动收入份额变化得到的结论将与本章完全相同。另外一种资本积累方程的设定参见Dennis et al.（2009），即劳动密集型产品仅用于消费，而资本密集型产品可同时用于消费和投资。与本章设定相比，Dennis et al.（2009）的设定将会增加对资本密集型产品的额外投资需求，因此会加强本章中关于劳动收入份额下降趋势的相关结论，但需要注意，这也会削弱本章中关于劳动收入份额上升趋势的相关结论。

② 社会福利函数对$(y_1 - \tau, y_2)$是线性齐次的，而不是对(y_1, y_2)是线性齐次的，于是，在保持两种产品相对价格不变，消费者收入增加一定百分比时，若两种商品的消费数量都增加相同的百分比，将会违反消费者最优条件。于是，消费者会在等比例增加两种商品消费数量的基础之上，减少在第一种商品上的支出，这就出现了所谓的"恩格尔效应"。

到 1.2 之间,因此,本章中的参数 ρ 将位于 -0.66 到 0.16 之间,且 $\rho>0$ 对应于替代弹性大于 1 的情形,$\rho<0$ 对应于替代弹性小于 1 的情形。最后,设定部门生产函数如下:

$$\text{第一部门:} y_1 = A_1 (1+\pi_1)^{-1} k_1^{\alpha} l_1^{1-\alpha} \tag{1-2}$$
$$\text{第二部门:} y_2 = A_2 (1+\pi_2)^{-1} k_2^{\beta} l_2^{1-\beta}$$

其中,A_1、A_2、π_1、π_2 分别表示两个部门的技术水平以及进入壁垒程度。根据以上设定可以看出,部门进入壁垒越大,产出效率损失越大。另外,规定 $\alpha<\beta$,因此第一部门为劳动密集型部门,第二部门为资本密集型部门。由于每种要素按照边际生产力获得报酬,因此两个部门的劳动收入份额将分别为 $1-\alpha$、$1-\beta$,于是总体劳动收入份额为:

$$\Delta = \frac{(1-\alpha)p_1 y_1 + (1-\beta)p_2 y_2}{p_1 y_1 + p_2 y_2} \tag{1-3}$$

即总体劳动收入份额为部门劳动收入份额按照部门产值比例为权重的加权平均数。因此,本模型中总体劳动收入份额的变化,完全取决于部门相对产值的变化。

1.2.2 资源配置及比较静态分析

在上述设定基础之上,给定部门技术水平 (A_1,A_2)、部门进入壁垒程度 (π_1,π_2)、资源总量 ($K(t)$,$L(t)$),最优资源配置可以通过如下步骤得到。

首先,根据式(1-2),得到如下要素报酬的部门均等化条件:

$$\alpha \frac{p_1 y_1}{k_1} = \beta \frac{p_2 y_2}{k_2}; \quad (1-\alpha)\frac{p_1 y_1}{l_1} = (1-\beta)\frac{p_2 y_2}{l_2} \tag{1-4}$$

利用上式可得部门间的边际技术替代率(**MRTS**)相等条件:

$$\frac{(1-\alpha)}{\alpha} \frac{k_1}{l_1} = \frac{(1-\beta)}{\beta} \frac{k_2}{l_2} \tag{1-5}$$

另外,根据式(1-1),得到社会福利水平最大化条件:

$$\frac{\gamma}{1-\gamma}\left(\frac{y_1-\tau}{y_2}\right)^{\rho-1}=\frac{p_1}{p_2} \tag{1-6}$$

其次,设第一部门所使用的劳动及资本比例分别为 σ、λ,利用式(1-4)、式(1-5)和式(1-6)得到如下关于 σ、λ 的方程组:

$$\begin{cases} \dfrac{(1-\lambda)\sigma}{\lambda(1-\sigma)} - \dfrac{(1-\beta)\alpha}{\beta(1-\alpha)} = 0 \\ \dfrac{\beta(1-\gamma)\sigma}{\alpha\gamma(1-\sigma)} - \dfrac{(y_1-\tau)^{\rho-1}y_1}{y_2^{\rho}} = 0 \end{cases} \tag{1-7}$$

由于部门产出可表示为给定资源总量,以及要素所占数量份额的函数,因此,上式完全决定了 σ、λ,并进一步决定部门真实产出、相对价格,以及总体劳动收入份额。对式(1-7)进行比较静态分析,考察方程组解 (σ, λ) 受外生参数集 $(A_1, A_2, \pi_1, \pi_2, K(t), L(t))$ 的影响。为此,利用全微分展开并得到如下结果①:

$$\frac{d\ln\sigma}{d\ln K(t)} = \Omega(1-\sigma)[(\alpha-\beta)\rho + (\beta\rho-\alpha)\theta] \tag{1-8}$$

$$\frac{d\ln\sigma}{d\ln L(t)} = \Omega(1-\sigma)\{(\beta-\alpha)\rho + [(1-\beta)\rho - (1-\alpha)]\theta\} \tag{1-9}$$

$$\frac{d\ln\sigma}{d\ln A_1} = \Omega(1-\sigma)(\rho-\theta) \tag{1-10}$$

$$\frac{d\ln\sigma}{d\ln A_2} = -\Omega(1-\sigma)\rho(1-\theta) \tag{1-11}$$

$$\frac{d\ln\sigma}{d\ln\pi_1} = -\frac{d\ln\sigma}{d\ln A_1} \cdot \frac{\pi_1}{1+\pi_1} \tag{1-12}$$

$$\frac{d\ln\sigma}{d\ln\pi_2} = -\frac{d\ln\sigma}{d\ln A_2} \cdot \frac{\pi_2}{1+\pi_2} \tag{1-13}$$

---

① 详细比较静态分析过程及命题1.1的证明可以联系作者。

其中，$\theta = \dfrac{\tau}{y_1} \in (0, 1)$；$\Omega^{-1} = (1-\lambda\theta)(1-\rho) + (\sigma-\lambda)[(\alpha-\beta)\rho + (\beta\rho-\alpha)\theta]$。

在判断式(1-8)至式(1-13)的符号之前，首先给出如下引理。

引理：当替代弹性 $\varepsilon \in (0.6, 1.2)$ 时，$\Omega^{-1} > 0$。

证明：当替代弹性位于0.6到1.2之间时，$\rho \in (-0.66, 0.16)$。令所证不等式左边部分为：

$$\Omega(\theta) = (1-\lambda\theta)(1-\rho) + (\sigma-\lambda)[(\alpha-\beta)\rho + (\beta\rho-\alpha)\theta]$$

在 $(\sigma, \lambda, \rho, \alpha, \beta)$ 取任意给定值时，$\Omega(\theta)$ 为 $\theta \in (0, 1)$ 的线性连续函数，因此只需要证明 $\Omega(0) > 0$ 且 $\Omega(1) > 0$，那么 $\Omega(\theta)$ 在整个 $(0, 1)$ 区间上就为正数。相应的表达式及符号如下：

$$\Omega(0) = (1-\rho) + (\sigma-\lambda)(\alpha-\beta)\rho > 0$$

上式第一项为主导项，而且，由于 ρ 的相应取值范围为 $(-0.66, 0.16)$，由此，$\Omega(0) > 0$。另外，由于 $\alpha < \beta$，利用(1-7)中第一个方程可得 $\sigma < \lambda$，于是

$$\Omega(1) = (1-\lambda-\alpha(\sigma-\lambda))(1-\rho) > 0$$

综上，在 ρ 合理范围内，式(1-8)至式(1-13)的符号完全由分子决定。

在上述引理的基础上，利用式(1-8)，得到如下结论。

命题1.1：（1）当替代弹性 $\varepsilon > 1$ 时，随着资本深化（人均资本存量的上升），劳动密集型部门所使用的资本份额、劳动份额，以及其相对产值、总体劳动收入份额均会降低；（2）当替代弹性 $0 < \varepsilon < 1$ 时，随着资本深化，当 $\theta < \theta^*$ 时，劳动密集型部门所使用的资本份额、劳动份额，以及其相对产值、总体劳动收入份额均会上升；当 $\theta > \theta^*$ 时，则结果相反，其中 $\theta^* = \dfrac{(\alpha-\beta)\rho}{\alpha-\beta\rho}$。

联系 Rybczynski(1955)定理，当发生资本深化且固定部门相对价格时，资本密集型部门的相对真实产出将会增加。而且，当替代弹性 $\varepsilon > 1$ 时，真实相对产出的变动幅度将超过其所引致的部门相对价格变动幅度，于是，资本

密集型部门的相对产值上升,总体劳动收入份额下降;当替代弹性ε＜1时,则结果相反。另外,注意到$\theta = \tau y_1^{-1}$,因此θ将体现出恩格尔效应,导致总体劳动收入份额的下降。当替代弹性ε＞1时,资本深化效应与恩格尔效应对总体劳动收入份额的作用方向是一致的;当替代弹性ε＜1时,资本深化效应与恩格尔效应对总体劳动收入份额的作用方向则是相反的。因此,当θ大于临界值θ^*时,第一部门产品中的很大份额作为基本生活必需部分,恩格尔效应占主导地位,导致总体劳动收入份额的下降;随着资本不断积累,θ逐渐减小,当其小于临界值θ^*时,资本深化效应占主导地位,总体劳动收入份额将会转而上升。在此基础上,我们得到如下推论。

推论 1.1:在资本总量保持不变,劳动力外生增加的情形下,(1)当替代弹性ε＜1时,劳动密集型部门所使用的资本份额、劳动份额,以及其相对产值、总体劳动收入份额将会降低;(2)当替代弹性ε＞1时,当$\theta > \theta^{**}$时,劳动密集型部门所使用的资本份额、劳动份额,以及其相对产值、总体劳动收入份额均会下降;随着劳动力的不断增加,θ将逐渐变小,当$\theta < \theta^{**}$时,总体劳动收入份额将转而上升。其中$\theta^{**} = \dfrac{(\beta-\alpha)\rho}{(1-\alpha)-(1-\beta)\rho}$。

命题 1.1 及推论 1 均是考察资源禀赋的外生变化对总体劳动收入份额的影响,而且,观测式(1-8)和式(1-9),我们发现资本深化与劳动力增加对总体劳动收入份额的影响因子分别为:式(1-8)中的$(\alpha-\beta)\rho$项,以及式(1-9)中的$(\beta-\alpha)\rho$项,即禀赋变化对总体劳动力收入份额的影响必须通过部门间的要素密集度差异加以实现。类比国际贸易理论中的赫克谢尔—俄林定理,本章把由于资源禀赋发生外生变化引致资源在各个部门重新配置,且通过部门间的要素密集度差异影响总体劳动收入份额的机制称为"俄林效应"。接下来,本章考察资源禀赋保持不变,部门 TFP 增长率差异对产业结构以及总体劳动收入份额的影响。观测式(1-10)及式(1-11),可得如下结论。

命题 1.2:(1)当资本密集型部门发生一次性的技术进步时,且替代弹

性 ε＞1 时,劳动密集型部门的资源份额(无论劳动力还是资本)将会降低,导致劳动密集型部门的相对产值,以及总体劳动收入份额下降;当替代弹性 ε＜1 时,则发生相反的变化。(2)当劳动密集型部门发生一次性的技术进步时,且替代弹性 ε＜1 时,劳动密集型部门的资源数量份额(无论劳动力还是资本)及其相对产值,以及总体劳动收入份额均会降低;当替代弹性 ε＞1 时,则进一步分作两种情形,当 $\theta＞\rho$ 时,恩格尔效应为主导效应,总体劳动收入份额将会下降;当 $\theta＜\rho$ 时,恩格尔效应为次要效应,总体劳动收入份额将会上升。

最后,考察部门进入壁垒外生变化对劳动力收入份额的影响,得到如下结论。

命题 1.3：若 $(\pi_1, \pi_2) \gg 0$,部门进入壁垒程度的降低对产业结构、总体劳动力收入份额的影响与该部门发生一次性技术进步的影响相同。

1.3 数值模拟及对我国 1996—2006 年劳动收入份额下降的解释

在上节分析的基础上,本节将运用数值模拟验证所得结论。其中,模拟的共同参数集合为：$\alpha = 0.3, \beta = 0.6, \gamma = 0.5, \rho = -0.55(\varepsilon = 1.55^{-1}＜1)$[①]。另外,假设劳动总量始终为 1,物质资本总量从 1 扩张到 50,用以模拟资本深化的

---

① 根据李稻葵(2009),大部分国家 1960—2005 年劳动收入比重位于 50%—60%,因此两部门经济中两个部门的劳动收入份额应分别位于该区间的两边,本章的参数设定意味着两个部门的劳动收入份额分别为 40% 和 70%。另外,之所以仅考虑替代弹性小于 1 的情形,原因如下：其一,近期的经验研究表明(如罗长远,2009b;白重恩,2009b),我国部门产品需求的替代弹性是小于 1 的;其二,鲍莫尔(1967)表明,TFP 增长最慢的部门将最终雇用大部分劳动,且该部门的相对价格不断上升。若要满足鲍莫尔事实,就必须得假设产品替代弹性小于 1。最后,γ 的数值设定纯粹是为了数值计算的简便性。

过程。

在以上参数设定下,利用式(1-3)和式(1-4),可得总体劳动收入份额为 $\Delta = \dfrac{0.4+\sigma}{1+\sigma}$,即总体劳动收入份额与劳动密集型部门所使用的资本份额(产业结构)呈单调递增关系,因此,以下模拟仅给出总体劳动收入份额的跨时变化。

首先,考察部门 TFP,产业壁垒保持不变,纯粹资本深化的情形。此时,辅助假设:$A_1(1+\pi_1) \equiv 10$,$A_2(1+\pi_2) \equiv 1$。利用方程组(1-7)可得如图 1.1 的模拟结果。

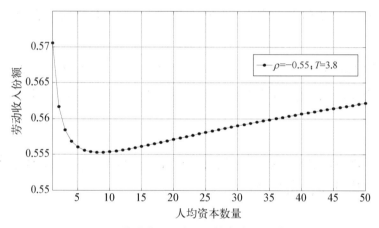

图 1.1　劳动收入份额(纯粹资本深化情形)

图 1.1 表明:当替代弹性 ε<1 时,俄林效应与恩格尔效应对劳动收入份额的影响方向是冲突的。初始时,恩格尔效应占主导地位——随着资本深化,人们将把收入增量更多地配置在资本密集型产品之上,导致劳动收入份额在初始阶段发生下降;随着人均资本存量的进一步上升,恩格尔效应渐近地等于 0,此时俄林效应变为主导效应,劳动收入份额转而增加。

其次,考察劳动密集型部门 TFP 连续进步对劳动收入份额的影响①。为

---

① 就本章的模型框架而言,第 2 节的比较静态分析方法仅适用于考察一次性技术进步对劳动收入份额的影响。然而,为考察连续性技术进步对劳动收入份额的影响,只能借助数值模拟方法。

第1章 资本深化、结构变迁及劳动收入份额变动

此,将 $A_1(1+\pi_1) \equiv 10$ 的辅助假设改为 $A_1(t)(1+\pi_1) = 10 \times k(t)$,其中 $k(t)$ 为人均资本数量,于是,随着人均资本数量的上升,劳动密集型部门的相对 TFP 将会持续增长①。该情形下的总体劳动收入份额的时间路径如图1.2所示。

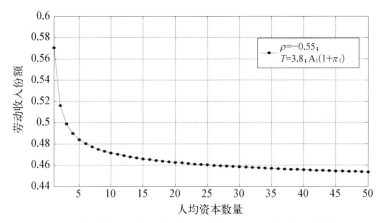

图 1.2 劳动收入份额(劳动密集型部门 TFP 持续进步情形)

在上述情形下,初始资本存量较低时,鲍莫尔效应、恩格尔效应将导致劳动收入份额下降,而俄林效应则导致劳动收入份额上升;长期劳动收入份额的变化则取决于鲍莫尔效应与俄林效应的相对大小。图1.2表明:在劳动密集型部门发生持续技术进步的情形下,鲍莫尔效应将超过俄林效应。这是本章模型应有之意,观测式(1-8)、式(1-10),并忽略恩格尔效应,发现俄林效应对劳动收入份额的影响幅度为 $|(\alpha-\beta)\rho|$,而鲍莫尔效应的影响幅度为 $|\rho|$,因此,鲍莫尔效应占主导地位,并导致总体劳动收入份额的持续下降。

在上述研究结果的基础上,本章将对自20世纪90年代中期以来,我国劳

---

① 鲍莫尔(1967)首先考察了部门间 TFP 增长率差异对就业结构、产品相对价格的影响。因此,本章将部门间 TFP 增长率差异对劳动收入份额的影响机制称为"鲍莫尔效应"。

动力收入份额的下降趋势给予一个可能的解释。为此，首先根据本章的两部门模型，将现实产业划分为两大部类：第一部类包含农业及传统第三产业；第二部类则为制造业，且根据要素密集度不同，将第二部类进一步划分为劳动密集型、资本密集型两个部门①。通过考察该时期的需求结构、部门相对技术进步的变化，即可得出总体劳动收入份额不断下降的结论。众所周知，在该时期，我国居民的需求结构发生了显著的变化——从以农产品、传统第三产业产品为主，逐渐转向对家电、私人汽车的大量需求。以家电为例，1995年前后为家电市场最为繁荣的时期。因此，20世纪90年代中期至21世纪初的总体劳动收入份额下降很大程度上是居民需求结构变化的结果，即恩格尔效应是导致该时期总体劳动收入份额下降的主要成因②。进入21世纪后，中国加入了WTO，一方面，大量的FDI引入加快了我国制造业部门的物质资本积累过程；另一方面，开放程度的加深使得我国出口加工业进入了一个快速发展的时期。根据前述结论，俄林效应将会导致制造业部类的劳动收入份额上升，然而，出口与FDI的快速增长同时也带来了劳动密集型制造业的快速技术进步③，由此，鲍莫尔效应④将会导致制造业部类的劳动收入份额降低。因此，我国自20世纪90年代中期以来的劳动收入份额下降趋势，开始主要体现为产业间效应，后来则主要体现为产业内效应，尤其是在后一时期中，制造业部类的劳动收入份额出现了较大幅度的下降，这与罗长远(2009a)的研究结果是一致的。

---

① 如此进行部门分割，总体劳动收入份额的下降将有两种来源：第二部类相对于第一部类的产值扩大，即产业间效应；两个部类中任意一个部类的劳动收入份额下降，即产业内效应。

② 21世纪劳动收入份额下降的原因不应归咎为私家车的大量消费。直到2009年，私家汽车对普通大众而言仍然是一种奢侈品。

③ 尽管我国近期以来出口结构中高科技产品附加值所占份额有所增加，但是我国的加工贸易仅集中于高科技产品产业链的简单劳动密集型环节，参见魏浩(2010)，以及韩国三星研究报告"中国外贸出口市场及商品结构的变化"(2008)。

④ 根据前述模拟结果——相比俄林效应，鲍莫尔效应对劳动收入份额的作用幅度更大。

1.4 结论与评价

本章结论表明：劳动收入份额变化将是恩格尔效应、鲍莫尔效应以及俄林效应共同作用的结果。其中，无论替代弹性具体取值如何，只要劳动密集型产品作为优先需求，恩格尔效应将会导致总体劳动收入份额下降；而鲍莫尔效应、俄林效应对总体劳动收入份额的影响方向则要取决于替代弹性是否大于1。尤其是在替代弹性小于1，并且资本不断深化的现实背景下，俄林效应将会导致总体劳动收入份额上升；相反，鲍莫尔效应（劳动密集型部门的连续技术进步）将导致总体劳动收入份额的下降，且鲍莫尔效应为主导效应，这是因为在本章模型中，俄林效应需要通过部门要素密集度差异发挥作用，而鲍莫尔效应则不需要。在这种情形下，本章给出了一个关于我国自20世纪90年代中期年以来劳动收入份额下降趋势的一个可能解释。最后，根据比较静态分析结果，可得直观的政策含义：（1）存在大量农村剩余劳动力的前提下（其保留工资为零），随着这些劳动力不断转移到劳动密集型制造业部门就业（相当于模型中劳动力外生增加情形），将会导致总体劳动收入份额的不断下降。另外，大量经验研究表明，劳动收入份额下降将会导致基尼系数的上升。因此，盲目地促进工业对剩余劳动力吸收并不可取，只有在给这些剩余劳动力提供足量的新增物质资本，保证人均资本数量不断上升的前提下，推进农村剩余劳动力转移才会在提高效率的基础上兼顾公平。（2）资本密集型部门的相对技术进步，以及产业进入壁垒的降低（等价于一次性技术进步），都会提高总体劳动收入份额。虽然两者对总体劳动收入份额的影响都具有持久性，然而，前者属于持久性冲击，后者则属于暂时性冲击。因此，为解决现阶段劳动收入份额的不断下降问题，国家创新补贴政策应向高新物质资本密集型部门倾斜。

第2章

产业进入壁垒、劳动力转移及结构变化

2.1 引言

经济发展过程中,资本积累促使现代部门的规模不断扩大,传统农业部门效率的提高也释放出更多的劳动力,城市更高的期望收入激励着农村剩余劳动力不断向现代部门转移,刘易斯二元经济逐渐向一元经济转变(Lewis,1954)。与此同时,农业产值比重不断下降,工业和服务业产值比重不断增加,这种结构变化现象又被称为库兹尼茨事实(Kuznets,1966)。

然而,城市部门存在着一些制约就业创造以及阻碍劳动力城乡流动的制度性因素,延缓了经济结构变化的进程。例如,产业进入壁垒的存在使得企业具有市场垄断力量,进而导致对劳动力的需求降低,而且资本密集型行业往往进入壁垒更高,并且不像劳动密集型部门那样能带来更多的就业机会。另外,户籍以及社会保障制度的缺失,也会降低农村劳动力的转移速度。

由于各部门要素密集度的差异,在部门产出和就业结构发生变化的同时,要素收入分配格局也会发生变化。在三种产业中,部门的生产特点决定了分配中农业部门的劳动收入份额最高,服务业次之,工业部门最低。总体劳动收入份额最初会因为农业产值比重的大幅度下降而降低,而到了后期,服务业产值比重的上升将会主导总体劳动收入份额的变化方向。在此过程中,前述阻碍结构变化进程的制度性因素,将会推迟劳动收入份额由下降向上升转变的到来,进而导致收入分配不平等的长期维持。

由此可见，城乡劳动力流动、结构变化与劳动收入份额变化三者密切相关。现有研究往往单独分析其中之一或集中于三者的两两关系，很少能在一个框架下对三者进行一致性的分析①。本章通过建立一个二元经济情形下的索罗模型，并考虑到产业进入壁垒及劳动力流动障碍等制度性因素，对城乡劳动力流动、结构变化与劳动收入份额变化三者的动态关系进行综合分析。在本章模型设定中，农业部门仅需要劳动力投入，而现代部门则需要劳动密集型和资本密集型两种中间投入品，每种中间品则由上游产品和资本共同生产。另外，上游生产环节处于垄断竞争性情形，在位厂商的数目由产业进入壁垒决定，随着产业进入壁垒的降低，在位厂商的数目将会上升，更多的劳动力将会得到雇佣。

在上述模型设定的基础上，本章将重点解决三个问题：(1) 资本积累、农村劳动力转移对产业结构以及要素收入分配的长期影响；(2) 制度性因素，如产业进入壁垒、农村劳动力转移障碍等的变化，对产业结构及要素收入分配所产生的短期和长期影响；(3) 部门需求冲击（如出口增加），或者要素偏向型技术冲击（如资本密集型部门的快速进步），对产业结构以及要素收入分配所产生的短期和长期影响。本章的研究表明：农产品与现代部门产品的相对价格决定了现代部门的劳动力就业规模，而资本密集型与劳动密集型两种中间品的相对价格则决定了现代部门内部的劳动力就业结构；进入壁垒的降低将会加快城乡劳动力的转移，尤其是资本密集型部门进入壁垒降低的效果更为明显；相比劳动密集型部门，资本密集型部门的技术进步将会创造更多的就业机会，并由此促进了城乡劳动力转移；劳动收入份额的下降不仅可以来源于农业产值比重的下降，也可以来源于现代部门中资本密集型部门产值比重的上升。

---

① 白崇恩和钱震杰(2009a)对中国 1995—2004 年的劳动收入份额下降进行了统计分解，罗长远和张军(2009b)运用省际数据探讨了劳动收入份额下降的背后成因，本章可作为对这些实证结果的理论分析。

第 2 章 产业进入壁垒、劳动力转移及结构变化

本章结构的具体安排为：第 2 节介绍相关文献；第 3 节给出模型的基本假设和框架；第 4 节刻画了模型的短期均衡，并分析了部门出口比例、部门技术水平、进入壁垒，以及农村劳动力转移障碍的外生变化对产业结构、要素收入分配的短期影响；第 5 节刻画了模型的稳态均衡，并分析了各种外生变化对产业结构、要素收入分配的长期影响；第 6 节是结论和本章的不足。

2.2 相关文献回顾

国内外学者主要从两个角度考察了与增长同时发生的部门结构变化。一类文献从供给角度出发(Baumol，1967；Acemoglu 和 Guerrieri，2008；Ngai 和 Pissarides，2007；陈体标，2008)，强调了部门之间的互补和替代关系。部门间技术进步率的差异导致不同部门的相对产量和相对价格发生变化：当替代弹性小于 1 时，某一部门由于相对技术进步所带来的相对价格下降幅度将大于该部门相对产量的上升幅度，由此，技术进步率较快部门的相对产值将会下降，并且生产资源向技术进步率较慢的部门转移；当替代弹性大于 1 时，则效果相反(鲍莫尔效应)。另一类文献则从需求角度出发(Kongsamut et al.，2001；陈晓光和龚六堂，2005)，强调了各部门需求收入弹性的差异，即不同部门的相对需求变化将会导致部门结构的变化(恩格尔效应)。

经济发展带来结构变化的同时，劳动收入份额也会伴随变化。李稻葵等(2009)的研究表明：经济发展水平同劳动收入份额之间存在正"U"形关系，劳动收入份额在工业化的过程中会首先下降而后上升的时间趋势。尤其是在工业化初期，整个经济处于刘易斯所描述的二元结构之中，农村剩余劳动力大量存在，这使得企业可以按照保留收入水平给付工人报酬，导致工业部门的真实工资脱离其边际生产率，压制了由于资本积累所带来的真实

工资上升。

此外,制度扭曲也会影响劳动收入份额,白崇恩和钱震杰(2009a)的研究表明:产业结构变化、部门内的劳动收入份额下降可以分别解释1995—2004年中国劳动收入份额降幅的29%和12%,而且垄断程度上升和国有企业改制等制度性因素是导致工业部门内部的资本收入份额上升的主要原因。因此,三次产业结构变化和工业部门资本收入份额的变化将是理解这一时期中国总体要素收入分配格局变化的关键。其他影响要素收入分配格局的因素还包括劳动节约型技术进步(黄先海和徐圣,2009;周申和杨红彦,2011),以及贸易方式转变(姜磊和张媛,2008;肖文和周明海,2010)等。

最后,关于经济发展过程中城乡劳动力的转移,Harris 和 Todaro(1969)提出了一个经典假设——城乡期望收入差异是农村劳动力向城市迁移的根本动因。朱农(2002)、Zhang 和 Song(2003)、丁守海(2006)等国内学者通过实证分析检验了托达罗机制对中国农村劳动力转移的解释力,虽然这些研究的侧重点有所不同,但是均佐证了城乡收入差异是诱导农村劳动力迁移的重要因素之一。另外,以户籍制度为代表的各种农村劳动力转移障碍造成了严重的城乡劳动力市场分割,阻碍了城市化的进程(王小鲁,2002;蔡昉,2005;Hertel and Zhai,2006)。

上述文献为本章的模型构造提供了良好的理论及经验基础:在产业构成的内生变化上,本章借鉴了 Acemoglu 和 Guerrieri(2008)中部门间替代弹性大小以及部门间要素密集度差异对结构变化和要素收入分配的影响机制;在工资决定上,借鉴了刘易斯二元经济下,农村收入对城市工人工资的制约机制;在劳动力流动决定上,借鉴了 Todaro(1969)关于城乡期望收入差异是农村劳动力向城市迁移的根本动因假设。通过这些设定,将城乡劳动力流动、结构变化与要素收入分配变化三者在发展经济学的视角下良好地衔接起来,内生化了三者的动态路径。

2.3 模型设定

2.3.1 农产品生产

农业生产仅需要投入劳动,且满足 Inada 条件①②:

$$F(t) = X_t \varphi(l_a(t)) = X_t l_a(t)^\omega \quad 0 < \omega < 1 \quad (2-1)$$

$$\dot{X}_t = g X_t \quad g > 0 \quad (2-2)$$

其中,$F(t)$,$l_a(t)$ 分别表示 t 时期的农业产出和农业劳动力投入;X_t 表示社会技术水平,以外生的速度 g 增长。另外,本章规定以农产品作为计价商品。

2.3.2 现代部门最终品的生产以及资本积累

现代部门最终品 y 的生产需要两种中间投入 I_1 与 I_2:

$$Y = \left[\gamma I_1^{\frac{\varepsilon-1}{\varepsilon}} + (1-\gamma) I_2^{\frac{\varepsilon-1}{\varepsilon}} \right]^{\frac{\varepsilon}{\varepsilon-1}} \quad 0 < \gamma < 1 \quad (2-3)$$

其中,$0 < \varepsilon < 1$,即两种中间品在最终品生产中是互补的③;γ 和 $1 - \gamma$

---

① 我们对农业部门生产函数的设定不同于传统刘易斯二元经济。传统二元经济分析农村存在剩余劳动力,这些剩余劳动力不参与生产,也不影响总产出;我们则是从总体经济的角度来强调劳动力剩余:可以在城市现代部门更有效率生产的劳动力因为制度性原因而不能完全转移到城市,滞留在农村。但我们秉承了刘易斯二元经济的精神,即农村工资,作为保留收入,对城市工人工资的制约作用。

② 生产函数也可以写为包含土地和劳动力两种要素的函数:$F(t) = X_t T(t)^{1-\omega} l_a(t)^\omega$,$T(t)$ 表示土地量,不过,由于 $T(t)$ 固定,因此生产函数可简化为 $F(t) = X_t l_a(t)^\omega$。

③ 白重恩和钱震杰(2009b)的研究表明:中国制造业中资本密集型产品与劳动密集型产品的替代弹性是小于 1 的;罗长远和张军(2009b)的研究也表明在工业产品的生产中,资本与劳动两种要素是互补的。

分别是两种中间品在生产投入中的相对重要程度。

此外，两种中间品利用如下要素密集度不同的科布道格拉斯函数进行生产：

$$I_1 = A_1 K_1^{\alpha} H_1^{1-\alpha}, \quad I_2 = A_2 K_2^{\beta} H_2^{1-\beta} \quad 0 < \alpha < \beta < 1 \quad (2-4)$$

其中，K_1 和 K_2 分别为两个中间品部门的物质资本投入，H_1 和 H_2 为两种上游产品，其生产函数将在下一节中给出。

最终品既可投资，也可消费。设外生储蓄率为 s，因此，资本积累方程为：

$$\dot{K}(t) = sY(t) - \delta K(t) \quad \delta \text{ 为折旧率} \quad (2-5)$$

最后，假设农产品、最终品，以及中间品的市场均是完全竞争的。因此，最终品的价格 P 与两种中间品的价格 P_1、P_2 之间将满足如下关系：

$$P = (\gamma^{\epsilon} P_1^{1-\epsilon} + (1-\gamma)^{\epsilon} P_2^{1-\epsilon})^{\frac{1}{1-\epsilon}} \quad (2-6)$$

2.3.3 上游部门的生产及垄断租金的分配

资本密集型和劳动密集型中间品部门均存在一个上游环节，每个上游环节存在数量为 $m_i(i=1,2)$ 的厂商，且每个厂商所生产的产品种类不同。通过合成第 i 个中间品部门的所有上游厂商产品，得到该部门的加总上游产品 H_i：

$$H_i = \left(m_i^{-\frac{1}{\sigma_i}} \int_0^{m_i} h_{ij}^{\frac{\sigma_i - 1}{\sigma_i}} dj \right)^{\frac{\sigma_i}{\sigma_i - 1}} \quad i = 1, 2 \quad (2-7)$$

其中，$\omega_i = \omega(m_i)$，且 $\omega' > 0$，表示产品种类越多，替代性越强。

另外，对于任意上游厂商，生产仅需劳动投入，按照社会技术水平生产①：

---

① 这里之所以规定农产品及上游产品同时按照社会技术水平 X_t，主要是为了避免在稳态时，由于鲍莫尔效应的作用，某些部门的产值份额将逼近于零（参见 Acemoglu and Guerrieri, 2008）。

$$h_{ij} = X_t h(l_{ij}) = X_t l_{ij} \qquad (2-8)$$

最后,规定现代部门的工人以农业工资为其保留收入,劳资双方通过谈判分享生产者剩余。参照 Blanchard 和 Giavazzi(2003),下式的最后解将是劳资谈判的纳什均衡:

$$\max_{(w_{ij},\, p_{ij})} (\theta/\mu_i) \ln\left(\left(\frac{W_{ij}}{X_t} - \varphi'\right) h_{ij}\right) + (1 - (\theta/\mu_i)) \ln\left(\left(P_{ij} - \frac{W_{ij}}{X_t}\right) h_{ij}\right) \qquad (2-9)$$

其中,P_{ij}、W_{ij}、h_{ij} 分别表示第 i 个中间品部门第 j 个上游厂商的定价、工资及产出,φ' 表示农村工资收入(即工人谈判的保留收入);$\mu_i = (\omega_i - 1)^{-1}$,表示第 i 个上游部门内单个厂商的市场垄断程度,企业通常能将产品市场上的卖方垄断势力延伸到劳动力市场,转化为一种买方垄断势力,较低的 μ 意味着劳动力市场上企业买方垄断势力也较低;$\theta \in (0, 1)$,表示城乡劳动力转移的制度障碍程度①。式(2-9)反映了工人和厂商最大化双方的交易剩余:θ/μ_i 衡量了工人的谈判地位,城乡劳动力转移障碍 θ 越大,厂商市场控制地位 μ 越低,越有利于城市劳动者的谈判地位;$1 - (\theta/\mu_i)$ 衡量了厂商的谈判地位。为了使式(2-9)有意义,附加规定:$1 < \omega(m_i) < 1 + \theta^{-1}$,即双方谈判权重在 0—1。

为了得到式(2-9)的优化结果,首先利用式(2-7),得到单个厂商的需求函数:

$$h_{ij} = H_i \left(\frac{P_{ij}}{P(H_i)}\right)^{-\sigma_i} \qquad (2-10)$$

---

① 式(2-9)的规定有两方面的作用:一是保证了两个上游部门之间的工资收入均等化,优化结果式(2-11)证实了这一点;二是使得城市工人的报酬不再由其边际贡献决定,而由农村劳动的报酬决定,突出了二元结构下的刘易斯效应。而且,θ 值越大,由于劳动力流动障碍所带来的城市工资升水越高。

其中，$P(H_i) = \left(m_i^{-1} \int_0^{m_i} P_{ij}^{1-\sigma_i} di\right)^{\frac{1}{1-\sigma_i}}$，即第 i 种中间品部门的上游产品加总价格。

任意厂商在最大化式(2-9)时，将部门产品加总价格 $P(H_i)$，以及部门总需求 H_i 视为给定，利用式(2-7)至式(2-10)，并考虑对称均衡的情形，可得：

$$W_t = (1+\theta) X_t \varphi' \qquad (2-11)$$

$$P(H_i) = P_{ij} = (1+\mu_i) \varphi' \qquad (2-12)$$

式(2-11)、式(2-12)表明：每个厂商利用自身的垄断力量进行加成定价，从单位产品中所获取的垄断租金为 $\mu_i \varphi'$。其中，$\theta \varphi'$ 部分为工人所占有。

2.3.4　个人偏好以及预算约束

假设典型行为人风险中性，只存活一个时期，并且仅消费最终品与农产品：

$$u(C_a, C_y) = (C_a^{\frac{\eta-1}{\eta}} + C_y^{\frac{\eta-1}{\eta}})^{\frac{\eta}{\eta-1}} \qquad \eta > 1 \qquad (2-13)$$

其中，C_a、C_y 分别代表农产品及现代部门最终品的消费量，$\eta > 1$ 表示现代部门最终品与农产品有很强的替代性[①]。

另外，从社会总产品中扣除资本积累[②]，城乡劳动工资收入后的剩余产品将在全体社会成员之间进行平均分配，于是，社会平均福利基金为：

---

① 本章之所以假设农产品与现代部门最终品之间的替代弹性 $\eta > 1$，这是由于模型刻画的是发展经济学中的典型事实：初始发展时期，与资本稀缺、劳动力大部分束缚在农业上的资源配置情况相对应，工业品相对稀缺，农产品占据了居民大部分消费支出。随着工业化进程的推进，资本不断积累，劳动力逐渐迁入城市并在现代部门就业，工业品的供给不断增加，居民消费支出的恩格尔系数下降，消费结构逐渐向工业品倾斜，工业品支出比重不断上升。

② 本章假定资本由(隐含的)政府持有，并平均分配资本收入给居民。

$$AW = (X_t\varphi + P_1 I_1 + P_2 I_2 - sPY - (1 + \theta)X_t\varphi'(l_1 + l_2) - X_t\varphi' l_a)/\bar{L} \tag{2-14}$$

其中，l_1、l_2 分别为两个上游部门的就业人数，$\bar{L}$ 为总人口。

因此，处于就业状态的城乡居民可支配收入分别为：

$$I_{ue} = (1+\theta)X_t\varphi' + AW; \quad I_{re} = X_t\varphi' + AW \tag{2-15}$$

其中，I_{ue}、I_{re} 分别为城市就业人员收入和农村就业人员收入。最后，处于失业状态的人口仅能获取社会平均福利基金 AW。

2.3.5　农村劳动力转移及系统动态

初始时刻，有效资本存量 $K(0)/X(0)$、农村人口 $l_r(0)$，以及城市人口 $l_u(0)$ 给定，其中，$l_r(0) + l_u(0) = \bar{L}$。另外，规定 $K(0)/X(0)$ 小于稳态有效资本存量，且 $l_u(0)$ 小于由 $K(0)/X(0)$ 所决定的城市劳动需求量 $l_1^d(1) + l_2^d(1)$。

由于个人是风险中性的，因此，参照 Todaro(1969)，农村劳动力将通过城乡转移达到当期的城乡期望收入均等化，具体而言：从农村人口中随机抽取 $(1+\theta)(l_1^d(1) + l_2^d(1) - l_u(0))$ 单位的劳动力转移到城市，这样，转移人口在城市部门的就业概率仅为 $(1+\theta)^{-1}$，完全抵消了城市的工资升水。

城市的劳动力需求得到满足之后，所有部门开始生产，并完成资本积累，形成下一时期的资本存量 $K(1)$。此时，转移到城市但处于失业状态的人口将返回农村，城乡人口演化为：

$$l_u(1) = l_1^d(1) + l_2^d(1) \qquad l_r(1) = \bar{L} - l_u(1)$$

最后，假设人口增长率为零，城市人口 $l_u(1)$、农村人口 $l_r(1)$ 一比一地繁衍后代并逝去。由于 $(K(1)/X(1)) > (K(0)/X(0))$，城市劳动力市场在第二时期将再次出现超额需求,上述动态过程将持续进行,直至达到系统稳态。

2.3.6　上游部门的进入壁垒及厂商数目的内生性

任意厂商进入上游部门从事生产时,必须向政府缴纳许可证费用 B_i。经过充分竞争,每个厂商的垄断租金将完全被进入壁垒所稀释,即:

$$(\mu_i - \theta)\varphi'h_{ij} = B_i \quad j \in (0, m_i), i = 1, 2 \quad (2-16)$$

另外,随着动态系统的演化,每一时期的农村就业人口 $l_a(t)$,上游部门的总产出 H_i 将不断变化,因此,为保证上游部门的厂商数目 m_i 不受这些因素的影响,部门进入壁垒设定为:

$$B_i(t) = b_i P(H_i) h_{ij} \quad (2-17)$$

其中,b_i 是一个常数,即按照厂商名义产值的固定份额征收一次性总量费。联立式(2-16)以及式(2-17),得到每个上游部门的厂商数目决定方程:

$$(\mu_i - \theta) = b_i(\mu_i + 1) \quad (2-18)$$

最后,假设 $b_2 > b_1$,因此,$\mu_2 > \mu_1$,即 $m_1 > m_2$①,意味着进入壁垒较高的部门,厂商数目较小。

在前述产业划分及模型设定下,本章所涉及的部门投入产出关系,生产、消费以及积累之间的关系可由图 2.1 表示。

2.4　短期均衡

本节将在刻画短期均衡的基础上,运用比较静态分析的方法考察各种外生冲击的短期影响。

---

① 因为 $\mu_i = (\omega_i - 1)^{-1}$,而 $\omega_i = \omega(m_i)$ 依赖于产品种类 m_i,因此从式(2-18)可以看出,b_i 的变化会通过影响 μ_i 而最终影响到 m_i,即厂商的数量。

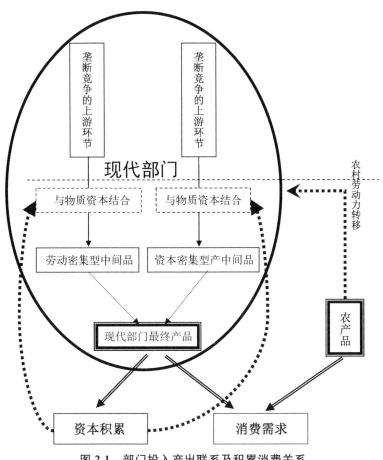

图 2.1 部门投入产出联系及积累消费关系

2.4.1 短期均衡

在时期 t，资本存量 $K(t)$、社会技术水平 $X(t)$、上一时期末的农村人口 $l_r(t-1)$、城市人口 $l_u(t-1)$ 是给定的，部门资源配置、农村劳动力转移数量将由如下方程组决定：

$$W = (1+\theta) X_t \varphi' \qquad (2\text{-}19)$$

$$p(H_i) = (1+\mu_i) \varphi' \quad i=1, 2 \qquad (2\text{-}20)$$

$$P_1 = \tilde{A}_1^{-1} r^\alpha p (H_1)^{1-\alpha} \qquad (2-21)$$

$$P_2 = \tilde{A}_2^{-1} r^\beta p (H_2)^{1-\beta} \qquad (2-22)$$

$$\left(\frac{\gamma^{-1} P_1}{P}\right)^{-\varepsilon} = \frac{I_1}{Y} \qquad (2-23)$$

$$\left(\frac{(1-\gamma)^{-1} P_2}{P}\right)^{-\varepsilon} = \frac{I_2}{Y} \qquad (2-24)$$

$$\frac{\beta P_2 I_2}{K_2} = \frac{\alpha P_1 I_1}{K_1} \qquad (2-25)$$

$$r K_1 = \alpha P_1 I_1 \qquad (2-26)$$

$$(1+\theta)(l_1(t) + l_2(t) - l_u(t-1)) = l_r(t-1) - l_a(t) \qquad (2-27)$$

$$K_1 + K_2 = K(t) \qquad (2-28)$$

$$F = (1-s) P^\eta Y \qquad (2-29)$$

其中,$\tilde{A}_1^{-1} = A_1^{-1} \alpha^{-\alpha} (1-\alpha)^{-(1-\alpha)}$,$\tilde{A}_2^{-1} = A_2^{-1} \beta^{-\beta} (1-\beta)^{-(1-\beta)}$。

除此之外,加上农产品、最终品、中间品,以及上游产品的6个生产函数,共同决定了本期的资源配置。其中,式(2-21)、式(2-22)表示中间品的价格等于其边际成本,这是中间品市场的完全竞争假设以及部门生产函数具有规模报酬不变性质的共同结果;式(2-23)、式(2-24)意味着最终品的生产要素投入组合是最优的;式(2-25)、式(2-26)意味着均衡时,资本在两个中间品生产部门的边际产出相等;式(2-27)、式(2-28)分别为农村劳动力转移的平衡条件,以及资本市场出清条件;式(2-29)为居民消费最优条件。

为考察产业结构变化,利用式(2-21)至式(2-22)得到中间品的相对价格为:

$$\frac{P_1}{P_2} = \left(\frac{\tilde{A}_1}{\tilde{A}_2}\right)^{-1} \left(\frac{\varphi'}{r}\right)^{\beta-\alpha} \frac{(1+\mu_1)^{1-\alpha}}{(1+\mu_2)^{1-\beta}} \qquad (2-30)$$

式(2-30)表明:中间品的相对价格将由部门相对技术水平,要素的相对报酬以及每个部门的进入壁垒程度共同决定。

其次,利用式(2-23)至式(2-25),可得:

$$\frac{\sigma}{1-\sigma} = \frac{\alpha}{\beta} \left(\frac{\gamma}{1-\gamma}\right)^{\varepsilon} \left(\frac{P_1}{P_2}\right)^{1-\varepsilon} \quad (2-31)$$

其中,σ 表示劳动密集型部门所使用的资本数量份额。

结合式(2-30)和式(2-31),可得:

$$\frac{P_1 I_1}{P_2 I_2} \propto \left(\frac{P_1}{P_2}\right)^{1-\varepsilon} \propto \left(\left(\frac{A_1}{A_2}\right)^{-1} \left(\frac{\varphi'(l_a)}{r}\right)^{\beta-\alpha} \frac{(1+\mu_1)^{1-\alpha}}{(1+\mu_2)^{1-\beta}}\right)^{1-\varepsilon} \quad (2-32)$$

其中,"$\propto$"表示正比例关系。

式(2-32)表明:封闭经济中,考察现代部门产值结构变化,等价于考察两种中间品相对价格的变化。最后,根据本章的设定,劳动收入份额 LIS 可以表示为:

$$LIS = \frac{(1-s)P^{\eta-1} + (1+\theta)\left(e\frac{1-\alpha}{1+\mu_1} + (1-e)\frac{1-\beta}{1+\mu_2}\right)}{(1-s)P^{\eta-1} + 1} \quad (2-33)$$

其中,e 表示劳动密集型部门在现代部门中所占的产值比重。

因此,劳动份额变化或源于农业产值比重的变化,或源于劳动密集型部门占现代部门产值比重的变化,本书将前者称为产业间变化,后者称为产业内变化。

2.4.2 短期均衡对外生冲击的反应

本节将运用比较静态分析方法考察系统对各种外生冲击的短期反应①。

---

① 考察系统对各种冲击的瞬时反应时,资本存量 $K(t)$,期初城乡人口分布作为状态变量是保持不变的。

根据上节关于短期均衡的表述,可以发现外生参数的变化会带来要素相对报酬 φ'/r 的变化。现代部门中某一中间品部门技术水平的提高,或者其上游部门进入壁垒的降低会通过两种渠道影响要素的相对报酬:(1)农产品与现代部门最终品之间的替代性将会提高现代部门的相对产值,进而起到提高资本相对报酬的作用(产业间鲍莫尔效应);(2)由于现代部门内部两种中间品具有互补性,某一中间品部门生产效率的提高将会降低该部门在现代部门中的产值比重,进而降低其密集使用要素的相对报酬(产业内鲍莫尔效应)。

尽管部门技术水平,或者进入壁垒的变化对要素相对报酬的影响较复杂,然而,其对中间品相对价格的影响方向却是确定的,经过计算①,可得:

$$sig\left(\frac{d\ln(P_1/P_2)}{d\ln A_i}\right) = -sig\left(\frac{d\ln(P_1/P_2)}{d\ln(1+\mu_i)}\right) = \mp 1 \quad i=1,2 \quad (2\text{-}34)$$

$$sig\left(\frac{d\ln l_a}{d\ln(1+\theta)}\right) = sig\left(\frac{d(l_1+l_2)}{d\ln(1+\theta)}\right) = -1; \quad \frac{d\ln P_1/P_2}{d\ln(1+\theta)} > 0 \quad (2\text{-}35)$$

联系式(2-32)、式(2-34)表明:某一中间品部门技术水平的上升,或其上游部门进入壁垒下降,鲍莫尔效应将会发生作用,导致该部门的产品相对价格及其在现代部门中所占产值比重下降。

式(2-35)表明:当劳动力转移障碍下降时,城市工资升水将会下降,这将降低农村劳动力的转移激励,促进农村劳动力本地就业;其次,城市工资水平下降,现代部门的厂商意愿雇佣更多的劳动力,城市就业总量上升②,城市现代部门中劳动密集型产品的相对价格下降。

联系劳动收入份额的表达式(2-33),将上述结果总结如下。

命题 2.1:劳动密集型部门技术水平的提高,或者其上游部门进入壁垒的下降将会导致资本密集型中间品的相对价格以及资本密集型部门占现代部

---

① 本节(下一节)的结果均通过对短期均衡(稳态)的比较静态分析所得,计算细节可向作者索取。
② 农村和城市就业都增加,意味着失业率下降。

门的产值比重上升;资本密集型部门技术水平提高,或者其上游部门进入壁垒的下降则会起到相反效果。另外,当劳动力转移障碍的降低时,现代部门中,劳动密集型部门占产值比重及劳动收入份额均会下降。

接下来,考察上述因素变化对农村劳动力转移的影响,相关计算表明:

$$\sum_{i=1}^{2}\frac{d\ln l_a}{d\ln A_i}<0; \quad \sum_{i=1}^{2}\frac{d\ln l_a}{d\ln(1+\mu_i)}>0 \tag{2-36}$$

$$\frac{d\ln l_a}{d\ln(1+\mu_i)}>-(1-\chi_i)\frac{d\ln l_a}{d\ln A_i} \tag{2-37}$$

其中,$\chi_1=\alpha$,$\chi_2=\beta$。

于是得到如下关于农村劳动力转移的弱命题。

命题 2.2:当两个上游部门的进入壁垒发生同等幅度的下降,或者两个中间品部门的技术水平发生同等幅度的上升时,农村劳动力的转移数量将会增加。而且,当某一中间品部门的技术进步可以促进农村劳动力转移时,其所对应的上游部门的进入壁垒下降也一定可以促进农村劳动力转移。

直觉上,当所有上游部门的进步壁垒发生同等幅度的下降,或者中间品部门的技术水平发生同等幅度的上升时,现代部门内的鲍莫尔效应将会相互抵消。这样,产业间的鲍莫尔效应(现代部门与农业之间)将会使得更多资源流向具有更高效率的现代部门,导致农村劳动力转移增加。

另外,式(2-30)表明:含有部门进入壁垒的项$(1+\mu_i)$与部门技术水平项A_i对中间品相对价格的作用是相反的①。另外,中间品厂商的投入组合满足:

---

① 部门进入壁垒变化与部门技术水平变化对部门相对价格的作用幅度并不是一样的:在保持要素相对价格不变的前提下,部门技术水平的百分比变化将一比一地表现为部门相对价格的百分比变化;进入壁垒的百分比变化却需要乘以该部门上游产品所占产值份额,才等于其所引致的部门相对价格的百分比变化。

$$r\sigma K(t) \propto \varphi'(1+\mu_1)l_1; \quad r(1-\sigma)K(t) \propto \varphi'(1+\mu_2)l_2 \quad (2-38)$$

式(2-38)表明：在资本存量，以及要素价格保持不变的情况下，某一部门进入壁垒的降低将会增加该部门的就业数量。因此，当某一中间品部门的技术水平提高时，仅会通过鲍莫尔效应影响劳动力的部门配置；当某一上游部门的进入壁垒降低时，不仅会起到与其下游部门技术水平提高一样的劳动力再配置效果，而且会直接地增加该部门的就业数量。

此外，关于短期均衡的比较静态分析还表明下式成立：

$$\text{当} (\eta-\varepsilon)/(1-\varepsilon) > \Omega_i \text{ 时}, d\ln l_a/d\ln(1+\mu_i) > 0 \quad i=1,2 \quad (2-39)$$

其中，$\lambda = \dfrac{\gamma^\varepsilon P_1^{1-\varepsilon}}{P^{1-\varepsilon}}$，$\Omega_1 = \sigma/\lambda$，$\Omega_2 = (1-\sigma)/(1-\lambda)$。

当不存在中间品出口时，利用式(2-31)，可得：$\sigma < \lambda$；另外，$(1-\sigma)/(1-\lambda)$ 实际上是资本密集型部门的资本产出比与整个现代部门的资本产出比的比值，本章将其称为资本密集型部门的相对资本产出比。于是，得到如下关于农村劳动力转移的强命题。

命题 2.3：当所有中间品均用于最终品生产时，若资本密集型部门的相对资本产出比小于 $(1+(\eta-1)/(1-\varepsilon))$，任意上游部门进入壁垒的降低均会促进农村劳动力转移，劳动收入份额的产业间变化为负。

上述命题 2.3 表明：封闭经济情形下，劳动密集型部门的壁垒下降导致劳动密集型产品的相对价格下降，产品相对需求上升，主要增加了对劳动的需求。由于产业内的鲍莫尔效应使得部分生产资源转移到资本密集型部门，因此，其供给增加只能通过吸收农村转移劳动力来满足。

然而，资本密集型部门的壁垒下降对农村劳动力转移的影响方向却不确定，这是因为资本品的超额需求主要增加了对资本的压力，而短期均衡中资本存量是固定的，这将使得资本租金快速升高，由此可能会导致现代部门最终品相对于农产品价格上涨，通过产业间的替代效应，导致农业生产扩张以及更多人从事农业。

最后,利用式(2-34)以及式(2-39),可得推论如下。

推论 2.1:当所有中间品均用于最终品生产时,劳动密集型部门的上游部门进入壁垒降低,不仅会促进农村劳动力转移,而且会导致现代部门中资本密集型部门的产值比重上升,由此,劳动收入份额的产业间变化为负①。

2.5 稳态均衡及数值模拟

本节将分析各种冲击对稳态均衡的影响,并利用数值模拟考察这些因素对劳动收入份额的跨时变化路径的影响。由于存在连续的社会技术进步,因此,稳态时保持不变的内生变量不仅包含向量 $(r, P, P_1, P_2, P(H_1), P(H_2), l_a, l_1, l_2)$,而且包含向量 $\left(\dfrac{F(t)}{X_t}, \dfrac{Y(t)}{X_t}, \dfrac{I_1(t)}{X_t}, \dfrac{I_2(t)}{X_t}, \dfrac{H_1(t)}{X_t}, \dfrac{H_2(t)}{X_t}, \dfrac{W(t)}{X_t}, \dfrac{K(t)}{X_t}, \dfrac{K_1(t)}{X_t}, \dfrac{K_2(t)}{X_t}\right)$。其中,剔除社会技术进步趋势的变量在下文中将用对应的小写字母表示。

2.5.1 稳态均衡

相比短期均衡,稳态均衡增加了一个未知数——稳态时的有效资本存量 k^*,相应地,也增加了一个确定稳态有效资本存量的条件:

$$sy^* = (\delta + g)k^* \tag{2-40}$$

---

① 在此情形中,劳动收入份额的产业内变化不一定为负值。根据式(2-33),劳动密集型部门进入壁垒的下降,一方面导致该部门的劳动收入份额上升;另一方面,它会导致现代部门中资本密集型部门的产值比重 $(1-e)$ 上升,这又会使得现代部门的劳动收入份额下降。

其次,需将长期均衡中劳动力转移平衡方程式(2-27)变为:

$$l_1^* + l_2^* + l_a^* = \bar{L} \qquad (2\text{-}41)$$

其余方程除需要对相关变量进行技术进步趋势剔除外,其形式并不变化①。

2.5.2 稳态均衡对外生冲击的反应

通过对稳态进行比较静态分析,所得结果如表 2.1 所示。

表 2.1 稳态均衡比较静态分析结果

外生变量 内生变量	$d\ln s$	$d\ln A_1$	$d\ln A_2$	$d\ln(1+\mu_1)$	$d\ln(1+\mu_2)$
$d\ln\varphi'/r$	(+)	(+)	(+)	(−)	(−)
$d\ln k^*$	(+)	(+)	(+)	无法判断	无法判断
$d\ln(P_1/P_2)$	(+)	(−)	(+)	(+)	(−)
$d\ln\Delta$	(+)	(−)	(+)	(−)	(+)
$d\ln l_a$	无法判断	无法判断	无法判断	无法判断	无法判断

备注:Δ 表示现代部门中劳动密集型部门所占的就业比重。

相比各种因素对短期均衡的影响,在考察其长期影响时,必须额外考虑这些因素对资本积累的影响,表 2.1 结果表明:无论部门技术水平 A_1、A_2,还是部门进入壁垒程度 μ_1、μ_2,对现代部门结构的短期与长期影响是一致的。然而,两者对资本积累的影响却是不同的:部门技术水平的提高一定会使得稳态时的有效资本存量增加,而部门进入壁垒的降低对资本积累的影响方向却不确定。这是因为,当部门进入壁垒降低时,一方面会使得最终品生

---

① 本章的效用函数、中间品和最终品生产函数均满足 Inada 条件,这保证了系统的全局收敛性。

产的投入组合更多地偏向劳动,这会降低资本积累的激励;另一方面,随着劳动雇佣的增加,现代部门所利用资本的边际贡献将会上升,这又提高了资本积累的激励,因此,稳态时的资本存量变化方向难以确定。

最后,当储蓄率,或者部门技术水平提高时,不仅使得稳态时的资本存量增加,而且会使得稳态时劳动要素的相对报酬上升。这两方面的变化对城市劳动需求的作用方向是相反的,因此,稳态时 l_a 的变化方向不可确定。结合式(2-33),相关结果可总结如下。

命题 2.4:当资本密集型部门的技术水平上升,或其上游部门的进入壁垒下降时,稳态时的劳动密集型部门所占产值比重将会提高,劳动收入份额的产业内长期变化为正;当劳动密集型部门技术水平上升,或其上游部门的进入壁垒下降时,尽管稳态时劳动要素的相对报酬将会提高,但是,稳态时劳动密集型部门的产品相对价格以及产值比重均会下降。

接下来考察各因素对劳动力转移的长期影响,稳态的比较静态分析表明:当 $1<\frac{\Delta}{\lambda}<\frac{\eta-\varepsilon}{1-\varepsilon}$ 时,

$$sig\left(\frac{d\ln l_a}{d\ln A_i}\right)=sig\left(\frac{d\ln l_a}{d\ln s}\right)=-\left(\frac{d\ln l_a}{d\ln(1+\mu_i)}\right)=-1 \quad (2\text{-}42)$$

其中,Δ,λ 分别表示劳动密集型部门在整个现代部门的就业比重和产值比重。

结合表 2.1 的结果,可得如下结论。

命题 2.5:当 $1<\frac{\Delta}{\lambda}<\frac{\eta-\varepsilon}{1-\varepsilon}$ 时,储蓄率的提高,或任意中间品部门的技术水平提高,均会使得稳态时的农业人口下降,有效资本存量增加。另外,任意上游部门进入壁垒的下降都会导致稳态时的农业人口下降。

由于 $\frac{\Delta}{\lambda}$ 表示劳动密集型中间品部门相对于整个现代部门的劳动产值比,上述命题表明,当劳动密集型部门更多地作为一个就业机会提供部门,而不

是作为一个价值创造部门存在时,只要现代部门内部两种中间品的互补性较弱,任意中间品部门技术水平的提高,或者其上游部门进入壁垒的下降,长期上都会起到更多地吸纳农村劳动力的作用。

2.5.3 模型拓展——引入部门出口

本节将考察部门出口对产业结构以及劳动收入份额的影响。为此,设劳动密集型和资本密集型部门的出口比例分别为 τ_1、τ_2,此时,短期或长期均衡中的式(2-23)、式(2-24)应分别做如下调整:

$$\left(\frac{\gamma^{-1}P_1}{P}\right)^{-\varepsilon}=\frac{(1-\tau_1)I_1}{Y} \qquad (2-43)$$

$$\left(\frac{(1-\gamma)^{-1}P_2}{P}\right)^{-\varepsilon}=\frac{(1-\tau_2)I_2}{Y} \qquad (2-44)$$

另外,关于劳动收入份额的公式(2-33)也需做如下调整:

$$LIS=\frac{(1-s)\xi P^{\eta-1}+(1+\theta)\left(e\frac{(1-\alpha)}{(1+\mu_1)}+(1-e)\frac{(1-\beta)}{(1+\mu_2)}\right)}{(1-s)\xi P^{\eta-1}+1}$$

$$(2-45)$$

其中,$\xi=e(1-\tau_1)+(1-e)(1-\tau_2)$,表示现代部门的内需比重。因此,出口结构变化将会影响现代部门的内需比,进而影响劳动收入份额的产业间变化。关于出口比例变化对结构及农村劳动力转移的短期及长期影响如下:

短期均衡中,部门出口比例变化的影响为:

$$\frac{d\ln\sigma}{d\ln(1-\tau_1)}<0;\quad \frac{d\ln(1-\sigma)}{d\ln(1-\tau_2)}<0;\quad \frac{d\ln l_a}{d\ln(1-\tau_1)}>0 \qquad (2-46)$$

长期均衡中,部门出口比例变化的影响为:

$$\frac{d\ln\varphi'/r}{d\ln(1-\tau_i)} > 0; \ sig\left(\frac{d\ln\sigma}{d\ln(1-\tau_i)}\right) = \mp 1 \quad i = 1, 2 \quad (2\text{-}47)$$

于是得到如下结论。

命题 2.6：当某一个部门的出口比例增加时，该部门在现代部门中所占的产值比重无论在短期，还是在稳态时均会上升。另外，任何一个部门的出口比例增加均会使得稳态时的劳动要素相对报酬上升。

上述结果符合经济学直觉：外部需求结构的变化与产业结构的变化是一致的；此外，由于资本存量可以通过积累进行调整，任意部门出口需求的增加将对有限的总量劳动构成压力，导致长期劳动要素相对报酬上升。

2.5.4 数值模拟

本章的动态学分析表明：当所有外生参数给定时①，随着物质资本的不断积累，农村劳动力将不断地向城市转移，农业的产值比重不断下降，劳动收入份额的产业间变化为负。另外，结合消费最优条件，现代部门最终品的价格、资本要素的相对报酬 r/φ' 将不断下降②。于是，现代部门中劳动密集型部门的产值份额将跨时上升，劳动收入份额的产业内变化为正。因此，劳动收入份额的总体变化趋势将取决于产业内变化和产业间变化的相对大小③。

---

① 包括储蓄率、部门技术水平、部门进入壁垒程度以及部门出口比例。
② 由于工资跨时上升，现代部门最终品价格的绝对下降意味着资本的绝对报酬将会跨时下降。
③ 劳动收入份额的长期趋势取决于产业间替代性以及产业内互补性的相对大小：当替代性较大时，劳动收入份额呈下降趋势；当互补性较大时，劳动收入份额呈上升趋势。当替代性和互补性都较大，或者都较小时，劳动收入份额的波动幅度不大，而且，由于大量的劳动力转移发生在初始时期，因此，劳动收入份额的跨时路径将呈现先递减、后递增的趋势。本章为了反映中国自20世纪90年代中期以来所出现的劳动收入份额不断下降的事实，仅模拟了第一种情况。

本节将建立一个基准模型,并模拟其劳动收入份额的跨时变化路径①。在此基础上,依次考察劳动密集型部门的上游部门进入壁垒下降、资本密集型部门的出口比例上升、劳动密集型部门的出口比例上升、资本密集型部门的技术水平上升四种外生变化对劳动收入份额路径的影响。为此,首先给出在整个模拟过程中保持不变的参数集合②:

设总人口 $\bar{L}=2.4$,初始时期总人口的70%位于农村,即 $L_{ru}(0)=1.68$;初始有效资本存量设为 $k(0)=8$,仅为基准情形中稳态有效资本存量的10%。现代部门中两个中间品部门的资本密集度分别为 $\beta=0.6$,$\alpha=0.4$,部门间的替代弹性 $\varepsilon=0.5$,相对重要性参数 $\gamma=0.5$。最后,农业与现代部门之间的替代弹性 $\eta=1.5$,外生储蓄率 $s=0.3$,折旧率 $\delta=0.1$,劳动力转移障碍 $\theta=0.2$,社会技术进步率 $g=0.2$,剔除社会技术进步趋势的农业生产函数为 $f=\sqrt{l_a}$。

除上述通用参数外,基准情形中的其他参数为:部门技术水平 $A_1=A_2=5$,部门进入壁垒程度分别为 $\mu_1=0.3$,$\mu_2=0.7$,部门出口比例 $\tau_1=\tau_2=0$。与基准情形相比,其他情形中的参数变化分别为:(1)情形1:劳动密集型部门的上游部门进入壁垒下降为 $\mu_1=0.15$;(2)情形2:资本密集型部门的出口比例上升为 $\tau_2=10\%$;(3)情形3:劳动密集型部门的出口比例上升为 $\tau_1=10\%$;(4)情形4:资本密集型部门技术水平上升为 $A_2=10$。各情形的劳动收入份额变化如图2.2所示。

与基准情形相比较,图2.2充分证实了模型结论。情形1表明:当劳动密集型部门的上游部门进入壁垒下降时,一方面由于垄断租金的下降会直接使得本部门的劳动收入份额提高,另一方面会通过鲍莫尔效应导致本部门在现

---

① 模拟过程中,所有在稳态时按照社会技术进步率增长的变量均做了相应的趋势剔除。

② 模拟主要是为了展示理论部分中阐述的机制可能导致的结果,但必须承认在参数选取上存在一定的局限性。更严格的做法应该是对宏观数据进行校正,根据校正后的参数进行模拟。

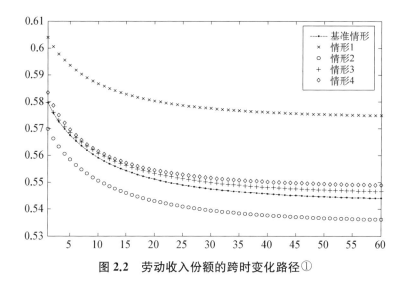

图 2.2 劳动收入份额的跨时变化路径①

代部门中的产值比重下降,这又会使得现代部门的劳动收入份额下降。在设置的参数范围内,前者占主导地位。

情形(2)和情形(3)表明:当某一部门的出口比例上升时,该部门所密集使用的要素占现代部门总收入的份额将会增大。最后,情形(4)表明:资本密集型部门的技术进步将会通过鲍莫尔效应使得现代部门的劳动收入份额上升。

2.6 结论

本章建立了一个含有农村劳动力转移的二元经济索罗模型,通过分析其短期以及稳态均衡,得到如下结论。

---

① 劳动收入份额的计算按照式(2-45),由此,外生因素变化对总体劳动收入份额的影响可以分解为产业内变化及产业间变化。大量参数的模拟实验表明:产业内变化主导着不同劳动收入份额时间路径的垂直距离。因此,下文仅解释了外生因素变动所引起的现代部门内部的劳动收入份额变化。

(1) 物质资本积累将会带来产业结构两方面的变化:一方面是产业间变化,即现代部门占整个国民经济的产值比重不断上升,使得劳动收入份额具有下降的趋势;另一方面是产业内变化,现代部门中劳动密集型所占的产值比重不断上升,使得劳动收入份额具有上升的趋势。总体劳动收入份额的变化趋势取决于两者的相对大小,前者的作用幅度取决于产业间的替代性大小,后者的作用幅度取决于现代部门中间投入品互补性的大小。

(2) 城乡劳动力流动障碍的减少、现代部门产业进入壁垒的降低、资本密集型部门技术水平的提高都将加快结构变化和城乡劳动力转移进程。由于现代部门的中间投入品具有互补性,资本密集型部门的上游部门进入壁垒下降或者相对技术进步都将会提高劳动密集型部门的产值比重。

(3) 当资本密集型产品面临更多的出口需求时,无论在短期,还是在长期,资本密集型部门占现代部门的产值比重均会上升,由此,现代部门中的劳动收入份额将会下降。

(4) 高储蓄率提高了稳态有效资本存量,同时,由于中间投入是互补的,资本密集型部门所占的产值比重长期将会下降。

本章结论具有一定的现实意义,可为近期中国劳动收入份额的下降提供理论上的解释。主要体现在:(1) 20世纪90年代中期以来,中国奉行重化工为主的产业扶植政策,资本密集型部门的相对垄断程度上升,这种产业政策不仅减少了城市就业岗位创造,降低了城乡劳动力的转移速度,而且导致了资本密集型重工业在现代部门中的产值比重逐步上升,劳动收入份额趋于下降;(2) 大量农村剩余劳动力的存在,决定了现代产业工人获得的收入依赖于他们的机会成本(农业收入),因此,工人的工资增加跟不上现代部门生产率的上升速度,企业可以获取更多的利润,资本收入份额不断上升;(3) 随着我国出口结构逐渐由纺织类、玩具类为主的劳动密集型产品转向以机电类为主的资本密集型产品,现代部门中的劳动收入份额出现了下降趋势。

当然,本章也存在一些不足之处,为了保持解析简单,利用了技术进步率与储蓄率的外生性假设。当利用拉姆齐模型将储蓄率内生化时,根据大道定理,初期的储蓄率以及资本密集型产品的需求将会较高,因此,储蓄率的内生化将会提供一个劳动收入份额初始的快速下降力量,尽管这不会影响本章短期及长期均衡的比较静态分析结果,但是采用拉姆齐模型将内生化利率及储蓄率的时间路径,从而对中国投资及消费变化具有解释力。另外,本章模拟时采用的参数取值只是演示理论中机制作用的效果,其适用性依赖于参数取值范围,因此数值校准也是未来研究的改进方向。

附录[①] 2.A

2.A.1 短期均衡

短期均衡中,给定期初的资本存量 $K(t)$,农村人口 $l_{ru}(t-1)$,得到如下微分组:

$$d\ln l_1 = d\ln K_1 - d\ln(1+\mu_1) - d\ln\varphi'/r \qquad (2.\text{A-1})$$

$$d\ln l_2 = d\ln K_2 - d\ln(1+\mu_2) - d\ln\varphi'/r \qquad (2.\text{A-2})$$

$$d\ln K_1 = (1-\sigma)\varsigma \qquad (2.\text{A-3})$$

$$d\ln K_2 = -\sigma\varsigma \qquad (2.\text{A-4})$$

$$\Delta d\ln l_1 + (1-\Delta)d\ln l_2 = -\frac{v_1 d\ln l_a + v_2 d\ln(1+\theta)}{(l_1+l_2)} \qquad (2.\text{A-5})$$

$$d\ln\frac{\varphi}{\varphi'(1-s)} = \lambda(d\ln(1+\mu_1)l_1) + (1-\lambda)(d\ln(1+\mu_2)l_2)$$
$$+ (\eta-1)(\lambda d\ln p_1 + (1-\lambda)d\ln p_2) \qquad (2.\text{A-6})$$

其中,$RT = \dfrac{A_1(1+\mu_1)^{-(1-\alpha)}}{A_2(1+\mu_2)^{-(1-\beta)}}$,$\varsigma = (1-\varepsilon)(-d\ln RT + (\beta-\alpha)d\ln\varphi'/r)$,$\Delta = \dfrac{l_1}{l_1+l_2}$,

---

[①] 附录 2-A、2-B 的证明过程仅供参考,正文中所有命题均已引导各式的给出。

$$v_1 = l_a(1+\theta)^{-1}, \quad v_2 = (l_r(t-1) - l_a(t))(1+\theta)^{-1}, \quad \lambda = \frac{\gamma^\epsilon P_1^{1-\epsilon}}{P^{1-\epsilon}}.$$

为简化下文表述,首先定义如下参数:

$$c_1 = \lambda - (1-\epsilon)(\lambda - \sigma);$$

$$c_2 = (1-\lambda) + (1-\epsilon)(\lambda - \sigma) = 1 - c_1;$$

$$c_3 = c_1(1-\alpha) + c_2(1-\beta) > 0;$$

$$c_4 = \eta(\lambda\alpha + (1-\lambda)\beta) + c_3 > 0,$$

$$c_5 = 1 + (\eta - 1)(1-\omega) > 0;$$

$$v_3 = (\Delta - \sigma)(l_1 + l_2);$$

$$v_4 = (l_1 + l_2)(1 - (\Delta - \sigma)(1-\epsilon)(\beta - \alpha)) > 0$$

利用式(2.A-1)至式(2.A-6),得到关于劳动相对报酬 φ'/r 和农村就业劳动力 l_a 的如下微分组:

$$-c_4 d\ln\varphi'/r - c_5 d\ln l_a = (\eta(1-\lambda) - c_2) d\ln(A_2(1+\mu_2)^{-(1-\beta)})$$
$$+ (\eta\lambda - c_1) d\ln(A_1(1+\mu_1)^{-(1-\alpha)}) - d\ln(1-s)$$

(2.A-7)

$$v_4 d\ln\varphi'/r - v_1 d\ln l_a = v_2 d\ln(1+\theta) - \sum_{i=1}^{2} l_i d\ln(1+\mu_i) - v_3(1-\epsilon) d\ln RT$$

(2.A-8)

其系数矩阵行列式 $c_4 v_1 + c_5 v_4 > 0$。

最后,注意到:

$$\frac{P_1 I_1}{P_2 I_2} \frac{1-\tau_1}{1-\tau_2} = \left(\frac{P_1}{P_2}\right)^{1-\epsilon}$$

(2.A-9)

其中,τ_1、τ_2 分别为劳动密集型和资本密集型部门的出口比例。

因此,除部门出口比例的变动外,其他因素的变动对现代部门的产值结构和部门产品相对价格的影响方向是一致的。

2.A.2 比较静态分析

本节将分析储蓄率,部门技术水平,以及部门进入壁垒的外生变化对农村劳动力转移,现代部门的产值结构的短期影响①。

2.A.2.1 储蓄率 s 的变化

易得 $\dfrac{d\ln\varphi'/r}{d\ln s}<0$, $\dfrac{d\ln l_a}{d\ln s}<0$。

当储蓄率上升时,最终品的需求提高,农村转移劳动力增加。由于短期资本存量是给定的,资本租金也将上升,且增长快于农村工资,由此,劳动密集型中间品的相对价格将会下降,资本配置更加向资本密集型部门集中,劳动收入份额的产业内变化为负。最后,由于最终品价格的上涨,以及现代部门的实际产出上升,结合式(2.A-11),现代部门的相对产值上升,劳动收入份额的产业间变化也为负。

2.A.2.2 部门进入壁垒 μ_1、μ_2 变化

(1) 部门进入壁垒对农业劳动力转移的影响如下:

$$sig\left(\frac{d\ln l_a}{d\ln(1+\mu_1)}\right) = sig\left(\underbrace{c_4 v_4^{-1}(l_1(1-\alpha)^{-1} - v_3(1-\varepsilon))}_{+} + (\eta\lambda - c_1)\right)$$

(2.A-10)

$$sig\left(\frac{d\ln l_a}{d\ln(1+\mu_2)}\right) = sig\left(\underbrace{c_4 v_4^{-1}(l_2(1-\beta)^{-1} + v_3(1-\varepsilon))}_{+} + (\eta(1-\lambda) - c_2)\right)$$

(2.A-11)

(2) 部门进入壁垒变化对现代部门产值结构的影响如下:

$$\frac{d\ln(P_1/P_2)}{d\ln(1+\mu_1)} = (1-\alpha) + (\beta-\alpha)d\,\frac{d\ln(\varphi'/r)}{d\ln(1+\mu_1)} \quad (2.A-12)$$

联合式(2.A-7),以及式(2.A-8),可得:

---

① 结合正文中的式(2-33),即可分析这些因素对劳动收入份额的短期影响。为了保持附录的简洁性,此处略去了这些分析。

$$\frac{d\ln(P_1/P_2)}{d\ln(1+\mu_1)} > 0 \qquad (2.A\text{-}13)$$

同理可得:
$$\frac{d\ln(P_1/P_2)}{d\ln(1+\mu_2)} < 0 \qquad (2.A\text{-}14)$$

2.A.2.3 部门技术水平 A_1、A_2 的变化

(1) 部门技术水平对农业劳动力转移的影响如下:

$$sig\left(\frac{d\ln l_a}{d\ln A_1}\right) = sig(-(\eta\lambda - c_1)v_4 + v_3(1-\varepsilon)c_4) \qquad (2.A\text{-}15)$$

$$sig\left(\frac{d\ln l_a}{d\ln A_2}\right) = sig(-(\eta(1-\lambda) - c_2)v_4 - v_3(1-\varepsilon)c_4) \qquad (2.A\text{-}16)$$

(2) 部门技术水平对现代部门产值结构的影响如下:

$$\frac{d\ln(P_1/P_2)}{d\ln A_1} = -1 + (\beta - \alpha)d\frac{d\ln(\varphi'/r)}{d\ln A_1}$$

联合式(2.A-7),以及式(2.A-8),可证:

$$\frac{d\ln(P_1/P_2)}{d\ln A_1} < 0 \qquad (2.A\text{-}17)$$

同理可证,
$$\frac{d\ln(P_1/P_2)}{d\ln A_2} > 0 \qquad (2.A\text{-}18)$$

2.A.2.4 劳动力转移壁垒 θ 的变化

(1) 劳动力转移壁垒对农业劳动力转移的影响如下:

$$\frac{d\ln l_a}{d\ln(1+\theta)} < 0; \quad \frac{d(l_1+l_2)}{d\ln(1+\theta)} = -1 - \frac{v_1}{v_2}\frac{d\ln l_a}{d\ln(1+\theta)} < 0 \qquad (2.A\text{-}19)$$

式(2.A-19)表明:当劳动力转移壁垒 θ 下降时,劳动力的转移激励降低,当期农业就业人口上升。另外,θ 下降意味着工人工资下降,厂商利润比过去提高,愿意雇用更多的

劳动力，城市就业数量 ($l_1 + l_2$) 将增加（农村和城市就业量都增加，表明无法找到工作而返回农村的劳动力数量下降）。

(2) 劳动力转移壁垒对现代部门产值结构的影响如下：

$$sig\left(\frac{d\ln(P_1/P_2)}{d\ln(1+\theta)}\right) = sig\left(\frac{d\ln\varphi'/r}{d\ln(1+\theta)}\right) = +1 \quad (2.A-20)$$

2.A.2.5 部门出口比例 τ_1，τ_2 的变化

当引入部门出口比例时，关于部门出口比例因素的雅克比展开式如下：

$$\begin{cases} -c_4 d\ln\varphi'/r - c_5 d\ln l_a = -\sigma d\ln(1-\tau_1) - (1-\sigma)d\ln(1-\tau_2) \\ v_4 d\ln\varphi'/r - v_1 d\ln l_a = -v_3(1-\varepsilon)d\ln((1-\tau_1)/(1-\tau_2)) \end{cases} \quad (2.A-21)$$

结合 $\mu_2 > \mu_1$ 的假设，可得：

$$\frac{d\ln(\varphi'/r)}{d\ln(1-\tau_1)} = \frac{\sigma v_1 - c_5 v_3(1-\varepsilon)}{c_4 v_1 + c_5 v_4};$$

$$\frac{d\ln(\varphi'/r)}{d\ln(1-\tau_2)} = \frac{(1-\sigma)v_1 + c_5 v_3(1-\varepsilon)}{c_4 v_1 + c_5 v_4} > 0$$

(1) 部门出口比例对农业劳动力转移的影响如下：

$$\frac{d\ln l_a}{d\ln(1-\tau_1)} > 0 \quad (2.A-22)$$

$$sig\left(\frac{d\ln l_a}{d\ln(1-\tau_2)}\right) = sig\left(\frac{1-\sigma}{c_4} - \frac{v_3(1-\varepsilon)}{v_4}\right) \quad (2.A-23)$$

(2) 部门出口比例对现代部门产值结构的影响如下：

$$sig\left(\frac{d\ln\sigma}{d\ln(1-\tau_1)}\right) = sig\left(-1 + \frac{\sigma v_1 - c_5 v_3(1-\varepsilon)}{c_4 v_1 + c_5 v_4}(1-\varepsilon)(\beta-\alpha)\right) = -1$$

$$(2.A-24)$$

$$sig\left(\frac{d\ln\sigma}{d\ln(1-\tau_2)}\right) = sig\left(1 + \frac{(1-\sigma)v_1 + c_5 v_3(1-\varepsilon)}{c_4 v_1 + c_5 v_4}(1-\varepsilon)(\beta-\alpha)\right) = +1$$

$$(2.A-25)$$

2.A.3 命题证明

本节将给出正文中**命题 2.2**、**命题 2.3**，以及**推论 2.1** 的相关证明。

2.A.3.1 命题 2.2 的证明

首先，利用式(2.A-7)，以及式(2.A-8)，可得：

$$sig\left(\frac{d\ln l_a}{d\ln(1+\mu_1)} + \frac{d\ln l_a}{d\ln(1+\mu_2)}\right) = sig(c_4 v_4^{-1}(l_1(1-\alpha)^{-1} + l_2(1-\beta)^{-1}) + (\eta-1))$$
$$= +1 \tag{2.A-26}$$

于是得到如下引理。

引理 2.A1：任意时期，至少一个部门的进入壁垒降低将会促进农业劳动力转移。而且，两个部门的进步壁垒同等幅度地下降肯定会促进农业劳动力的转移。

同理可得：

$$sig\left(\frac{d\ln l_a}{d\ln A_1} + \frac{d\ln l_a}{dA_2}\right) = sig(-(\eta-1)) = -1 \tag{2.A-27}$$

于是得到如下引理。

引理 2.A2：任意时期，至少一个部门的技术进步将会促进农业劳动力转移。而且，两个部门的技术进步同等幅度地上升，将会促进农业劳动力的转移。

最后，我们发现：

$$sig\left(\frac{d\ln l_a}{d\ln(1+\mu_1)} + (1-\alpha)\frac{d\ln l_a}{d\ln A_1}\right) = sig(c_4 l_1) = +1$$

这意味着：

$$\frac{d\ln l_a}{d\ln(1+\mu_1)} > -(1-\alpha)\frac{d\ln l_a}{d\ln A_1} \tag{2.A-28}$$

同理，

$$\frac{d\ln l_a}{d\ln(1+\mu_2)} > -(1-\beta)\frac{d\ln l_a}{d\ln A_2} \tag{2.A-29}$$

于是得到如下引理。

引理 2.A3：当一个部门的技术进步可以促进农业劳动力转移时，该部门的进入壁垒下降

一定可以促进农业劳动力转移。

综合引理 2.A1 至 2.A3，即可得到正文中的命题 2。

2.A.3.2 命题 2.3 的证明

根据式(2.A-10)和式(2.A-11)，可以发现，使得 $\dfrac{d\ln l_a}{d\ln(1+\mu_1)} > 0$ 成立的充分条件如下：

$$\eta\lambda - c_1 > 0$$

利用 c_1 的表达式，上式等价于下述条件：

$$(\eta-\varepsilon)/(1-\varepsilon) > \sigma/\lambda \tag{2.A-30}$$

同理，可得使得 $\dfrac{d\ln l_a}{d\ln(1+\mu_2)} > 0$ 成立的充分条件为：

$$(\eta-\varepsilon)/(1-\varepsilon) > (1-\sigma)/(1-\lambda) \tag{2.A-31}$$

而且，当式(2.A-31)成立时，利用式(2.A-16)可得：

$$\frac{d\ln l_a}{d\ln A_2} < 0 \tag{2.A-32}$$

另外，注意到：

$$\frac{\sigma}{\lambda}\cdot\lambda + \frac{1-\sigma}{1-\lambda}\cdot(1-\lambda) = 1, \quad 而且 \frac{\eta-\varepsilon}{1-\varepsilon} > 1$$

因此，$\quad (\eta-\varepsilon)/(1-\varepsilon) > \min(\sigma/\lambda, (1-\sigma)/(1-\lambda))$

于是得到如下引理。

引理 2.A4：当 $(\eta-\varepsilon)/(1-\varepsilon) > \max(\sigma/\lambda, (1-\sigma)/(1-\lambda))$ 时，任意部门进入壁垒的下降，或者资本密集型部门的技术进步都可以促进农业劳动力的转移。

当不存在部门出口时，利用最终品厂商的要素投入组合最优条件可得：

$$\frac{\sigma}{1-\sigma} = \frac{\alpha}{\beta}\frac{\lambda}{1-\lambda} \tag{2.A-33}$$

由此得到,当不存在部门出口时:

$$\frac{\sigma}{\lambda} < 1 < \frac{1-\sigma}{1-\lambda} \tag{2.A-34}$$

因此,引理 A4 的成立条件可以改为:

$$(\eta-\varepsilon)/(1-\varepsilon) > (1-\sigma)/(1-\lambda) \tag{2.A-35}$$

综合引理 2.A4,以及公式(2.A-35),即可得到正文中的命题 3。

2.A.3.3 推论 1 的证明

利用式(2.A-30),即可得到:当 $\frac{\sigma}{\lambda} < \frac{\eta-\varepsilon}{1-\varepsilon}$ 成立时,劳动力密集型部门的进入壁垒降低将会促进农村劳动力转移。结合式(2.A-13),即可得到正文中的推论 1。

附录 2.B

2.B.1 稳态均衡

利用索罗稳态条件,以及劳动力资源出清方程,得到关于稳态均衡的微分方程组①:

$$d\ln k_1 = (1-\sigma)\varsigma + d\ln k^* \tag{2.B-1}$$

---

① 同一字母的表达式与短期均衡中相同。其次,稳态时按照社会技术进步率增长的变量均做了相应的趋势剔除,并用对应的小写字母表示。

第 2 章　产业进入壁垒、劳动力转移及结构变化

$$d\ln k_2 = -\sigma\varsigma + d\ln k^* \qquad (2.\text{B-}2)$$

$$d\ln l_1 = d\ln k_1 - d\ln(1+\mu_1) - d\ln(\varphi'/r) \qquad (2.\text{B-}3)$$

$$d\ln l_2 = d\ln k_2 - d\ln(1+\mu_2) - d\ln(\varphi'/r) \qquad (2.\text{B-}4)$$

$$\Delta d\ln l_1 + (1-\Delta)d\ln l_2 = d\ln(\bar{L}-l_a) \qquad (2.\text{B-}5)$$

$$d\ln s + d\ln y = d\ln k^* \qquad (2.\text{B-}6)$$

$$d\ln\frac{\varphi}{\varphi'(1-s)} = \lambda d\ln((1+\mu_1)l_1) + (1-\lambda)d\ln((1+\mu_2)l_2)$$
$$+ (\eta-1)(\lambda d\ln p_1 + (1-\lambda)d\ln p_2) \qquad (2.\text{B-}7)$$

参照短期均衡，并利用中间品和最终品生产函数的微分方程，上述方程组可以变换为关于劳动相对报酬 φ'/r、农村就业劳动力 l_a，以及稳态有效资本存量 k^* 的如下方程组：

$$d\ln(\varphi'/r) = (c_3)^{-1}(d\ln s + c_1 d\ln(A_1(1+\mu_1)^{-(1-\alpha)}) + c_2 d\ln(A_2(1+\mu_2)^{-(1-\beta)}))$$
$$(2.\text{B-}8)$$

$$d\ln k^* - c_4 d\ln(\varphi'/r) - c_5 d\ln l_a = (\eta\lambda - c_1)d\ln(A_1(1+\mu_1)^{-(1-\alpha)}) - d\ln(1-s)$$
$$+ (\eta(1-\lambda) - c_2)d\ln(A_2(1+\mu_2)^{-(1-\beta)})$$
$$(2.\text{B-}9)$$

$$d\ln k^* - (c_6+c_7)d\ln(\varphi'/r) + \kappa^{-1}d\ln l_a = (1-\varepsilon)(\Delta-\sigma)d\ln\frac{A_1}{A_2} + c_6 d\ln(1+\mu_1)$$
$$+ c_7 d\ln(1+\mu_2)$$
$$(2.\text{B-}10)$$

其中，$c_6 = \Delta - (\Delta-\sigma)(1-\varepsilon)(1-\alpha)$，$c_7 = (1-\Delta) + (\Delta-\sigma)(1-\varepsilon)(1-\beta)$，$\kappa = (\bar{L}-l_a)/l_a$。

利用 $\mu_2 > \mu_1$ 的假设，可得：$c_6 + c_7 < 1$。另外，为保持下一节分析结果表述的简洁性，定义：$c_8 = -(c_5(c_6+c_7) + \kappa^{-1}c_4) < 0$，$\theta = c_5 + \kappa^{-1}$。

2.B.2　比较静态分析

本节将对式(2.B-8)至(2.B-10)进行比较静态分析，得到表 2.1 中的相关结果。

2.B.2.1 外生参数变化对稳态时的资本存量 k^* 的影响

$$\theta \frac{d\ln k^*}{d\ln s} = \underbrace{\left(\frac{-c_8 \kappa}{c_3} + \frac{s}{1-s}\right)}_{+} \kappa^{-1} \tag{2.B-11}$$

$$\theta \frac{d\ln k^*}{d\ln A_1} = \underbrace{\left[(1-\varepsilon)(\Delta-\sigma) + \left(\frac{c_6+c_7}{c_3}\right)c_1\right]}_{+} c_5 + \underbrace{\left[(\eta\lambda-c_1) + \frac{c_1 c_4}{c_3}\right]}_{+} \kappa^{-1} > 0 \tag{2.B-12}$$

$$\theta \frac{d\ln k^*}{d\ln A_2} = \underbrace{\left[-(1-\varepsilon)(\Delta-\sigma) + \left(\frac{c_6+c_7}{c_3}\right)c_2\right]}_{+} c_5 + \underbrace{\left[(\eta(1-\lambda)-c_2) + \frac{c_2 c_4}{c_3}\right]}_{+} \kappa^{-1} > 0 \tag{2.B-13}$$

$$\theta \frac{d\ln k^*}{d\ln(1+\mu_1)} = \underbrace{\left[c_6 - \left(\frac{c_6+c_7}{c_3}\right)c_1(1-\alpha)\right]}_{+} c_5 - \underbrace{(1-\alpha)\left[(\eta\lambda-c_1) + \frac{c_1 c_4}{c_3}\right]}_{-} \kappa^{-1} \tag{2.B-14}$$

$$\theta \frac{d\ln k^*}{d\ln(1+\mu_2)} = \underbrace{\left[c_7 - \left(\frac{c_6+c_7}{c_3}\right)c_2(1-\beta)\right]}_{+} c_5 - \underbrace{(1-\beta)\left[(\eta(1-\lambda)-c_2) + \frac{c_2 c_4}{c_3}\right]}_{-} \kappa^{-1} \tag{2.B-15}$$

2.B.2.2 外生参数变化对稳态时的农业劳动力 l_a 的影响

$$\theta \frac{d\ln l_a}{d\ln s} = \underbrace{\frac{c_6+c_7-c_4}{c_3} - \frac{s}{1-s}}_{+} \tag{2.B-16}$$

$$\theta \frac{d\ln l_a}{d\ln A_1} = \underbrace{\left[(1-\varepsilon)(\Delta-\sigma) + \left(\frac{c_6+c_7}{c_3}\right)c_1\right]}_{+} - \underbrace{\left[(\eta\lambda-c_1) + \frac{c_1 c_4}{c_3}\right]}_{-} \tag{2.B-17}$$

$$\theta \frac{d\ln l_a}{d\ln A_2} = \underbrace{\left[-(1-\varepsilon)(\Delta-\sigma)+\left(\frac{c_6+c_7}{c_3}\right)c_2\right]}_{+} - \underbrace{\left[(\eta(1-\lambda)-c_2)+\frac{c_2 c_4}{c_3}\right]}_{-}$$

(2.B-18)

$$\theta \frac{d\ln l_a}{d\ln(1+\mu_1)} = \underbrace{\left[c_6-\left(\frac{c_6+c_7}{c_3}\right)c_1(1-\alpha)\right]}_{?} + \underbrace{(1-\alpha)\left[(\eta\lambda-c_1)+\frac{c_1 c_4}{c_3}\right]}_{+}$$

(2.B-19)

$$\theta \frac{d\ln l_a}{d\ln(1+\mu_2)} = \underbrace{\left[c_7-\left(\frac{c_6+c_7}{c_3}\right)c_2(1-\beta)\right]}_{?} + \underbrace{(1-\beta)\left[(\eta(1-\lambda)-c_2)+\frac{c_2 c_4}{c_3}\right]}_{+}$$

(2.B-20)

2.B.2.3 外生参数变化对稳态时的劳动相对报酬 $\boldsymbol{\varphi}'/r$ 的影响

利用式(2.B-8)即可得到正文表 1.1 的相关结果。

2.B.3 外生参数变化对现代部门结构的影响

2.B.3.1 资本配置的部门变化

本节将分析外生变化引起的部门资本使用份额,以及部门就业份额的变化,注意到:

$$\frac{P_1 I_1}{P_2 I_2} = \frac{\sigma \alpha^{-1}}{(1-\sigma)\beta^{-1}} = \left(\frac{P_1}{P_2}\right)^{1-\varepsilon} \quad (2.\text{B-21})$$

$$\frac{\Delta}{1-\Delta} \propto \frac{\sigma}{(1-\sigma)} \frac{1+\mu_2}{1+\mu_1} \quad (2.\text{B-22})$$

其中,∝表示呈正比例关系。

利用式(2.B-8)和式(2.B-21)得:

$$sig\left(\frac{d\ln\sigma}{d\ln s}\right) = sig\left(\frac{d\ln(\varphi'/r)}{d\ln s}\right) = +1 \qquad (2.\text{B-23})$$

$$sig\left(\frac{d\ln\sigma}{d\ln A_i}\right) = sig\left(\mp 1 + \frac{c_i(\beta-\alpha)}{c_3}\right) = \pm 1 \quad i = 1, 2 \qquad (2.\text{B-24})$$

$$sig\left(\frac{d\ln\sigma}{d\ln(1+\mu_i)}\right) = -sig\left(\frac{d\ln\sigma}{d\ln A_i}\right) = \pm 1 \quad i = 1, 2 \qquad (2.\text{B-25})$$

2.B.3.2　劳动配置的部门变化

部门技术水平的变化,以及储蓄率的变化对稳态时的劳动配置影响与节的结论一样。仅需要重新分析部门进入壁垒造成的影响。利用式(2.B-21)和式(2.B-22)可得:

$$sig\left(\frac{d\ln\Delta}{d\ln(1+\mu_i)}\right) = \mp 1 \quad i = 1, 2 \qquad (2.\text{B-26})$$

2.B.4　关于命题 5 的证明

首先,根据相关系数的表达式,可得:

$$c_6 + c_7 - c_4 < c_6 + c_7 - [1-(\lambda-\sigma)(1-\varepsilon)(\beta-\alpha)] = (\lambda-\Delta)(1-\varepsilon)(\beta-\alpha)$$

于是得到如下引理。

引理 2.B.1:当 $\Delta > \lambda$ 时, $c_4 > c_6 + c_7$ 成立。

其次,加总式(2.B-14)与式(2.B-15),可得:

$$\theta \sum_{i=1}^{2}\left(\frac{d\ln k^*}{d\ln(1+\mu_i)}\right) = -\eta\kappa^{-1} < 0 \qquad (2.\text{B-27})$$

类似地,分别加总式(2.B-17)与式(2.B-18),式(2.B-19)与式(2.B-20),可得:

$$\theta \sum_{i=1}^{2} \frac{d\ln l_a}{d\ln A_i} = \frac{c_6+c_7-c_4}{c_3} - (\eta-1) \qquad (2.\text{B-28})$$

$$\theta \sum_{i=1}^{2}\left(\frac{d\ln l_a}{d\ln(1+\mu_i)}\right) = \eta > 0 \qquad (2.\text{B-29})$$

根据式(2.B-27)与式(2.B-29),可得如下引理。

引理 2.B.2:当两个部门的进入壁垒同时下降相同的幅度,稳态时的资本存量将会增加,农业劳动力将会减少。

最后,利用式(2.B-17)至式(2.B-20),可得:

$$\frac{d\ln l_a}{d\ln(1+\mu_1)} > -(1-\alpha)\frac{d\ln l_a}{d\ln A_1} \tag{2.B-30}$$

$$\frac{d\ln l_a}{d\ln(1+\mu_2)} > -(1-\beta)\frac{d\ln l_a}{d\ln A_2} \tag{2.B-31}$$

引理 2.B.3:当某一部门的技术水平提高可以导致稳态时的农业劳动力减少时,该部门进入壁垒的降低也将导致稳态时的农业劳动力减少。

利用引理 B.1、式(2.B-16)、式(2.B-28),可得如下引理。

引理 2.B.4:当 $\frac{\Delta}{\lambda} > 1$ 时,$\frac{d\ln l_a}{d\ln s} < 0$,$\sum_{i=1}^{2}\frac{d\ln l_a}{d\ln A_i} < 0$,$\frac{d\ln l_a}{d\ln A_2} < 0$。

进一步,利用式(2.B-17)可得如下引理。

引理 2.B.5:当 $1 < \frac{\Delta}{\lambda} < \frac{\eta-\varepsilon}{1-\varepsilon}$ 时,$\frac{d\ln l_a}{d\ln A_1} < 0$。

综合引理 2.B.1 至引理 2.B.5,可得正文中的命题 2.5。

2.B.5 部门出口以及命题 (6) 的证明

关于部门出口的微分方程组如下:

$$\begin{cases} d\ln k^* - (c_6+c_7)d\ln(\varphi'/r) + \kappa^{-1}d\ln l_a = (\Delta-\sigma)d\ln((1-\tau_1)/(1-\tau_2)) \\ d\ln(\varphi'/r) = (c_3)^{-1}(\sigma d\ln(1-\tau_1) + (1-\sigma)d\ln(1-\tau_2)) \\ d\ln k^* - c_4 d\ln(\varphi'/r) - c_5 d\ln l_a = -(\sigma d\ln(1-\tau_1) + (1-\sigma)d\ln(1-\tau_2)) \end{cases}$$

(2.B-32)

2.B.5.1 出口对稳态时的资本存量 k^* 和农业人口 l_a 的影响

利用式(2.B-32),可以得到:

$$\theta\frac{d\ln k^*}{d\ln(1-\tau_1)} = \underbrace{\left[(\Delta-\sigma)+(c_6+c_7)c_3^{-1}\sigma\right]}_{+}c_5 + \underbrace{\left[1+c_4 c_3^{-1}\right]}_{+}\sigma\kappa^{-1} > 0 \quad (2.\text{B-}33)$$

$$\theta\frac{d\ln k^*}{d\ln(1-\tau_2)} = \underbrace{\left[-(\Delta-\sigma)+(c_6+c_7)c_3^{-1}(1-\sigma)\right]}_{+}c_5 + \underbrace{\left[1+c_4 c_3^{-1}\right]}_{+}(1-\sigma)\kappa^{-1}$$

$$(2.\text{B-}34)$$

$$\theta\frac{d\ln l_a}{d\ln(1-\tau_1)} = \Delta + (c_6+c_7-c_4)c_3^{-1}\sigma \quad (2.\text{B-}35)$$

$$\theta\frac{d\ln l_a}{d\ln(1-\tau_2)} = (1-\Delta) + (c_6+c_7-c_4)c_3^{-1}(1-\sigma) \quad (2.\text{B-}36)$$

2.B.6.2 出口对部门结构的影响

当引入部门出口后,式(2.B-21)变为:

$$\frac{\sigma}{1-\sigma}\frac{\beta}{\alpha} = \frac{p_1 I_1}{p_2 I_2} = \left(\frac{p_1}{p_2}\right)^{1-\varepsilon}\frac{(1-\tau_2)}{(1-\tau_1)} \quad (2.\text{B-}37)$$

因此,

$$\frac{d\ln\sigma}{d\ln(1-\tau_i)} = (1-\sigma)\left(\pm 1 + (1-\varepsilon)(\beta-\alpha)\frac{d\ln(\varphi'/r)}{d\ln(1-\tau_i)}\right) \quad i=1,2$$

$$(2.\text{B-}38)$$

注意到 $(1-\varepsilon)(\beta-\alpha)\sigma < c_3$,并利用式(2.B-32)中的第二个方程,可得:

$$sig\left(\frac{d\ln\sigma}{d\ln(1-\tau_i)}\right) = \pm 1 \quad i=1,2 \quad (2.\text{B-}39)$$

结合式(2.B-21),进一步可得:

$$sig\left(\frac{d\ln\Delta}{d\ln(1-\tau_i)}\right) = \pm 1 \quad i=1,2 \quad (2.\text{B-}40)$$

2.B.6.3 命题 2.6 的证明

利用式(2.A-24)、式(2.A-25)、式(2.B-32)、式(2.B-39)即可得到命题 2.6。

市场制度深化与产业结构变迁

第3章

金融发展对行业研发的影响

3.1　引言

经济增长的一个重要问题是金融市场的发展能否显著促进经济增长。这方面的文献最早可以追溯到熊彼特,他强调发达的金融部门对一国的人均收入水平和增长率都存在积极作用。金融发展促进经济增长的机制体现在:高度发达的金融部门能够有效地克服信息不完全带来的道德风险、逆向选择等问题,并且以较低的交易成本将有限的金融资源配置到附加值最高的部门,从而促进经济增长。现代经济增长理论则认为,从长期来看,一国经济增长的源泉是技术进步。以 Romer、Grossman 和 Helpman、Aghion 和 Howitt 等为代表的以研发为基础的增长理论应运而生,这类理论的核心思想是:内生的研发和创新是推动技术进步和经济增长的关键。然而,研发和创新活动需要大量且稳定的资金流来支持,因此金融市场的发展发挥十分重要的作用。

我国在银行信贷、股票和债券等金融市场上都取得了长足的发展。与此同时,我国的 GDP 总量也从 2003 年的 135 822.8 亿元增加到 2009 年的 340 902.8 亿元,并且多年保持 8% 以上的高增长率。尽管部分学者指出由高储蓄、高投资推动的高增长是不可持续的,但值得注意的是,作为技术进步源泉的研发投入也在不断上升。有关数据显示,我国研发支出占 GDP 的比重已经从 2000 年的 1% 上升到 2009 年的 1.7%,而该比值在 20 世纪 90 年代中期仅为 0.6%[①],技术进步对增长的贡献也逐渐提高。针对这些现象,本章将重点研究我国金融市场的发展是否有效地促进了研发投入以及可能的作用

---

① 数据来源于《中国统计年鉴》。

机制。

目前研究金融发展对研发影响的文献主要集中在金融发展缓解企业融资约束方面。按照公司金融理论,企业通过两种方式在研发活动上进行融资:一是内部融资;二是外部融资。内部融资是指企业将自己的储蓄(留存盈利和折旧)转化为投资的过程;外部融资是指吸收其他经济主体的储蓄转化为投资的过程。内部融资相比外部融资有一些优势:不需要抵押,没有信息不对称造成的逆向选择问题等。然而,单靠内部融资进行研发的局限性也很明显:首先,创新活动需要的资金规模可能会超过企业自身所能筹集的金额;其次,创新活动需要长期且稳定的投资,而企业自身的利润会随着商业周期而波动。Aghion et al.运用法国企业1993—2004年的面板数据实证检验了融资约束与企业研发行为在商业周期中的特征,结果发现面临较紧信贷约束的企业的研发投资活动呈现出顺经济周期的特点;Mancusi 和 Vezzulli 运用意大利中小企业(SME)2001—2003年的数据研究发现,在同等条件下,中小企业在融资约束较紧时更可能会减少研发投资。上述实证结果均表明:鉴于内部融资伴随商业周期波动的特征,外部融资对保持企业研发活动的稳定性至关重要。

Maskus et al.研究了18个OECD国家数据发现:金融市场发展能显著促进对外部融资依赖度大、有形资产比重小的行业的研发活动,但是其考察的国家均是OECD发达国家,其结论对金融市场正处在发展阶段的发展中国家是否适用还有待检验。解维敏和方红星以中国上市公司2002—2006年的数据为样本,发现银行业市场化改革的推进、地区金融发展积极地促进了我国上市公司的研发投入,但是考虑到上市公司对整个行业的覆盖面不大,结论仍不具有一般性。鉴于此,本章试图从工业行业层面来考察国家整体金融发展对各行业研发强度的影响。本章的结构安排为:第2节给出计量估计方程和指标选取及数据说明;第3节进行实证检验和分析;第4节,给出结论和政策建议。

3.2 估计方程和指标说明

3.2.1 估计方程

外部融资依赖度、有形资产比重以及国有产权比重是我们关注的行业特征,根据 Maskus et al. 的论证,我们预计金融市场发展对外部融资依赖度大、有形资产比重低的行业的研发激励更强,而国有产权比重则是我们选取的中国特色的行业特征,所以本章同时引入该指标来验证产权性质是否影响金融发展对研发活动作用的程度。我们借鉴 Maskus et al. 的模型,将基本的计量方程设定如下:

$$\text{RDINT}_{k,t} = \beta_0 + \beta_1 (\text{DEFEN}_k \times \text{FINAN}_t) + \beta_4 \text{INDUS}_{k,t} + \beta_5 \text{FINAN}_t + \varepsilon_{k,t} \tag{3-1}$$

$$\text{RDINT}_{k,t} = \beta_0 + \beta_2 (\text{TANGI}_k \times \text{FINAN}_t) + \beta_4 \text{INDUS}_{k,t} + \beta_5 \text{FINAN}_t + \varepsilon_{k,t} \tag{3-2}$$

$$\text{RDINT}_{k,t} = \beta_0 + \beta_3 (\text{OWNER}_k \times \text{FINAN}_t) + \beta_4 \text{INDUS}_{k,t} + \beta_5 \text{FINAN}_t + \varepsilon_{k,t} \tag{3-3}$$

其中,RDINT 为行业研发强度,k 代表行业,t 代表年份,DEPEN 为外部融资依赖度,TANGI 为有形资产比重,OWNER 为国有产权比重,INDUS 为行业产值份额,FINAN 为金融市场发展水平,包括银行信贷(CREDI)、股票市场资本化率(STOCK)、企业债券市场规模(PRIVA)以及 FDI 使用额。

关于该模型是否存在内生性问题,接下来我们展开几点讨论。首先,我们使用的外部融资依赖度、有形资产比重以及国有产权比重均是行业层面的固有特征,行业研发强度反过来影响这些行业特征的可能性很小。并且我们在后面的显著性检验中引入完全外生的美国各行业外部融资依赖度来消除可能存在的内生性问题。其次,金融市场的发展水平往往受到经济发展水平、市场监管等宏观层面因素的影响,而行业层面的研发活动对整个金融市场发展的影响微乎其微。基于以上两点讨论,我们认为本模型的内生性问题并不严重。另一方面,由于数据本身可能存在的多重共线性问题,我们选择将金融发展指标与行业特征的交互项逐一放入回归模型。

3.2.2 指标选取及数据说明

3.2.2.1 金融发展指标

本章选取如下四个衡量金融市场发展水平的指标:银行信贷(CREDI)、股票市场资本化率(STOCK)、企业债券市场规模(PRIVA)以及外商直接投资(FDI),其中前三个衡量了国内金融市场的发展水平,而 FDI 衡量了国际金融市场的发展水平。之所以选择 FDI 是因为我国的资本账户还未完全开放,FDI 是我国利用国际资本的主要方式。这四个指标是我们分别用当年金融机构人民币各项贷款总和、股票流通总值、私人债券发行额和 FDI 实际使用金额除以 GDP 得到的。

3.2.2.2 研发及行业特征指标

本章使用"行业研发强度"(用当年价格衡量的行业研发经费支出占行业总产值的比重)来度量行业的研发投入,表 3.1 为各行业在样本期间的平均研发强度。从表 3.1 中我们可以看出,设备制造业和医药制造等行业研发强度较高,而像电、热、水力等公用事业的研发强度相对较低,这主要是由行业的技术特征决定的。Rajan 和 Zingales 指出,由于初始投资规模、项目的建设周期、项目的投资回收期以及是否需要追加投资等技术性特征,不同行业对外部融资的依赖度存在差异,这使得金融发展对各行业研发活动的影响也不尽相同。考虑到这一点,本章借鉴了 Rajan 和 Zingales 提出的"外部融资依赖度"来度量行业的融资需求,其具体计算方法为:(行业投资支出 — 行业现金流入)/ 行业投资支出,我们的直觉是外部融资依赖度大的行业从金融市场发展中的获益要比外部融资依赖度小的行业更多。为了检验这一假设,我们在模型中引入外部融资依赖度和金融市场发展水平的交互项。Rajan 和 Zingales 计算行业外部融资依赖度的步骤是:首先计算美国各行业所有大型上市公司的外部融资依赖度,然后选取中位数作为该行业值。鉴于在中国上市公司在行业中并不占主导地位,我们参考谈儒勇和丁桂菊的方法,使用 2003—2009 年各行业的总长期负债除以总固定资产来度量一个行业的外部融资依赖度,而选取 7 年的平均值可以平滑掉经济周期带来的影响,从而更客观地揭示行业特征。

表 3.1 我国 2003—2009 年各工业行业平均研发强度

行　　业	研 发 强 度
36 专用设备制造业	0.016 82
27 医药制造业	0.015 93
39 电气机械及器材制造业	0.014 29
35 通用设备制造业	0.014 23
37 交通运输设备制造业	0.013 07
40 通信设备、计算机及其他电子设备制造业	0.012 11
29 橡胶制品业	0.010 48
41 仪器仪表及文化、办公用机械制造业	0.010 24
26 化学原料及化学制品制造业	0.009 35
28 化学纤维制造业	0.007 84
32 黑色金属冶炼及压延加工业	0.007 69
15 饮料制造业	0.007 33
06 煤炭开采和洗选业	0.007 30
33 有色金属冶炼及压延加工业	0.006 71
34 金属制品业	0.006 20
30 塑料制品业	0.006 19
22 造纸及纸制品业	0.005 84

(续表)

行　　业	研发强度
31 非金属矿物制品业	0.005 61
20 木材加工及木、竹、藤、棕、草制品业	0.005 40
10 非金属矿采选业	0.005 27
23 印刷业和记录媒介的复制	0.005 01
42 工艺品及其他制造业	0.004 98
17 纺织业	0.004 80
07 石油和天然气开采业	0.004 66
14 食品制造业	0.004 39
24 文教体育用品制造业	0.004 37
09 有色金属矿采选业	0.003 36
18 纺织服装、鞋、帽制造业	0.003 32
21 家具制造业	0.002 91
13 农副食品加工业	0.002 44
16 烟草制品业	0.002 37
46 水的生产和供应业	0.001 90
19 皮革、毛皮、羽毛(绒)及其制品业	0.001 72
25 石油加工、炼焦及核燃料加工业	0.001 28
44 电力、热力的生产和供应业	0.001 10
08 黑色金属矿采选业	0.001 09
45 燃气生产和供应业	0.000 64

注：据《中国科技统计年鉴》及《中国工业统计年鉴》2003—2009年数据计算而得。

另一方面，根据 Brown et al. 的观点，有形资产的比重也会影响企业的融资规模：第一，有形资产比重较低的企业往往拥有更多的人力资本，但是人力资本却很难作为抵押物来获得外部融资；第二，人力资本含量高的企业的研发动机相对较强，但是出于对商业机密的保护，他们一般不愿将自己科研项目的信息透露给金融机构，这种信息不对称会进一步加剧融资约束。所以我们借鉴 Maskus et al.提出的"有形资产比重"指标来考察金融市场发展是否能够缓解有形资产比重低但研发动力大的行业的融资约束。该指标可以通过用 2003—2009 年各行业的总固定资产除以总资产得到。同理,我们在模型中引入有形资产比重与金融市场发展水平的交互项。

考虑到我国的国有企业具有融资优势,并且其研发行为与非国有企业存在一定区别,本章还引入了行业的国有产权比重来验证产权性质是否会影响金融发展对研发活动的作用,它可以通过 2003—2009 年各行业的国有及国有控股的企业产值除以行业总产值得到,其作用同样是通过引入与金融市场发展水平的交互项体现出来。另外,由于各行业在工业经济中地位的差异会反映我国的比较优势,我们引入了各行业产值占工业总产值的份额作为控制变量。

3.2.2.3 数据说明

由于统计口径在 2003 年发生了改变,为了保持统计口径的一致,我们选取 2003—2009 年的行业数据。并且由于数据缺失问题,我们剔除其他采矿业与废弃资源和废旧材料回收加工业两个行业,将另外 37 个工业行业的数据作为我们的考察样本。其中,行业的研发支出数据来自《中国科技统计年鉴》(2003—2009 年),工业行业的数据来自国研网工业经济统计数据库,GDP 和国内金融市场等数据来自国家统计数据库和世界银行,FDI 的数据来自国家商务部网站,并且将外币运用当年平均汇率折算而成。我们采用的统计软件为 STATA 9.0。

3.3 实证检验与分析

3.3.1 变量的统计分析

表 3.2 和表 3.3 分别为变量的统计性描述和简单相关系数。从表 3.3 中

我们可以发现,行业的研发强度与外部融资依赖度、有形资产比重和国有产权比重均为显著负相关关系。

表 3.2 各个变量的统计性描述

变量	变量描述	均值	标准差	最大值	最小值
RDINT	研发强度	0.006 4	0.004 5	0.022 9	0.000 1
DEPEN	外部融资依赖度	0.249 0	0.084 4	0.579 8	0.036 2
TANGI	有形资产比重	0.249 5	0.081 3	0.515 3	0.069 8
OWNER	国有产权比重	0.270 9	0.277 1	0.992 8	0.007 4
CREDI	银行信贷	1.071 8	0.077 4	1.172 4	0.966 3
STOCK	股票市场资本化率	0.495 1	0.341 5	1.230 7	0.175 4
PRIVA	企业债券规模	0.129 7	0.035 5	0.186 9	0.086 1
FDI	FDI 使用额	0.025 0	0.005 0	0.032 6	0.018 0
INDUS	行业产值份额	0.024 7	0.028 6	0.135 2	0.001 1

表 3.3 研发强度对关键变量的简单回归

	DEPEN	TANGI	OWNER
RDINT	-0.003 4*	-0.003 8**	-0.003 6***

注:***代表1%的显著性水平,**代表5%的显著性水平,*代表10%的显著性水平。

3.3.2 基础估计分析

由于各个行业存在不可观测的异质性,如果简单地将全行业的面板数据进行混合回归很有可能导致估计结果不一致。鉴于此,我们引入不随时间变化的随机变量 μ_i 代表行业异质性,且假定其与随行业和时间变化的随机扰动项 $\varepsilon_{k,t}$ 不相关。如果 μ_i 与某个解释变量相关,我们则使用固定效应模型

(FE);如果 μ_i 与所有解释变量均不相关,我们则使用随机效应模型(RE)。为了从两者中选取更为合适的模型,我们引入了 Hausman 检验,检验原假设为 μ_i 与所有解释变量不相关(即随机效应模型正确)。无论原假设成立与否,FE 都是一致的。如果原假设成立的话,RE 比 FE 更加有效;如果原假设不成立,那么,RE 和 FE 不一致。因此,如果原假设成立,我们选择 RE;如果原假设不成立,我们就选择 FE。另一方面,由于同一个行业不同期之间的扰动项一般存在自相关,而普通的标准差计算方法是假定扰动项为独立同分布,为了提高准确度,我们使用以行业为聚类变量的聚类稳健标准差。由于篇幅限制,表 3.4 至表 3.7 仅给出经过 Hausman 检验后正确的模型的回归结果。

3.3.2.1 银行信贷

表3.4 研发强度对银行信贷的回归结果

模　型	(1) RE	(2) FE	(3) RE	(4) FE
行业份额	0.040 0*** (0.014 4)	0.039 0** (0.018 0)	0.041 0*** (0.014 5)	0.039 0** (0.018 0)
银行信贷	-0.001 5 (0.001 2)	-0.005 7 (0.004 1)	-0.002 0 (0.002 1)	-0.000 3 (0.001 6)
银行信贷× 外部融资依赖度		0.018 3* (0.010 1)		
银行信贷× 有形资产比重			0.001 9 (0.006 9)	
银行信贷× 国有比重				0.006 4 (0.004 1)
常数项	0.003 8** (0.001 6)	0.003 9*** (0.001 5)	0.003 8** (0.001 6)	0.003 9*** (0.001 5)
Hausman 检验	0.22	8.86**	1.73	6.26*

注:括号内为标准差,***代表1%的显著性水平,**代表5%的显著性水平,*代表10%的显著性水平。

从表3.4中,我们发现以下三点:(1)银行信贷的直接效应系数均不显著,这说明银行信贷扩张本身对行业整体研发强度的影响并不显著;(2)银行信贷与外部融资依赖度的交互项符号在10%的水平上显著为正,这说明银行信贷通过缓解外部融资依赖度大的行业的融资约束而促进了其研发投入;(3)银行信贷与有形资产比重、国有产权比重的交互项均为正,但不显著。比较合理的解释是我国的银行信贷发放主要还是依赖有形资产担保,这使得人力资本等无形资产比重高的行业难以从银行信贷扩张中收益。而银行信贷与国有比重的交互项不显著的原因在于:虽然我国的银行信贷对国有企业存在偏向性(高连和,2006),但是国有比重大的行业(如电力、热力生的生产和供应业和煤气生产和供应业)本身研发强度偏低。

3.3.2.2 股票市场

表3.5 研发强度对股票市场的回归结果

模 型	(1) RE	(2) FE	(3) RE	(4) FE
行业份额	0.010 4 (0.013 0)	−0.005 6 (0.015 1)	0.001 1 (0.015 4)	−0.002 8 (0.015 3)
股票市场	0.004 5*** (0.000 6)	0.009 6*** (0.002 0)	0.008 2*** (0.001 8)	0.005 6*** (0.000 8)
股票市场× 外部融资依赖度		−0.012 6*** (0.004 8)		
股票市场× 有形资产比重			−0.014 7** (0.006 8)	
股票市场× 国有比重				−0.003 5* (0.002 0)
常数项	0.005 4*** (0.000 4)	0.005 7*** (0.000 8)	0.005 6*** (0.000 4)	0.005 7*** (0.000 4)
Hausman检验	3.62	16.48***	2.01	8.02**

注:括号内为标准差,***代表1%的显著性水平,**代表5%的显著性水平,*代表10%的显著性水平。

由表3.5我们发现：(1)股票市场直接效应的系数在四个模型中均在1%的水平下显著为正，这表明股票市场发展对我国行业的整体研发强度有积极促进作用；(2)股票市场与外部融资依赖度的交互项在1%的水平上显著为负，这意味着外部融资依赖度大的行业从股票市场的获益相对较小，其可能解释是我国的股票市场制度尚不健全，而支持高新技术行业的创业板市场发展较为滞后，无法充分满足外部融资依赖度大的高新技术行业的融资需求；(3)股票市场与有形资产比重的交互项在5%的水平上显著为负。一个合理解释是，与银行信贷依赖有形资产担保不同，股票市场对上市企业有形资产比重的要求偏低，这使得它们能够充分利用股票市场获得的资金进行研发活动，而这些人力资本等无形资产占比高的行业研发倾向往往也要强于一般行业。所以，总的来说，股票市场对有形资产比重小的行业研发促进作用更明显；(4)股票市场与国有企业比重的交互项在10%的水平上显著为负。这可以从上海证交所网站的行业分类列表[①]上得到解释：国有企业比重大的行业在股票市场上份额较大，但是国企本身研发强度较低，从而稀释了股票市场的促进作用。

3.3.2.3　企业债券市场

如表3.6所示，在对企业债券的回归上，我们主要发现以下两点：(1)在四个模型中，企业债券对研发强度的直接效应均显著为正，这表明企业债券市场的发展提高了我国行业的研发水平；(2)企业债券与外部融资依赖度、有形资产比重以及国有比重的交互项符号均显著为负。这些结果与我国企业债券的发行主体有关：由于我国债券审批程序复杂，政策门槛过高，目前发债企业主要集中在交通、能源等具有相对垄断地位的特大型国有或国有控股企业，然而这些外部融资依赖度大、有形资产比重高的企业本身研发强度相对较低，从而弱化了债券市场的促进作用。

[①] http://www.sse.com.cn/sseportal/webapp/datapresent/SSEQueryFirstSSENewAct.

表 3.6 研发强度对企业债券的回归结果

模 型	(1) FE	(2) FE	(3) FE	(4) FE
行业份额	−0.038 3** (0.015 6)	−0.035 4** (0.015 2)	−0.027 0* (0.016 2)	−0.031 1** (0.015 7)
企业债券	0.022 4*** (0.002 3)	0.049 7*** (0.007 3)	0.037 4*** (0.006 7)	0.027 2*** (0.002 9)
企业债券× 外部融资依赖度		−0.070 3*** (0.017 8)		
企业债券× 有形资产比重			−0.062 9** (0.026 4)	
企业债券× 国有比重				−0.019 5*** (0.007 5)
常数项	0.004 8*** (0.000 4)	0.004 4*** (0.000 4)	0.004 3*** (0.000 4)	0.004 4*** (0.000 4)
Hausman 检验	9.88***	12.35***	8.39**	11.70***

注：括号内为标准差，***代表1%的显著性水平，**代表5%的显著性水平，*代表10%的显著性水平。

3.3.2.4 FDI

从研发强度对 FDI 的回归(见表 3.7)，我们发现：(1) FDI 的直接效应均显著为负，这表明 FDI 对我国国内的研发存在挤出效应，这与国内"抑制论"的观点是一致的；(2) FDI 的三个交互项都显著为正，这是因为外部融资依赖度高、有形资产比重高、国有比重大的行业本身研发强度较低，边际上受到 FDI 的研发挤出作用不大；另一方面，国有比重份额大的行业往往是垄断行业，他们的研发受到 FDI 的冲击更小。

表 3.7 研发强度对 FDI 的回归结果

模型	(1) FE	(2) FE	(3) FE	(4) FE
行业份额	-0.035 8** (0.016 4)	-0.030 7* (0.016 1)	-0.023 0* (0.017 2)	-0.027 7* (0.016 6)
FDI	-0.146 9*** (0.017 3)	-0.335 9*** (0.054 0)	-0.256 3*** (0.049 7)	-0.179 6*** (0.021 9)
FDI× 外部融资依赖度		0.490 0*** (0.133 0)		
FDI× 有形资产比重			0.463 3** (0.197 7)	
FDI× 国有比重				0.135 0** (0.056 1)
常数项	0.011 0*** (0.000 7)	0.010 8*** (0.000 7)	0.010 5*** (0.000 7)	0.010 7*** (0.000 7)
Hausman 检验	8.91**	38.32***	11.19**	21.57***

注：括号内为标准差，***代表1%的显著性水平，**代表5%的显著性水平，*代表10%的显著性水平。

3.3.3 稳健性检验

在我们的模型中，由于解释变量较少，可能存在遗漏变量问题。在计量分析中，遗漏变量偏误可能会造成关键解释变量显著性的改变，严重的甚至会影响其符号。鉴于此，我们引入行业的销售收入、市场集中度、利润率、资产负债率、销售收入、成本费用利润率等控制变量，结果发现关键变量的符号以及统计显著性并没有发生实质性改变（鉴于篇幅限制，未报告结果）。

除了遗漏变量问题，本章使用行业长期负债除以固定资产来度量行业的外部融资依赖度可能还会引起内生性问题。我们知道，研发支出作为投资的一种方式,反过来会直接影响到企业的负债,为了克服这种内生性,本章将行业的长期负债除以固定资产这一指标在样本年限中取加权平均值进行平滑化处理,当然这样仅能够减轻内生性的问题,仍不足以完全消除。另外一种克服方法是直接采用 Rajan 和 Zingales 计算出来的行业外部融资依赖度进行显著性检验。Rajan 和 Zingales 是运用美国标准普尔 compustat 数据库里的上市公司数据计算出该指标的,这完全符合外生性的要求。尽管美国行业的外部融资依赖度不能完全代表我国的情况,但是作为行业的固有特征,它在国别间的差距并没有那么明显(Maskus $et\ al.$)。

因此,我们选择 Rajan 和 Zingales 的外部融资依赖度指标作为代理变量①来检验模型内生性问题是否严重。由于中美两国行业划分的不同,我们剔除了不能匹配的 15 个行业。从回归结果(见表 3.8)我们可以看出,几乎所有金融发展指标及其交互项的符号都与原模型中一致,这有力地表明原模型的内生性问题并不严重。

表 3.8 运用新的外部融资依赖度指标的回归

金融市场指标	银行信贷	股票市场	企业债券	FDI
外部融资依赖度交互项	-0.002 3 (0.003 2)	-0.005 4*** (0.001 5)	0.026 8*** (0.005 0)	0.168 6*** (0.038 0)
金融市场发展	0.000 9 (0.001 7)	0.003 0*** (0.000 8)	-0.016 3*** (0.002 8)	-0.115 3*** (0.021 6)
行业份额	0.047 6** (0.020 7)	0.014 0 (0.016 8)	-0.021 2 (0.015 6)	-0.020 6 (0.016 7)
常数项	0.005 5*** (0.001 9)	0.006 0*** (0.000 5)	0.004 8*** (0.000 4)	0.011 9*** (0.000 8)

注:括号内为标准差,***代表1%的显著性水平,**代表5%的显著性水平,*代表10%的显著性水平。

---

① 该指标可直接从 Rajan 和 Zingales 的论文中获得。

3.4 结论与政策建议

通过将各种金融发展对行业研发强度影响的实证分析,我们发现以银行信贷、股票市场、企业债券市场衡量的国内金融发展确实显著促进了行业整体的研发水平,但是由于各个市场存在的机制缺陷以及融资主体的差异性,金融市场对研发活动的融资功能还未完全发挥。这表现为:我国的金融发展并没有如OECD国家那样总是更能够促进外部融资依赖度大、有形资产比重小的行业的研发活动。这个事实说明,我国的金融在促进技术进步的效率上仍然与欧美国家有着一定的差距。此外,我们发现股票市场和债券市场的发展对国有比重大的行业的研发强度影响较小,而恰恰是这些行业占据着大量的金融资源,如果这一状况得以有效地扭转,我国行业技术进步速度会加快。最后,对于作为衡量国际金融发展的FDI对我国行业研发投入作用显著为负这个结果,我们认为"以市场换技术"的引进外资战略的实际效果还有待进一步考证。

第4章

汇率市场化与工业企业生产率

4.1 引言

自1994年人民币汇率改革实施以来,人民币升值趋势明显。根据Wind数据统计,1994年1月至2013年8月,人民币名义和实际有效汇率升值幅度分别达到了54%和78%,这样大幅度的升值究竟是否会对国内企业的经济活动产生实质性的影响呢?

根据Fenstra(1989)的观点,如果一国的汇率经历了持久并且大幅度的波动,那么它对企业生产率的影响将等同于关税调整带来的影响,即汇率升值类似于进口关税的下降和出口关税的上调,汇率贬值类似于进口关税的上调和出口关税的下降。与研究贸易自由化改革对企业生产率影响的文献相比,研究汇率波动对企业生产率影响的文献相对较少。即使是针对汇率这一主题,目前学界主要关注的也是汇率升值对就业、出口额的影响,所采用的数据以宏观层面的经济数据为主,从总量层面进行分析。然而,宏观经济增长理论告诉我们,一国经济长期增长的源泉主要是技术进步和全要素生产率的提高,而这在微观层面上就体现为企业的生产率,所以研究企业生产率对宏观实际汇率波动的反应也是具有同等重要意义的。更值得一提的是,尽管实际汇率的升值在短期内对我国的出口不利,但是汇率升值也构成了企业加强创新,加快产品升级换代的外在压力,长期来看反而会促使我国出口结构的优化和产业的升级。从这一点来看,研究人民币升值对企业生产率的影响也具有较大的现实意义。

本章后续结构安排如下:第2节对国内外研究现状进行梳理回顾,第3节分析汇率波动影响企业生产率的作用机理,第4节说明计量模型的设定和数据来源,第5节进行实证分析,第6节是结论与不足之处。

4.2 文献回顾

针对中国汇率波动对生产率影响，Jeanneney 和 Hua(2003)计算出了衡量中国 29 个省(区、市)生产率增长水平的 DEA-Malmquist 指数，实证结果表明实际汇率升值不利于技术进步，但是会促进组织效率的提高，两种效应的互相抵消降低了实际汇率升值对生产率增长的负面影响。Jeanneney 和 Hua(2011)运用各省(区、市)1986—2007 年的面板数据实证分析发现，实际汇率升值会显著促进劳动生产率的增长，并且导致一种良性循环：一方面，实际汇率升值促进生产率提高；另一方面生产率的提高也会进一步推动汇率升值，即著名的巴拉萨-萨缪尔森定律。这两篇文献从省级层面揭示了汇率对生产率的影响方向和影响机制，具有一定的启示作用。

关于其他经济体汇率波动对生产率影响方向的研究，主要分成"促进论"和"抑制论"两派。"促进论"认为汇率升值会促进生产率的提高，而"抑制论"则认为汇率贬值才有利于生产率的提高。部分研究支持"抑制论"，部分研究支持"促进论"。

抑制论方面，Fung 和 Liu(2009)通过对中国台湾证券交易所上市的 199 家企业的实证研究发现，新台币的贬值显著提高了企业的出口额、国内销售额、总销售额和工业增加值，并且汇率贬值带来的生产规模扩张效应显著提高了企业的劳动生产率。另外他们还发现，汇率贬值对初始生产率更高的企业的正向影响更大，对资本密集型企业的促进作用相对更小。Fung *et al.*(2011)运用加拿大制造业企业 1987—1996 年的年度普查数据(Annual Survey of Manufacturers, ASM)和行业层面的贸易实际加权汇率进行面板回归分析，结果表明：加元的升值显著降低了企业的生产规模和与之正相关的生产率，并且这种负面影响对出口企业尤为明显。

促进论方面，Xu(2008)研究发现，1986—1992 年新台币升值在短期内降低了出口额和就业,但是长期来看却促进了中国台湾制造业从简单加工制造向技术密集型和资本密集型制造转型的产业升级,并且同时带动了服务业的扩张,这在一定程度上论证了汇率升值是促进生产率提高的重要外因,鉴于中国台湾经济转型前的出口导向型发展模式与中国大陆的高度相似性,该研究结果对中国大陆的产业升级具有一定启示作用。另外,Ekholm et al. (2012)发现2000—2004年挪威克朗升值幅度达到约17%的同期,挪威制造业的实际生产率也提高了约24%,从而得出汇率升值带来的竞争压力是促进生产率提高的重要外因;除此之外,他们还发现尽管从事出口的企业和以本国市场为主的企业都受到了进口竞争威胁,但是只有前者通过提高生产率来应对挑战,而提高生产率的方式主要体现为技术进步和人员精简。Tang(2010)构建了一个企业两阶段决策模型,阐释了汇率升值构成的竞争压力激励企业通过采纳新技术来提高生产率的机制;他们认为汇率升值会激励市场份额和贸易开放度高的企业提高生产率,并用加拿大制造业行业层面的数据进行了验证。

总体来看,目前学界对汇率波动对生产率的影响并无一致性结论,即使是同样持"抑制论"或"促进论"的学者,对汇率影响企业生产率的路径和机制的解释也不尽相同。不过越来越多的学者认为,汇率波动对生产率的影响还取决于初始资本密集度等其他因素。值得一提的是,大多数文献在研究方法上都假定了完全竞争市场这一前提,忽略了对市场竞争结构的考虑。但是现实情况中,不少企业处于垄断竞争或者寡头市场的行业格局。在面临汇率升值时,初始行业竞争格局的不同会导致企业之间相互博弈过程和结果的不同。为了更加接近现实,在分析汇率变动对企业生产率影响时引入市场结构的因素就更加有必要。

4.3 理论基础

一国汇率的升值一方面会削弱国内企业产品的出口竞争力,另一方面也会迫使国内企业进行自我调整,努力提高自身的生产率来维持原有的竞争力。所以我们认为,汇率升值对制造业企业生产率的影响主要包括以下三个方面:(1)汇率升值降低了进口品的相对价格,这使得国内产品相对进口品的竞争优势降低从而压缩内销量,由此导致的产出规模的下降会降低企业的生产率。(2)汇率升值提高了出口产品的相对价格,这削弱了出口产品(尤其是需求价格弹性较大的产品)在出口市场上的竞争力,由此造成的产出规模下降也会降低企业的生产率。(3)汇率升值降低了进口产品的相对价格,这会鼓励企业通过引进国外先进资本品和技术来提高自身的生产率。总体而言,第(1)和第(2)种效应会抑制企业的生产率,而第(3)种效应则会提高企业的生产率,所以汇率升值对企业生产率的净影响是不确定的。

与传统的研究方法相比,本章的创新之处在于摒弃完全竞争市场这一假设而将市场结构这一重要因素纳入了研究框架,因为我们认为处于不同市场结构的企业受到的汇率冲击方向和机制是不一样的。Holmes *et al.*(2012)提出,技术变革在一定程度上存在破坏性,所以企业在采纳新技术的初期往往要承担更高的边际成本,从而得出了市场竞争程度和采纳新技术的意愿之间的正向关系。Tang(2010)在 Holmes *et al.*(2012)研究的基础上进一步拓展,在沿用破坏性技术变革假设的前提下,将汇率升值类比于一个外部的负面冲击,表现为:当一国汇率面临升值时,企业的利润就会削减,采用新技术所导致的当期利润损失也会随之下降,那么企业就更会有动力在当期采纳新技术去提高下一期的利润。该研究(Tang,2010)对市场结构因素的探讨为本章的研究提供了很大的启发,但是本章与之的差异主要体现在两个方面。首先,该研究使用的是加拿大行业层面的数据,而本章使用的是中国工业企业层面的数据,所以市场集中度不再只是粗略估计相对市场份额,而是具体地刻画微观企业所处的竞争环境。大样本数据的使用使得我们能够在控制其他变量的基础上,更有效地识别出汇率波动对微观企业个体的影响。其次,由于出口和非出口两类企业面临的初始竞争环境和目标市场不同,汇率对其生产率的影响机制是不一样的,所以本章对它们分别进行考察。值得注意的是,在检验实际汇率波动对生产率的影响时,本章将市场结构与实际汇率两者的交互项作为我们的关键解释变量,这在一定程度上克服了实际汇率和生产率之间可能存在的反向因果关系。

鉴于以上原因,本章在考虑市场结构特征的基础上,还根据样本企业是否出口这一属性进行了区分。对不出口的国内企业来说,国内较弱的初始竞争环境(尤其是由行政垄断等人为因素造成的)使得它们普遍缺乏竞争意识,生产率也相对较为低下,而汇率升值对国内市场的冲击会打破这样一个弱竞争环境。当在位企业预期汇率升值是永久性事件时,它们就会有动力提高自身生产率以应对这一挑战,所以汇率升值对这类企业的冲击主要体现为正向的进口竞争冲击。基于此,我们提出如下理论假说。

假说1:汇率升值会通过进口竞争效应显著提高国内初始竞争程度较弱的行业中非出口企业的生产率。

对于出口企业来说,由于它们初始条件下就受到国内市场和出口市场的双重竞争压力,所以汇率升值带来的进口竞争压力的边际影响相对较小,其影响主要还是体现为对出口市场的冲击,并且出口规模大或者出口依赖度高的企业受到的负面冲击更加明显。值得注意的是,由于选择出口的企业本身要达到一定的进入门槛,所以出口企业的规模也往往比较大,在整个行业的市场份额也相对较高,但是由此造成的较高的市场集中度是出口市场充分竞争的结果,与人为的行政垄断或自然垄断造成的高市场集中度是不同的。鉴于此,我们提出如下理论假说。

假说2:汇率升值会通过出口冲击效应显著降低国内出口企业的生产率,并且这种负面影响与企业所处行业的市场集中度和企业出口依存度正相关。

4.4 计量模型设定及数据说明

4.4.1 计量模型设定

一般意义上来说,衡量企业生产率的主要指标有全要素生产率 TFP 和人均工业增加值,我们首选全要素生产率作为被解释变量。由于普通最小二乘法(OLS)估计 TFP 存在同时性偏差和样本选择偏差问题,我们选择半参方法(Levinsohn, Petrin, 2003)进行估计。值得一提的是,此半参方法并不能完全克服样本选择偏差问题,但是在后续的回归分析中我们将市场集中度作为控制变量,而市场集中度作为衡量行业优胜劣汰的有效指标,一定程度上缓和了样本选择偏差问题。

虽然宏观汇率波动确实会对实体经济产生影响,但是每个行业实际受到的影响程度却是不一样的,它取决于行业自身的贸易开放度和主要贸易伙伴国的实际汇率水平等其他因素。为了更精确地刻画各个行业对汇率波动的暴露程度,我们借鉴戈德堡的(Goldberg, 2004)按照如下方法构建了以出口额为权重的行业实际加权汇率:

$$RER_{jt}^{E} = \sum_{c \in Trader_j} \frac{V_{jc}^{E}}{\sum_c V_{jc}^{E}} * (RER_{jct}) \tag{4-1}$$

其中,j 代表行业,c 代表国家,t 代表年份,$Trader_j$ 代表每个行业 j 中的贸易伙伴国,V_{jc}^{E} 为行业 j 中我国出口到 c 国的贸易额,$\sum_c V_{jc}^{E}$ 为出口总额,RER_{jct} 代表我国与各行业中相应的贸易伙伴国的双边实际汇率。

依据同样的原理,我们按照如下公式构建了以进口额为权重的行业实际加权汇率:

$$RER_{jt}^{I} = \sum_{c \in Trader_j} \frac{V_{jc}^{I}}{\sum_c V_{jc}^{I}} * (RER_{jct}) \tag{4-2}$$

其中,V_{jc}^{I} 为行业 j 中我国自 c 国进口的贸易额,$\sum_c V_{jc}^{I}$ 为进口总额,其余指标含义与上文相同。在构建行业实际加权汇率的过程中,我们使用的是涵盖 13 至 43 的 31 个二位数代码行业,使用的贸易数据均来自海关统计数据,双边实际汇率则来自国际货币基金组织(IMF)的《国际金融统计年鉴》(*International Financial Statistics*)。由于企业在经济活动中往往同时存在进口和出口活动,我们将计算出来的两种汇率按权重求和得到综合性的行业实际加权汇率。

通常衡量市场结构的变量包括但不限于四大厂商集中度 CR4、八大厂商集中度 CR8 以及赫芬达尔指数 HHI。其中 CR4 和 CR8 存在很明显的缺点：首先，它们反映的是行业的静态特征；其次，它们忽略了行业内企业规模的分布情况，反映的结果不够全面；最后，它们不能反映产业内几大企业由于收购或者兼并等活动引起的相对规模和市场份额变化情况。而 HHI 就很好地克服了这些问题。鉴于以上考虑，我们选取 HHI 来衡量行业市场结构。HHI 可以根据如下定义计算得到：

$$HHI = \sum_{i=1}^{N}\left(\frac{X_i}{X}\right)^2 \quad (4\text{-}3)$$

其中，X_i 代表每个企业的规模，X 代表每个行业内所有企业规模的加总，我们选取企业的销售额来衡量规模。为了检验处于不同市场结构中的企业生产率对汇率变动的反应，我们将 HHI 和行业实际汇率 rer 的交互项作为关键解释变量。

为了控制企业自身的特征与生产率之间的相关性，我们放入的控制变量包括企业年龄 age、控制企业规模的企业资产总额 lntotalasset（取自然对数）、控制企业行业特征的资本密集度 lncapitalratio（以人均资本占有量来衡量并且取自然对数）、国有产权比例 stateshare、企业是否属于高科技行业的虚拟变量 D_hightech、是否处于长三角 D_CSJ、是否处于珠三角 D_ZSJ 等虚拟变量。在针对所有样本企业的回归中，我们还加入了是否为出口企业的虚拟变量 D_exporter。另外，为了减少时间趋势变化和行业特征造成的偏误，我们在所有回归中都加入了年份虚拟变量 D_year_t 和行业虚拟变量 D_IND_i。同时我们还将扰动项分为不随时间变化的企业固有特征 μ_i 和同时随时间和企业变化的真正意义上的随机扰动项 ε_{it}。

根据以上对变量的设定，我们的回归方程如下：

$$\ln TFP_{it} = \beta_0 + \beta_1 \ln rer_{jt} + \beta_2 HHI_{jt} + \beta_3 \ln rer_{jt} HHI_{jt}$$

$$+ \beta_4 age_{it} + \beta_5 \ln totalasset_{it} + \beta_6 \ln capitalratio_{it}$$
$$+ \beta_7 D\_hightech_{it} + \beta_8 stateshare_{it} + \beta_9 D\_exporter_{it}$$
$$+ \beta_{10} D\_CSJ_i + \beta_{11} D\_ZSJ_i + \sum \theta_i D\_IND_i$$
$$+ \sum \tau_t D\_year_t + \mu_i + \varepsilon_{it} \quad (4-4)$$

其中变量 TFP、rer、$totalasset$、$capitalratio$ 均采用了自然对数形式，所以各变量的回归系数直接刻画了企业生产率对汇率波动的反应弹性。

4.4.2 数据来源说明

本章采用的数据来源于国家统计局 2000—2006 年的中国工业企业统计数据，该数据库涵盖了各年间样本企业的基本信息和多种财务数据，并且该数据库平均每年覆盖的企业数量多达 30 万。由于不同样本具有不同的企业代码，我们运用企业代码这一关键指标以及企业名称、邮编、电话和法人代表等辅助指标将不同年份的企业进行匹配从而得到企业的非平衡面板数据。

由于部分关键指标的缺失和异常值的存在，我们参考谢千里等（2008）的做法针对原始数据做了部分处理，最后构建出了 2000—2006 年 391 494 家企业的非平衡面板数据，观测值高达 1 087 216 个。本章使用的宏观汇率数据主要来源于 IMF 的《国际金融统计年鉴》，构造行业实际加权汇率时所用到的双边国家贸易数据则来自中国海关统计数据，选取的行业为两位码行业。另外，本章使用的统计软件是 STATA12.0。

表 4.1、表 4.2、表 4.3 分别为所有样本企业、非出口企业、出口企业的主要变量的描述性统计情况。通过对三张表的比较，我们发现，出口企业的平均全要素生产率和平均规模要高于非出口企业，这正好佐证了异质企业贸易理论（Melitz, 2003）：由于存在显著的市场进入成本，所以生产率高、规模大的企业更倾向于出口。另外，出口企业国有产权比重平均低于非出口企业，出口企业中高科技企业的占比略高于非出口企业。

表 4.1 所有样本企业主要变量的描述性统计(2000—2006 年)

变量 (Variable)	观察值 (Obs)	平均值 (Mean)	标准差 (Std.Dev.)	最小值 (Min)	最大值 (Max)
lnTFP	1 087 216	6.808	1.211	−3.112	13.780
lnrer	1 087 216	4.552	0.063	4.283	4.708
HHI	1 087 216	0.019	0.100	0.001	0.175
ln$totalasset$	1 087 216	9.677	1.422	0	18.73
age	1 087 216	10.180	11.620	0	406
ln$capitalratio$	1 087 216	3.419	1.348	−11.070	9.912
$stateshare$	1 080 334	0.094	0.278	−4.824	2.700
$D\_hightech$	1 087 216	0.065	0.247	0	1
$D\_exporter$	1 087 216	0.286	0.452	0	1
D_CSJ	1 087 216	0.198	0.398	0	1
D_ZSJ	1 087 216	0.107	0.310	0	1

注：各列数据分别为变量名称、观测值个数、均值、标准差、最小值和最大值(下同)。

表 4.2 非出口企业主要变量的描述性统计(2000—2006 年)

变量 (Variable)	观察值 (Obs)	平均值 (Mean)	标准差 (Std.Dev.)	最小值 (Min)	最大值 (Max)
lnTFP	776 033	6.675	1.195	−3.112	13.310
HHI	776 033	0.019	0.082	0.001	0.175
ln$totalasset$	776 033	9.506	1.327	0.693	17.500
age	776 033	10.320	11.750	0	350
ln$capitalratio$	776 033	3.467	1.318	−11.070	9.912
$stateshare$	770 101	0.110	0.301	−4.824	2.700
$D\_hightech$	776 033	0.056	0.230	0	1
D_CSJ	776 033	0.177	0.382	0	1
D_ZSJ	776 033	0.076	0.266	0	1

表 4.3 出口企业主要变量的描述性统计(2000—2006 年)

变量(Variable)	观察值(Obs)	平均值(Mean)	标准差(Std.Dev.)	最小值(Min)	最大值(Max)
lnTFP	311 183	7.139	1.187	−2.694	13.780
HHI	311 183	0.019	0.133	0.001	0.175
lntotalasset	311 183	10.100	1.555	0	18.730
age	311 183	9.816	11.280	0	406
lncapitalratio	311 183	3.297	1.413	−7.991	9.789
stateshare	310 233	0.054	0.206	0	1.043
D_hightech	311 183	0.088	0.283	0	1
D_CSJ	311 183	0.249	0.433	0	1
D_ZSJ	311 183	0.184	0.388	0	1

4.5 实证分析

4.5.1 基准回归结果

表 4.4 给出了汇率波动对企业生产率影响的初步回归结果。

表 4.4 实际汇率对企业生产率影响结果(进口汇率权重＝0.5)

	(全部企业) lnTFP	(非出口企业) lnTFP	(出口企业) lnTFP
lnrer	−0.855*** (−14.17)	−0.896*** (−11.54)	−0.699*** (−6.98)
HHI	−2.749** (−2.20)	−6.193*** (−4.00)	4.832** (2.12)

(续表)

	（全部企业）lnTFP	（非出口企业）lnTFP	（出口企业）lnTFP
ln$rerHHI$	0.598** (2.20)	1.352*** (4.00)	-1.054** (-2.12)
age	-0.000** (-2.20)	-0.000* (-1.87)	-0.000 (-0.99)
ln$totalasset$	0.462*** (165.20)	0.442*** (127.86)	0.480*** (93.82)
ln$capitalratio$	-0.164*** (-109.61)	-0.157*** (-84.57)	-0.176*** (-65.14)
$D\_hightech$	0.014 (0.68)	-0.024 (-0.82)	0.056* (1.92)
$D\_exporter$	0.079*** (20.88)		
$stateshare$	-0.058*** (-7.79)	-0.056*** (-6.52)	-0.052*** (-3.40)
D_CSJ	-0.022* (-1.82)	-0.007 (-0.45)	-0.048** (-2.43)
D_ZSJ	-0.275 (-0.96)	-0.159 (-0.42)	-0.734*** (-57.28)
$\_cons$	6.923*** (24.70)	7.193*** (20.25)	6.360*** (12.42)
N	1 077 548	767 508	310 040
R^2	0.37	0.30	0.43

注：表中三列从左往右分别为所有企业、非出口企业和出口企业样本的回归结果。圆括号里的是估计值的 t 值，*代表10%的显著性水平，**代表5%的显著性水平，***代表1%的显著性水平（下同）。

从第1列我们可以看出，lnrer 的系数符号在1%的水平下显著为负，表明汇率升值会显著降低企业的全要素生产率,这说明相比降低进口品价格的好处,汇率升值造成的国内外市场份额下降的不利更为突出。以 HHI 衡量的市场结构对企业 TFP 的影响在 5% 的水平下显著为负,表明所处的行业竞争程度越弱,企业的生产率越低,背后的经济学解释就是激烈的竞争会促进企业不断创新、提高生产率以防止被市场淘汰,而竞争环境的缺失会削弱企业提高生产率的动力。实际汇率和 HHI 的交互项 $lnrerHHI$ 的系数符号在 10% 水平下显著为正,这表明在其他条件不变的情况下,在实际汇率升值时,市场竞争程度较弱的行业中的企业全要素生产率是相对上升的。其背后的原因在于:原本处于弱竞争环境的企业缺乏自我提升的动力,而汇率升值作为一个外部性的冲击会打破这种状态,当在位企业预期汇率升值是永久性事件时,它们就会有动力通过各种方式提高自身生产率和竞争力,从而部分抵消汇率升值冲击产品市场造成的直接负面影响。

变量 $D\_exporter$ 的系数符号显著为正,这再次验证了异质性国际贸易理论(Melitz,2003)中关于生产率高的企业才会选择出口的观点,即出口自选择效应,其背后的理论逻辑是:对于一个初次进入国外市场的出口企业来说,它只有具备较高的生产率,才能跨过出口带来的较高固定成本这一门槛。

第2、第3列分别针对非出口企业和出口企业的回归结果显示,汇率升值的直接效应仍然都显著为负,但是解释变量 HHI 和 $lnrerHHI$ 的系数符号在出口企业和非出口企业间呈现出截然不同的结果。就非出口企业而言,HHI 的系数符号仍然显著为负,这与我们之前的竞争激励企业提高生产率的解释相符,$lnrerHHI$ 的系数符号在 1% 的水平下显著为正,这验证了我们的假说1,即汇率升值带来的进口竞争冲击会强化初始竞争压力小的企业的竞争意识从而提高生产率。

对出口企业来说,HHI 的系数符号显著为正,表明行业集中度越高,出口企业的生产率越高,这是由于出口企业往往要经历出口市场激烈的竞争,存活下来的出口企业相对规模较大,而它们的生产率往往是和它们的规模正相关的,所以最终表现为市场集中度与企业生产率正相关。$lnrerHHI$ 的系数符号在5%的水平下显著为负,表明汇率升值时市场集中度高的行业中的出口企业的生产率下降得更多,这验证了我们的假说2,即汇率升值会通过对出口市场的冲击显著降低较大规模(表现为行业集中度高)出口企业的出口额和与之正相关的生产率。由于非出口企业在样本中占据较大的比例,全样本回归中 HHI 和 $lnrerHHI$ 的系数符号与非出口企业的结果一致。

控制变量 age 的系数符号在10%的水平下显著为负,表明传统的学习曲线效应(即由于先在生产中累积经验,最先进入某一行业的企业会比后进者更有效率)在这里并不显著,相反,企业存续时间越长生产率反而越低下。变量 $lntotalasset$ 的系数符号显著为正,表明企业规模越大,生产率就越高,验证了规模经济的存在。$lncapitalratio$ 的系数符号显著为负,即人均资本占有量越高企业生产率越低,这可能是由于在其他要素投入不变的情况下,资本的边际产出呈现出先递增后递减的趋势。变量 $D\_hightech$ 的系数符号为正但是不显著,变量 $stateshare$ 的系数符号显著为负,这与国有企业相对私营企业和外资企业生产效率较低的观点是吻合的。

当改变行业实际汇率计算的权重时(进口汇率权重 = 0, 0.2, 0.8, 1),$lnrer$、HHI 以及 $lnrerHHI$ 的系数符号以及显著性水平基本与表4的回归结果保持不变,这进一步表明我们的回归结果是稳健的①。

总结第1、第2、第3列的结果,我们得出如下三个主要结论:(1)汇率升值对所有类型企业的直接影响都是显著为负的;(2)汇率升值会相对提高竞争程度较弱的行业中非出口企业的生产率;(3)汇率升值会相对降低市场集中度高的行业中出口企业的生产率。

4.5.2 对出口企业的子样本回归结果

之前我们仅粗略地将企业划分为出口企业和非出口企业,接下来我们进

---

① 因篇幅所限,本书并未给出这些(进口汇率权重 = 0, 0.2, 0.8, 1)回归结果表,如需可向作者索要。

一步考察汇率升值对企业生产率的影响是否还与企业出口依存度有关。为此,我们计算了每个出口企业出口销售额占总销售的比重作为其出口依存度 exp,将其与 lnrer、HHI 构成三项式交互项 lnrerHHIexp,并对各 HHI 区间段的出口企业进行回归分析,回归结果详见表 4.5。

表 4.5 实际汇率对出口企业生产率影响结果(进口汇率权重＝0.5)

	(全部) lnTFP(1)	(25%) lnTFP(2)	(25%—75%) lnTFP(3)	(75%) lnTFP(4)
lnrer	−0.370** (−2.93)	0.030 (0.07)	−0.045 (−0.25)	−1.312*** (−5.26)
HHI	4.783* (2.07)	552.700*** (2.64)	4.827 (0.20)	1.990 (0.75)
lnrerHHI	−1.031** (−2.04)	−124.1*** (−2.68)	−0.679 (−0.13)	−0.428 (−0.74)
lnrerHHIexp	−0.022** (−2.19)	−4.492*** (−3.44)	−0.593*** (−4.01)	−0.016* (−1.75)
age	−0.000 (−1.05)	0.000 (0.54)	−0.001 (−1.46)	−0.000 (−0.28)
lntotalasset	0.480*** (93.77)	0.425*** (38.36)	0.464*** (67.00)	0.515*** (43.75)
lncapitalratio	−0.176*** (−65.02)	−0.162*** (−27.07)	−0.169*** (−46.82)	−0.184*** (−31.16)
D_hightech	0.054* (1.86)		−0.245** (−2.04)	−0.012 (−0.24)
stateshare	−0.054*** (−3.51)	−0.037 (−1.13)	−0.042* (−1.90)	−0.077*** (−2.92)
D_CSJ	−0.049** (−2.49)	−0.095** (−2.18)	−0.046* (−1.72)	−0.082* (−1.75)

(续表)

	（全部） $\ln TFP(1)$	（25%） $\ln TFP(2)$	（25%—75%） $\ln TFP(3)$	（75%） $\ln TFP(4)$
D_ZSJ	-0.731*** (-57.09)		-0.731*** (-54.78)	
$\_cons$	4.917*** (7.81)	2.933 (1.59)	3.409*** (4.14)	8.355*** (6.85)
N	310040	64644	167496	77900
R^2	0.44	0.43	0.39	0.56

从第(1)列针对所有出口企业的回归中我们看出，$\ln rer$ 的系数符号显著为负，即汇率升值对出口企业生产率的直接影响为负，$\ln rerHHI$ 的系数符号显著为负，表明汇率升值对出口企业生产率的抑制作用会随市场集中度的提高而增大。$\ln rerHHIexp$ 的系数符号也显著为负，表明在市场集中度相同的条件下，出口依存度越大的企业生产率受到汇率升值的冲击也越大。

从第(2)列中我们发现，对于 HHI 处于25%分位数的出口企业来说，汇率升值的直接影响不再显著，但是 $\ln rerHHI$、$\ln rerHHIexp$ 的系数符号仍旧均显著为负；第(3)列针对 HHI 处于25%—75%分位数的出口企业的回归中，$\ln rerHHIexp$ 一项的系数显著为负，这表明在其他条件相同情况下，出口依存度越大，汇率升值对生产率的冲击也越大；第(4)列针对 HHI 处于75%分位数的出口企业的回归中 $\ln rer$、$\ln rerHHIexp$ 的系数符号均显著为负，再次验证出口依存度是影响汇率升值对出口企业生产率冲击程度的重要因素。

当改变行业实际汇率计算的权重时（进口汇率权重 = 0，0.2，0.8，1），对处于 HHI 各分位数段的非出口企业和出口企业而言，$\ln rer$ 和 $\ln rerHHI$ 两项的符号和显著性基本保持一致，这表明我们的回归结果是稳健的①。

---

① 因篇幅所限，本书并未给出这些（进口汇率权重 = 0，0.2，0.8，1）回归结果表，如需可向作者索要。

结合以上分析,我们得出结论:汇率升值会给出口企业带来显著的出口市场冲击从而降低其生产率,并且这种负面影响与行业市场集中度和企业出口依存度正相关。

4.5.3 汇率影响企业生产率的渠道分析

之前我们考察了汇率波动对处于不同市场结构行业中的企业 TFP 的影响,并且验证了"进口竞争效应"和"出口冲击效应"的存在,那么汇率造成的进口竞争效应又是通过影响企业的哪些行为而作用于 TFP 的呢?接下来我们试图检验汇率波动是否通过研发支出、职工培训这两个渠道影响企业的生产率。

4.5.3.1 汇率对研发支出的影响分析

作为一种自发性的创新活动,研究与开发一直是提高企业生产率的重要途径,这也是我们选择考察汇率波动对企业研发支出的影响的主要原因。然而相当多的样本企业研发支出为零,如果将这些样本忽略或者剔除的话,将不可避免地产生估计偏误。为了克服样本选择偏差,我们选择 Heckman 两步法①来估计汇率波动对企业研发的影响。该方法分为两个阶段:第一阶段运用概率单位(probit)模型考察样本企业是否会有研发活动;第二阶段进一步考察进行研发活动的企业的研发支出大小是否受到汇率波动的影响。除了行业实际加权汇率这一关键解释变量之外,我们还考虑行业集中度、企业年龄、资产规模、资本密集度、行业属性、企业产权属性、是否出口等其他重要影响因素。我们给出 Heckman 第二阶段模型:

$$RDexpense_{it} = \beta_0 + \beta_1 rer_{jt} + \beta_2 HHI_{jt} + \beta_3 age_{it} + \beta_4 totalasset_{it}$$
$$+ \beta_5 capitalratio_{it} + \beta_6 D\_hightech_{it} + \beta_7 D\_Foreign_{it}$$
$$+ \beta_8 D\_JV_{it} + \beta_9 D\_State_{it} + \beta_{10} D\_HMT_{it}$$

---

① Heckman J J. Sample Selection Bias as a Specification Error. *Econometrica*,1979(47):153-161.

$$+\beta_{11}D\_HMTJV_{it}+\beta_{12}D\_Private_{it}+\beta_{13}D\_CSJ_{it}$$
$$+\beta_{14}D\_ZSJ_{it}+\beta_{15}D\_exporter_{it}+\beta_{15}\eta_{it}+\varepsilon_{it} \quad (4-5)$$

其中：$RDexpense_{it}$表示研发支出额，$D\_Foreign_{it}$，D_JV_{it}，D_State_{it}，D_HMT_{it}，D_HMTJV_{it}，$D\_Private_{it}$均为虚拟变量，分别代表外资企业、中外合资企业、国有企业、港澳台独资企业、港澳台合资企业、私营企业。

表4.6 实际汇率对企业研发支出影响结果

	（全部企业）$RDexpense$	（非出口企业）$RDexpense$	（出口企业）$RDexpense$
rer	0.057*** (8.53)	0.007*** (5.89)	0.081*** (3.68)
HHI	10.920*** (17.48)	1.510*** (12.13)	32.130*** (15.72)
age	-0.009*** (-4.94)	0.002*** (4.63)	-0.033*** (-5.42)
$totalasset$	0.084*** (342.72)	0.029*** (217.14)	0.091*** (188.16)
$capitalratio$	-0.003*** (-39.20)	-0.001*** (-39.32)	-0.006*** (-20.82)
$D\_Hightech$	0.614*** (9.47)	0.364*** (26.59)	1.071*** (5.45)
$D\_Foreign$	-0.708*** (-7.53)	-0.088*** (-3.57)	-1.327*** (-5.43)
D_JV	-0.216*** (-2.78)	0.022 (1.19)	-0.502** (-2.36)
D_State	-0.146* (-1.76)	0.021 (1.34)	-2.097*** (-5.92)
D_HMT	-0.605*** (-7.26)	-0.087*** (-4.05)	-1.209*** (-5.45)

(续表)

	（全部企业）$RDexpense$	（非出口企业）$RDexpense$	（出口企业）$RDexpense$
D_HMTJV	-0.132* (-1.69)	-0.069*** (-3.82)	-0.380* (-1.74)
$D\_Private$	-0.454*** (-6.98)	-0.112*** (-8.68)	-0.991*** (-4.69)
D_CSJ	0.055 (1.38)	0.016* (1.95)	0.189 (1.47)
D_ZSJ	0.166*** (3.09)	0.012 (1.02)	0.370** (2.36)
$D\_exporter$	-0.017 (-0.45)		
$\_cons$	-3.714*** (-7.79)	-0.385*** (-4.23)	-4.850*** (-2.95)
Mills ratio	-2.367*** (-9.18)	-0.471*** (-9.21)	-3.787*** (-4.94)
N	1 084 369	773 381	310 988

从表4.6的回归结果中我们看出，无论是针对所有样本企业，还是针对非出口或者出口企业，变量 rer 系数的符号都在1%的水平上显著为正，表明汇率升值会显著提高企业的研发支出，从而验证了汇率升值确实会激励企业通过增加研发投入这一微观渠道提高企业的生产率。HHI 的系数显著为正，即市场集中度越高企业研发支出越多。关于市场结构与企业研发关系的讨论一直是产业组织领域的热点问题。Arrow[①] 在给定技术完全可知的假设下，坚持认为竞争程度的加剧会使得企业从事研发活动带来的利润增长，从

---

① Arrow K. *Economic Welfare and the Allocation of Resources for Invention*. Cambridge：National Bureau of Economic Research，1962.

而使得市场竞争与企业研发之间呈现出正相关的关系。而 Schumpeter 则认为,竞争的加剧会降低企业研发获得的利润,从而抑制企业的研发投入,最终降低整个社会的技术进步和经济增长的速度,所以垄断是为了刺激企业研发而必须承担的代价。Aghion① 的实证分析发现,市场竞争和创新之间存在倒"U"形的曲线关系,这表明在一定范围内,行业市场集中度的提高确实有利于企业创新。我们的回归结果与 Schumpeter 的观点相符,并且市场竞争水平很有可能是落在 Aghion 倒"U"形曲线的右半边区间上。米尔利斯比率的符号显著为负,表明由于企业研发活动的非随机特征,我们的样本存在较强的样本选择偏误问题,而 Heckman 两步法较好地克服了估计偏误的问题。

其余解释变量的符号也基本符合我们的预期,$totalasset$ 的系数显著为正,表明在同等条件下企业规模越大研发支出也越大,这是因为作为一项要么成功要么失败的风险投资活动,研发需要强大的资产实力作为后盾,而后者也是获得长期融资的重要保证。变量 $capitalratio$ 的系数符号显著为负,表明企业资本劳动比越高,研发支出越低,这主要与企业从事的行业属性有关,研发倾向高的企业往往人力资本占比较高。$D\_Hightech$ 的符号显著为正,即高科技行业的企业研发支出一般要大于其他行业的企业。$D\_Foreign$、D_JV 的符号显著为正,表明外资企业以及中外合资企业的企业研发支出低于其他类型的企业,我们的解释是在全球化的战略背景下,跨国公司倾向于把研发中心保留在母国,而把加工制造等低附加值工序转移到像中国这样的发展中国家,所以研发支出相对较低。同样地,D_HMT、D_HMTJV 的符号显著为负也与港澳台资本在境内主要从事加工制造有关。D_State 的符号显著为负,表明国有企业的研发支出低于一般企业,我们认为由于产权属性不明晰以及竞争意识薄弱等问题,国有企业缺乏有效的激励机制从事创新性的研发活动。$D\_Private$ 的符号显著为负,这似乎与私营企业有足够的动力通

---

① Aghion P. Competition and Innovation: an Inverted-U Relationship. *The Quarterly Journal of Economics*,2005(120):701-728.

过研发来使利润最大化的理论有出入,但是在中国融资难的现实背景下,私营企业获得融资的能力要显著低于国有企业,所以我们认为私营企业研发投入较低可能是受制于融资约束。

综合以上的讨论,我们得出了汇率升值显著促进企业研发支出的结论,从而证实了研发渠道这一假说。

4.5.3.2　汇率对企业职工培训的影响分析

作为重要的投入要素,企业职工素质的高低直接影响着企业整体的生产率。根据Acemoglu①的宏观经济增长模型,技术进步是具有偏向性的,它包括有助于提高劳动边际产出的劳动偏向型技术进步和有助于提高资本边际产出的资本偏向型技术进步,所以对劳动技能进行培训,使非熟练劳动力向熟练劳动力转化,使低技能劳动力向高技能劳动力转化,是可以实现劳动偏向性技术进步的。这也构成了我们检验职工培训是否为汇率影响企业生产率渠道的理论基础。

我们选择用企业教育经费支出来衡量企业职工培训。与研发支出类似,相当多样本企业的教育经费支出也为0,为了避免样本选择偏差造成的估计偏误,我们仍然运用Heckman两步法来检验汇率波动对企业职工教育经费支出的影响。Heckman第二阶段模型设定如下:

$$\begin{aligned} staffedu_{it} =& \beta_0 + \beta_1 rer_{jt} + \beta_2 HHI_{jt} + \beta_3 age_{it} + \beta_4 totalasset_{it} \\ & + \beta_5 capitalratio_{it} + \beta_6 ulc_{it} + \beta_7 D\_exporter \\ & + \beta_8 D\_hightech_{it} + \beta_9 D\_Foreign_{it} + \beta_{10} D\_JV_{it} \\ & + \beta_{11} D\_State_{it} + \beta_{12} D\_HMT_{it} + \beta_{13} D\_HMTJV_{it} \\ & + \beta_{14} D\_Private_{it} + \beta_{15} D\_CSJ_{it} + \beta_{16} D\_ZSJ_{it} \\ & + \beta_{17} \eta_{it} + \varepsilon_{it} \end{aligned} \tag{4-6}$$

---

① Acemoglu D. Directed Technical Change. *Review of Economic Studies*,2002(69):781-809.

其中：$staffedu_{it}$表示职工教育支出额，ulc为单位劳动成本，我们用企业工资总额除以职工总数来衡量。回归结果详见表4.7。

表 4.7 实际汇率对企业职工教育经费支出影响结果

	（全部企业）$staffedu$	（非出口企业）$staffedu$	（出口企业）$staffedu$
rer	3.028*** (17.52)	2.122*** (25.79)	6.850*** (8.99)
HHI	323.300*** (19.26)	202.200*** (23.75)	719.700*** (11.74)
$capitalratio$	−0.104*** (−42.24)	−0.047*** (−35.64)	−0.181*** (−22.20)
age	1.130*** (22.51)	0.910*** (35.27)	1.605*** (9.66)
$totalasset$	3.317*** (476.94)	2.447*** (245.55)	3.387*** (254.37)
ulc	−0.385 (−0.83)	−0.296 (−1.38)	−5.957 (−0.60)
$D\_hightech$	−7.013*** (−3.87)	2.787*** (2.78)	−31.510*** (−5.80)
$D\_Foreign$	−51.840*** (−20.31)	−26.610*** (−14.97)	−86.860*** (−11.85)
D_JV	−14.940*** (−6.91)	−2.347* (−1.74)	−33.360*** (−5.73)
D_State	38.710*** (17.24)	21.890*** (20.88)	131.800*** (13.66)
D_HMT	−44.150*** (−19.27)	−27.020*** (−17.48)	−69.780*** (−10.84)

(续表)

	（全部企业） *staffedu*	（非出口企业） *staffedu*	（出口企业） *staffedu*
D_HMTJV	-9.241*** (-4.24)	-2.962** (-2.25)	-15.82*** (-2.70)
D_Private	-40.590*** (-24.15)	-32.170*** (-38.99)	-76.980*** (-11.48)
D_CSJ	1.539 (1.37)	-2.033*** (-3.39)	11.420*** (3.24)
D_ZSJ	-9.268*** (-6.12)	-5.533*** (-6.38)	-11.800*** (-2.78)
exporter	14.360*** (13.49)		
_cons	-153.200*** (-12.02)	-96.730*** (-15.72)	-383.800*** (-7.15)
mills ratio	-179.1*** (-27.94)	-135.4*** (-44.34)	-339.9*** (-11.86)
N	1 087 215	776 032	311 183

从表4.7中不难发现，无论是针对所有样本企业，还是非出口或者出口企业，rer的系数符号都在1%的水平上显著为正，表明汇率升值会显著提高企业的职工教育经费支出，从而验证了汇率升值会激励企业通过加强职工培训这一微观渠道提高企业的生产率。米尔利斯比率的符号显著为负，验证了我们样本企业职工培训活动的非随机特征，而Heckman两步法较好地克服了估计偏误问题。

其余解释变量的系数符号也比较符合我们的预期，D_HHI的系数符号显著为正，即市场集中度越高则企业职工教育经费支出越多，表明处于寡头垄断市场的企业更加注重职工的专业技能培养并以此作为企业的重要竞争

变量 $D\_hightech$ 系数的符号在对非出口企业的回归结果中显著为正，而在对出口企业的回归结果中显著为负，这表明从事高科技行业的非出口企业用于职工培训的支出显著高于从事其他行业的非出口企业，而从事高科技行业的出口企业用于职工培训的支出显著低于从事其他行业的出口企业。一般来说，由于高科技行业的技术要求较高，用于员工技能培训的支出也应该越多，这解释了非出口企业的情形。然而，考虑到我国大量出口企业从事的是加工制造这一现实，即使是被划分为高科技的出口企业也可能只是从事简单的组装加工工序，所以这种类型的高科技出口企业的职工培训支出可能反而相对较低。变量 ulc 的系数符号为负但是不显著，表明劳动力成本不是影响职工培训的重要因素。$exporter$ 系数符号显著为正，表明出口企业的职工培训支出显著高于非出口企业，这主要是由于出口产品相对内销产品面临的质量标准更高，所以企业用于职工的培训也相应更高。

综合以上的讨论，我们得出了汇率升值会显著提高企业职工教育经费支出从而提高自身生产率的结论，证实了职工培训渠道这一假说。

4.6 结论与不足

运用中国工业企业2000—2006年的面板数据进行实证分析以后，我们得出了以下两个主要结论。首先，实际汇率升值的直接影响是显著降低所有类型企业的生产率。其次，对处于弱竞争环境的非出口企业来说，实际汇率升值作为一个外部性的冲击，会激发该类企业的竞争意识从而显著提高自身生产率；而对处于充分竞争环境的出口企业来说，实际汇率的升值则会通过对出口市场的冲击进一步降低该类企业相对其他类型企业的生产率，并且这种负面影响随着行业集中度和企业出口依存度的提高而增大。

尽管本章用微观大样本数据较好地验证了自身提出的"进口竞争效应"和"出口冲击效应"，但是仍有几点不足之处值得改进。首先，由于数据可得优势。变量 *totalasset* 的系数符号显著为正,表明在同等条件下企业规模越大,职工培训支出也越大。变量 *capitalratio* 的系数符号显著为负,表明企业资本劳动比越高,职工培训支出越少,这反映了企业注重物质资本积累的行业特性。变量 *age* 的系数符号显著为正,表明企业的存续时间越长,用于员工培训的支出也越多。变量 $D\_Foreign$、D_JV、D_HMT、D_HMTJV、$D\_Private$ 的系数符号显著为负,表明外资企业、中外合资企业、港澳台独资企业、港澳台合资企业以及私营企业的职工培训支出低于其他类型的企业,而 D_State 系数的符号显著为正,表明国有企业的职工培训支出显著高于其他类型的企业,这可能是由于国有企业面临软预算约束。

此外,变量 D_ZSJ 的系数符号显著为负,表明相对于其他地区的企业,珠三角地区企业用于职工培训的支出相对较少。变量 D_CSJ 的系数符号在对非出口企业的回归结果中显著为负,在对出口企业的回归结果中显著为正,这表明长三角地区的出口企业相对其他地区的出口企业更注重职工培训,而非出口企业的职工培训相对其他地区较少。由于两种类型企业受到的影响相反,在总样本回归结果中变量 D_CSJ 的系数符号不显著。从 D_ZSJ 和 D_CSJ 这两个虚拟变量中我们看出,长三角和珠三角两个主要出口加工区出口企业的行为还是存在差异的,相较于珠三角,长三角企业更加注重职工培训来增强人力资本的积累,这对于中国从低端加工制造向高附加值工序的产业转型升级是至关重要的。而珠三角地区的企业对职工培训的忽视,在一定程度上导致了该地区技术进步的缓慢。根据张涛和张若雪[1]的观点,这种现象背后深层次的原因在于:由于技术和人力资本之间的互补性特征,长三角地区的企业形成了一种"高技术均衡",表现为企业的技术进步较快,劳动力的技能水平也较高;而珠三角地区由于历史原因则陷入了"低技术均衡"的泥淖,即企业的技术进步较慢,劳动力技能水平也较低。

---

[1] 张涛,张若雪.人力资本与技术采用:对珠三角技术进步缓慢的一个解释[J].管理世界,2009(2):75-82.

性问题,本章涵盖的样本企业时间跨度偏短,未能捕捉 2006 年后人民币的升值对我国企业生产率的影响。其次,进口中间投入品和引进先进技术也是企业提高自身生产率的重要途径,并且这种成本会随人民币汇率的升值而降低,但是进口数据的缺失使得本章未能精确刻画这一因素对升值背景下的企业生产率可能的影响。再次,我国的出口企业中大部分从事的是加工制造业,这种类型的企业生产率水平和决策机制显著区别于一般出口企业,而本章却未加以区分。最后,在全球化生产的大背景下,传统意义上从事独立产品生产的企业正在慢慢分解为全球生产链中的某一个生产环节,而像 HHI 这样的传统指标可能已经难以有效刻画处于不同生产环节的企业面临的新市场环境,这就要求我们针对市场结构的研究方法也要进一步完善。

第5章

专利和企业绩效：基于中国上市公司专利数据的实证研究

5.1　引言

随着科学技术的进步和知识经济的发展,技术创新对企业、行业乃至国家的生存和发展起着越来越重要的作用。近年来,我国相继出台一系列支持政策,鼓励核心技术自主创新。国务院于 2015 年 5 月 19 日印发的《中国制造 2025》提出:企业作为技术创新的主体,要不断提高技术创新能力,掌握核心技术。该文件明确了以技术创新推动制造业企业转型升级,提升核心竞争力的发展思路。

在此背景下,我国技术创新气氛活跃,专利申请量和授权量逐年增长。目前我国专利申请量居世界第一,专利授权量仅次于美国,居世界第二。上市公司的技术创新活动更为活跃,国家知识产权局的报告显示①,2017 年我国 A 股上市公司发明专利申请公开量 11.4 万件,同比增长 27.0%,增速高于国内平均水平。A 股上市公司拥有有效发明专利 22 万件,同比增长 24.2%,同比增速高于国内平均水平近两个百分点,近八成上市公司拥有有效发明专利。

从企业经营的角度来看,技术创新可以降低产品(服务)的成本、提升品质,使企业获得竞争优势,进而带来绩效的改善。随着企业专利成果的不断涌现,这些专利能否改善企业绩效、能多大程度改善企业绩效是值得探讨的课题。本章以我国上市公司为研究对象,研究专利对企业绩效的影响,分析上市企业的技术创新行为,以期为该方面的研究提供新思路。

---

① 国家知识产权局,《专利统计简报》2018 年第 13 期(总第 233 期)。

5.2 文献综述

Schmookler 在 1966 年出版的著作《发明和经济增长》中强调了专利在经济增长研究中的重要性。随后的学者开始在国家层面、行业层面和企业层面进行实证研究(Pavitt,1988)。企业层面的研究侧重于对专利和企业绩效关系的考察。Sherer(1965)以美国财富 500 强工业企业为研究对象,发现企业利润总额、销售收入和专利数量有显著的正向关系,但利润率和专利数量没有显著相关关系。1991 年,有学者(Griliches et al.,1991)研究了 340 家美国上市公司专利和企业在股票市场回报率的关系,发现当年专利申请能解释 0.1% 股票市场回报率,而专利存量能解释 5% 市场回报率。Austin(1993)利用事件分析法研究了 20 家美国生物制药企业的专利对其股票超额收益率的影响。研究发现,授权专利对企业市场价值有正向效应,尤其是关键专利给企业带来的超额回报率更显著。Ernst(2001)选取德国 50 家机床制造企业为研究对象,利用固定效应广义最小二乘回归分析得出:在本国申请的专利对销售收入有明显的促进作用,时间上滞后 2—3 年,而在欧洲申请的专利对销售收入的促进作用更强,时间上也有 3 年滞后。Anandarajan et al.(2007)利用中国台湾地区 60 家半导体企业在美国和中国台湾地区的专利授权数据,采用固定效应模型,发现专利授权对企业的托宾 Q 有显著正向效应,在美国授权的专利对企业托宾 Q 的影响更加突出。

国外的实证研究在专利和企业绩效之间建立了正向联系,但研究多以发达国家市场为背景。我国在专利制度、研发活动等方面与国外有较大不同,同时在专利方面的研究起步较晚,因此在研究方法和结论上存在较大差异。李文鹣和谢刚(2006)基于对我国电子与电子设备制造业的 24 家大型上市公司面板数据的回归分析发现:我国企业的专利申请量同公司业绩之间的相关

第5章 专利和企业绩效：基于中国上市公司专利数据的实证研究

关系并不明显。胡珊珊和安同良(2008)运用主成分分析法和相关性分析研究了西药制造业和中药制造业两类上市公司企业业绩与专利数量的关系。研究发现，两类企业专利数量和企业业绩之间缺乏显著相关关系，表明我国制药企业专利成果转化成效不足。赵远亮等(2009)利用多元回归方法对医药企业知识产权和经营绩效之间的关联性做了实证分析。结果表明：中药企业所拥有的发明专利与企业的资产收益率(Rate on Assets，ROA)和托宾Q均呈现显著的正向关系；化学和生物制药企业所积累的外观设计与企业绩效呈显著的正向关系；实用新型和商标与医药企业的绩效之间没有关联性。刘小青和陈向东(2010)基于1996—2007年55家中国电子信息百强企业的面板数据进行了多项式分布滞后(PDL)回归发现：电子信息产业的专利活动可以显著地提高企业绩效，而且专利申请对销售收入的贡献高于专利授权，专利授权对利润的贡献高于专利申请。苑泽明等(2010)重点考察了高新技术产业上市公司累积专利权数量对经营绩效的滞后性效应，得出高新技术上市公司拥有的专利权总数与公司未来业绩缺乏明显的相关关系。周煊等(2012)从数量和质量上研究技术创新对企业财务绩效的影响，发现专利能够显著提高企业销售收入和盈利水平，市场导向性强的技术创新比科技含量高的技术创新更能提高企业的财务绩效。侯跃龙和罗晓亮(2015)研究发现我国医药制造行业上市公司发明和外观设计专利申请量与经营绩效存在正相关关系，而实用新型专利的申请量与经营绩效相关性较弱。

比较来看，国外学者使用的实证研究方法对专利和企业绩效的关系的研究更加深入，并且已经较为成熟，而国内研究稍显不足。一是国内的研究数据涉及的企业数量和时间跨度都比较小，并且在专利数据收集方面普遍不够严谨。二是在研究方法上，通常选取相关性分析或者多元线性回归等方法，这些方法都是基于截面数据进行的，少有面板数据研究。利用截面数据分析此类问题忽视了个体和时间的效应，其结果的可信度较低。三是对于专利对企业绩效滞后效应也缺乏广泛深入的研究。鉴于此，本章在数据选取、计量方法等方面进行了改进，试图得出更具可靠性的实证结果。

5.3 研究设计

5.3.1 基本模型

由于企业从将专利转化为新产品到获取利润通常需要一定的时间,因此在研究专利对企业绩效的影响时,必须考虑专利对绩效影响的滞后效应。为此,本章分别建立了专利对企业绩效的影响的短期效应模型和长期效应模型。短期效应模型研究当期专利数量对企业当期绩效的影响,模型方程如式5-1所示。长期效应模型则研究滞后期专利数量、当期相对滞后期专利数量的增量对企业绩效的影响,模型方程如式5-2所示。两个方程采用双固定效应模型估计方法,即控制企业固定效应和年份固定效应。

$$Y_{it} = \beta_0 + \beta_1 PAT_{it} + \gamma Ctrl_{it} + \varepsilon_{it} \tag{5-1}$$

$$Y_{it} - Y_{it-\tau} = \beta_0 + \beta_1 PAT_{it-\tau} + \beta_2(PAT_{it} - PAT_{it-\tau}) \\ + \gamma(Ctrl_{it} - Ctrl_{it-\tau}) + \varepsilon_{it} \tag{5-2}$$

其中,i代表研究样本中第i家企业,t代表年份,τ代表滞后期数,β代表解释变量的系数,γ代表控制变量的系数,Y_{it}代表第i家企业在第t年的绩效。所有绩效指标均取自然对数。PAT_{it}代表第i家企业在第t年的有效专利存量。在实证回归中,区分了有效专利总数以及三种类型专利(发明专利、实用新型专利和外观设计专利)的数量。所有有效专利的数量也取自然对数。$Ctrl_{it}$代表企业的控制变量。

对于长期效应模型中的滞后期长度τ如何确定,现有的文献中没有统一的结论。由于我国三种类型专利的专利权期限:发明专利20年,实用新型专利和外观设计专利均为10年;现有文献通常选取3—5年的滞后期,本章将滞后期确定为5年。

5.3.2 数据和变量

本章专利数据来源于国泰安中国上市公司与子公司专利研究数据库,上市公司基本信息和年度财务数据来源于万得数据库。考虑到我国的会计准则于2007年进行了较大规模的修订,为了避免前后财务指标统计上的不一致,我们将数据的时间跨度定为2007—2017年。我们将专利数据和财务数据按照公司代码和年份进行匹配,获得上市公司的面板数据集。

在变量选取方面,本章选取7个企业绩效指标——净资产收益率(Return on Equity,ROE)、总资产收益率(Return on Assets,ROA)、主营业务利润率、人均营业收入、营业收入总额、净利润和托宾Q作为被解释变量;选取上市公司有效专利数量作为解释变量,包括上市公司有效专利总数以及发明专利、实用新型专利和外观设计专利各分类项的有效数(有效专利总数为三种类型专利数量之和);同时控制了公司规模、股权结构、治理结构和行业集中度等因素。具体变量定义见表5.1。

表5.1 变量定义及计算方法

变量类型	变 量 名 称	计 算 方 法
被解释变量	净资产收益率(ROE)	净利润/所有者权益平均余额
	总资产收益率(ROA)	净利润/总资产平均余额
	主营业务利润率	主营业务净利润/主营业务收入
	人均营业收入	营业收入总额/员工人数
	营业收入总额	利润表报告的主营业务收入总额
	净利润	利润表报告的税后利润
	托宾Q	股权市值+负债总额/期末总资产
解释变量	有效专利总数	$\ln(1+$当年持有的有效专利$)$
	发明专利	$\ln(1+$当年持有的发明专利$)$
	实用新型专利	$\ln(1+$当年持有的实用新型专利$)$
	外观设计专利	$\ln(1+$当年持有的外观设计专利$)$

(续表)

变量类型	变量名称	计算方法
控制变量	规模	ln(期末总资产)
	第一大股东持股比	第一大股东持有股份/总股本
	董事会人数	董事会人数
	行业集中度(HHI)	行业中各企业销售收入比重的平方和

为了保证使用的数据准确可靠,参考现有文献通行的数据处理方案,本章对数据集进行了以下处理:(1)剔除金融类和房地产类上市公司;(2)剔除被ST(特别处理)、*ST(退市风险警示)、PT(特别转让)处理及终止上市的公司;(3)剔除关键变量信息缺失或者明显异常的观测值。经过上述处理,我们最终获得包含2 766家上市公司的非平衡面板数据集。描述性统计信息如表5.2所示。

表5.2 变量描述性统计结果

变量	样本量	平均值	标准差	最小值	中位数	最大值
ROE	16 865	2.863	2.081	0.680	2.244	31.565
ROA	16 865	8.744	11.050	−489.130	8.234	133.061
主营业务利润率	16 865	5.417	5.601	−72.547	4.745	59.815
人均营业收入	16 865	9.461	26.463	−1 436.022	7.561	2 090.696
营业收入总额	16 865	1.420	5.201	0.019	0.764	360.255
净利润	16 865	102.396	790.902	0.069	15.664	28 803.110
托宾Q	16 865	5.541	38.820	−181.843	1.072	1 506.750
有效专利总数	16 865	3.767	1.592	0.693	3.807	10.683
发明专利	16 865	2.185	1.569	0.000	2.079	9.870
实用新型专利	16 865	3.017	1.817	0.000	3.135	10.355
外观设计专利	16 865	1.480	1.655	0.000	1.099	8.667

(续表)

变量	样本量	平均值	标准差	最小值	中位数	最大值
规模	16 865	21.968	1.280	19.046	21.763	28.509
第一大股东持股比	16 865	0.355	0.149	0.034	0.338	0.900
董事会人数	16 865	8.773	1.736	3.000	9.000	18.000
行业集中度（HHI）	16 865	0.100	0.108	0.015	0.070	1.000

注释：(1) ROE、ROA，单位为百分比；人均营业收入单位为百万元/人；营业收入总额和净利润单位为亿元。

5.4 实证研究

5.4.1 实证回归

专利绩效和企业绩效关系的短期效应回归结果如表 5.3 所示。可以看出，有效专利总数对企业的市场绩效——托宾 Q 有负向影响，有效专利增加 1%，托宾 Q 降低 2.48%。从专利分类的角度来看，三种类型的专利均对托宾 Q 有负向影响，其中发明专利和实用新型专利影响程度相当，即发明专利和实用新型专利每增加 1%，托宾 Q 分别降低 2.22% 和 2.38%，而外观设计专利影响程度相对较低。托宾 Q 代表市场参与者对企业价值的评价，专利数量增加之所以导致托宾 Q 降低，可能是因为短期新专利对企业的影响不能准确为市场参与者所认识，同时专利的研发消耗了企业大量资本，从而导致企业的市场估值降低。专利数量对净资产收益率（ROE）、总资产收益率（ROA）、主营业务利润率也有负向影响，三种类型的专利对盈利绩效的负向影响没有显著差异。从企业经营增长情况来看，有效专利数量增加，人均营业收入和净利润减少，但营业收入总额增加。专利数量增加 1%，营业收入增加 1.8%，其结果

表 5.3 专利数量与企业绩效关系短期效应实证分析结果

变量	(1) 托宾 Q	(2) ROE	(3) ROA	(4) 主营利润率	(5) 人均营收	(6) 营业收入	(7) 净利润
有效专利总数							
PAT_{it}	−0.024 8*** (0.006 97)	−0.094 7*** (0.017 8)	−0.107*** (0.018 4)	−0.103*** (0.018 5)	−0.048 0*** (0.012 4)	0.018 3* (0.009 88)	−0.083 2*** (0.017 8)
发明专利							
PAT_{it}	−0.022 2*** (0.006 79)	−0.076 3*** (0.016 9)	−0.084 8*** (0.018 1)	−0.078 4*** (0.017 2)	−0.035 1*** (0.010 6)	0.014 8* (0.008 75)	−0.063 6*** (0.017 5)
实用新型专利							
PAT_{it}	−0.023 8*** (0.006 45)	−0.063 3*** (0.015 7)	−0.070 8*** (0.016 4)	−0.069 0*** (0.015 8)	−0.042 5*** (0.010 5)	0.012 5* (0.007 59)	−0.056 3*** (0.015 8)
外观设计专利							
PAT_{it}	−0.015 2*** (0.005 78)	−0.075 5*** (0.014 3)	−0.078 7*** (0.014 8)	−0.080 9*** (0.014 3)	−0.026 8*** (0.009 26)	0.016 5** (0.007 19)	−0.066 0*** (0.014 2)

注释:(1)小括号里的数字为标准差;(2)***、**和*分别表示1%、5%和10%的显著水平;(3)控制变量包括规模、第一大股东持股比例、董事会人数和行业集中度;(4)控制了年份固定效应和企业固定效应;(5)由于篇幅限制,仅报告关键变量的回归系数。

第5章 专利和企业绩效：基于中国上市公司专利数据的实证研究

表5.4 专利数量与企业绩效关系长期效应实证分析结果

变量	(1) 托宾Q	(2) ROE	(3) ROA	(4) 主营利润率	(5) 人均营收	(6) 营业收入	(7) 净利润
有效专利总数							
PAT_{it-5}	-0.003 84 (0.021 3)	-0.070 0 (0.078 7)	-0.083 3 (0.079 0)	-0.069 9 (0.075 3)	-0.033 7 (0.036 6)	-0.023 9 (0.027 5)	-0.113 (0.077 6)
$PAT_{it} - PAT_{it-5}$	-0.036 8** (0.017 9)	-0.113* (0.062 8)	-0.111* (0.066 4)	-0.079 5 (0.063 4)	-0.047 1 (0.032 7)	-0.017 9 (0.023 9)	-0.112* (0.065 1)
发明专利							
PAT_{it-5}	0.013 1 (0.021 1)	-0.052 8 (0.072 8)	-0.081 5 (0.076 6)	-0.072 3 (0.072 5)	-0.037 1 (0.034 2)	-0.034 4 (0.023 9)	-0.107 (0.075 1)
$PAT_{it} - PAT_{it-5}$	-0.023 5 (0.017 5)	-0.105* (0.061 0)	-0.108* (0.064 5)	-0.076 5 (0.058 8)	-0.038 1 (0.026 5)	-0.032 8 (0.020 2)	-0.110* (0.062 6)
实用新型专利							
PAT_{it-5}	-0.033 0* (0.018 3)	-0.115* (0.063 8)	-0.132** (0.064 6)	-0.116* (0.060 3)	-0.027 9 (0.029 4)	-0.023 7 (0.020 7)	-0.152** (0.063 5)

(续表)

变量	(1) 托宾Q	(2) ROE	(3) ROA	(4) 主营利润率	(5) 人均营收	(6) 营业收入	(7) 净利润
$PAT_{it} - PAT_{it-5}$	-0.056 1*** (0.014 9)	-0.128*** (0.047 5)	-0.126** (0.050 2)	-0.104** (0.046 5)	-0.034 4 (0.022 6)	-0.013 8 (0.015 7)	-0.125** (0.049 1)
外观设计-专利							
PAT_{it}	0.000 919 (0.016 3)	-0.088 0 (0.054 5)	-0.087 1 (0.054 5)	-0.071 8 (0.050 7)	0.028 5 (0.029 7)	-0.005 50 (0.018 6)	-0.098 6* (0.053 5)
$PAT_{it} - PAT_{it-5}$	-0.017 9 (0.011 2)	-0.120*** (0.038 6)	-0.120*** (0.040 4)	-0.089 6** (0.039 1)	-0.013 4 (0.021 5)	-0.007 20 (0.015 4)	-0.116*** (0.039 6)

注释：(1) 小括号里的数字为标准差；(2) ***、**和*分别表示1%、5%和10%的显著水平；(3) 控制了年份固定效应和企业固定效应；(4) 控制变量包括规模、第一大股东持股比例、董事会人数和行业集中度；(5) 由于篇幅限制，仅报告关键变量的回归系数。

在10%水平上显著,该结果和国内外相关研究结果一致。总而言之,短期来看,企业专利数量增加对企业营业收入有显著的正向影响,但对其他绩效指标有显著的负向影响。

专利数量与企业绩效关系长期效应实证分析的结果如表5.4所示。回归结果显示,长期效应模型中的两个关键解释变量——专利数量和专利数量的增量对企业绩效的回归系数均不显著,发明专利、实用新型专利和外观设计专利的回归系数也没有显著差异。该结果说明,长期来看,专利对企业经营绩效的影响不显著。

通过对上市公司全样本回归结果分析,可以得出结论:短期来看,专利对企业盈利绩效和市场绩效有显著负向作用,对营业收入总额有显著正向影响;长期来看,专利对企业绩效没有显著影响。

5.4.2 稳健性检验

为了检验回归结果的可靠性,本章利用分样本回归的方法进行了稳健性检验。本章按照所有制类型将样本分为国有企业和非国有企业,按照上市板块将样本分为在主板、中小板、创业板上市的公司,又按照证监会分类标准对全部制造业企业以及六类对专利依赖性较高的行业(化学原料和化学制品制造业、医药制造业、专用设备制造业、电气机械和器材制造业、计算机通信和其他电子设备制造业、软件和信息技术服务业)进行了实证分析。分析结果和上述结论一致:即短期来看,企业专利数量增加对企业营业收入有显著的正向影响,但对其他绩效指标有显著的负向影响;长期来看,企业专利数量对企业绩效的影响不显著。这证明了本章的回归结论的稳健性。

5.5 机制分析

由上述实证分析可知,专利短期对企业绩效有负向影响,而长期也不能改善企业的经营绩效。与此同时，我国企业专利申请和授权数量年年攀升，创新热情有增无减，这两者之间显然是相悖的。既然专利不能带来企业绩效的提升，企业为什么还要生产专利？为了解释这一现象。本章从政府补贴、市场占有率和战略性专利申请三个角度分析企业的技术创新行为。

5.5.1 政府补贴和技术创新

5.5.1.1 税收优惠政策

我国对企业实施税收激励的目的主要是促进企业加大技术创新力度，以此来改善经营状况。根据《中华人民共和国企业所得税法实施条例》的规定：开发新技术、新产品、新工艺发生的研究开发费用可在计算应纳税所得额时加计50%扣除；对符合《高新技术企业认定管理办法》的高新技术企业实行15%的企业所得税。相对于普通企业平均25%的企业所得税来说，该税率可以大大减轻企业税收负担，因而激励了很多企业参与高新技术认定。该认定管理办法有两方面内容和企业技术创新直接相关。

(1) 研发强度。

《高新技术企业认定管理办法》中认定条件之一是企业的研发强度（研发投入占营业收入的比重）要超过5%。2016年科技部、财政部、国家税务总局又重新印发了《高新技术企业认定管理办法》，调整了高新技术企业认定的标准。该标准将企业按照营业规模分成三类，分别适用不同的研发强度要求：销售收入小于5千万元的企业，研发强度不低于5%；销售收入在5千万元至2亿元的企业，研发强度不低于4%；销售收入在2亿元以上的企业，研发强度不低于3%。有学者(Chen et al., 2018)研究了该政策实行前后企业的研发投入变化，发现企业为了达到认定要求的研发强度门槛值，会增加研发费用或者在会计上将非研发费用标记为研发费用。研究还发现，政策调整后，研发强度聚集在门槛值的企业显著增加。这些发现都证明了企业为了满足税收优惠条件，有动机提高技术创新的投入，从而带来专利数量的提升。

（2）知识产权和核心成果转化。

高新技术企业认定有一定的测度依据和评分标准,其中评分的60%是对知识产权和核心成果转化的要求。知识产权方面主要是对企业拥有的专利的数量和质量分别进行定量和定性评价。核心成果转化方面则以技术成果是否形成产品、服务、样品、样机等为主要判断依据。从该评价办法可以看出,由于对专利的质量没有统一的评价标准,所以专利数量作为直接可定量测度的指标是非常重要的,同时成果转化的评价也并非以技术成果为企业获得利润为依据。因此,企业有动机通过大量申请专利来达到评价要求,至于专利最终能否获得市场认可可能并不是生产专利的首要目的。

5.5.1.2 财政补贴政策

2008年以来,为贯彻国家的创新驱动发展战略,从中央到地方都在不同程度上实施了以鼓励专利增长为目标的创新追赶战略。2011年,国家"十二五"规划首次将"每万人口发明专利拥有量"列入国民经济与社会发展的综合考核指标体系。"十三五"规划设定以下指标:预计到2020年,每万名人口发明专利拥有量从2015年的6.3件增至12件。各地政府出台了各种专利发展规划。例如:浙江省提出"十二五"期间,专利申请、授权总量年均增长15%,至2015年底实现翻一番;河南省提出,到2020年,每万人发明专利拥有量超过6件。

在量化的政绩评比中,专利数量是衡量地方科技创新成绩的重要指标,同时由于专利申请量的统计数据公布和排名是各地专利行政部门政务信息公开的主要内容,该排名让各地政府陷入了非理性竞争的怪圈。因此,各地政府通过各种专利资助政策鼓励专利申请。但专利资助制度在审批程序、资助额度、资助对象上设置不合理(姜胜建,2006)。首先,专利资助审批程序粗糙,缺乏专利资助申请的筛选机制。一些没有任何技术进步,只是简单修改了文字的专利申请都能通过,助长了企业利用垃圾专利套取资助的风气。其次,大多数政府采用定额资助方式,直接给予不同类型的专利不同但确定的资助额度。各地的额度大小差异较大,每件专利资助额度从千元到万元不等,就专利申请的花费而言,专利资助的额度远远高于实际支出的费用。张杰等(2016)指出,我国各级政府的专利资助扶持政策对企业专利申请和获得授权各个环节的费用提供部分或全额资助,或者提供奖励,降低了企业专利申请和授权的交易成本,诱使企业主动申请低质量甚至没有价值的专利。最后,我国大部分地方政府不分专利类型,"见证即助",或在发明专利申请阶段即开始资助相关费用,引发更多垃圾专利的产生。文家春和朱雪忠(2009)指出,政府资助额度过高、资助程序过于简单,导致申请人为了资助获利而申请专利,从而产生垃圾专利。

通过上述分析可知,企业为了获取专利资助,有动机申请一些没有商业价值和技术价值专利的套取政府专项资助资金。为了验证这一假设,本章将政府补贴、政府补贴占营业收入的比重分别和专利数量进行回归,回归结果见表5.5。结果显示,短期来看,企业专利数量和获得的政府补贴之间存在显著的相关关系,有效专利数量每提高1%可以增加4.65%的政府补贴收入。分类来看,发明专利和实用新型专利均和政府补贴有显著的正相关关系,而外观设计专利和政府补贴的关系不显著。其原因在于,我国各级政府的专利资助政策评审中,外观设计专利往往并不作为重要的评估指标(张杰等,2016)。长期来看,专利数量和政府补贴没有显著的相关关系。该结果说明企业会利用专利套取政府补贴,谋求营业外收入以美化报表。同时它也说明了我国专利资助制度存在漏洞。

5.5.2 市场占有率和技术创新

市场占有率是指企业的销售额占整个行业总销售额的比重。市场占有率是企业经营管理者分析经营活动、测度竞争能力的重要指标。该指标反映了企业的市场竞争力:横向上可以判断企业在市场上所处的竞争地位,明确和竞争对手的差距;纵向上可以反映企业竞争态势的变化,预测未来的发展

第5章 专利和企业绩效：基于中国上市公司专利数据的实证研究

趋势。企业提高市场占有率的方式主要包括非价格竞争和价格竞争两种策略。非价格竞争是指提高产品和服务的质量，满足消费者差异化需求。价格竞争则是通过调高或调低产品价格占领市场。无论哪种策略，技术创新都发挥着十分重要的作用：一方面企业可以利用技术上的专利垄断，辅以配套对策，将技术优势转化为市场优势，提供价格更低、品质更好的产品；另一方面，企业可以以专利产品为支柱，借助专利垄断权，控制专利产品的生产和销售。

表5.5展示了市场占有率和专利数量的回归结果，可以看出：短期内有效专利对企业市场占有率有正向促进作用，并且发明专利、实用新型专利和外观设计专利都能显著提高企业的市场占有率。长期来看，可能由于产品的更新换代，两者关系不显著。

表5.5　机制分析回归结果

变量	政府补贴		政府补贴/营业收入		市场占有率	
	短期效应	长期效应	短期效应	长期效应	短期效应	长期效应
有效专利总数						
PAT_{it-5}		-0.271^{***} (0.093 4)		$-0.001\,06$ (0.001 57)		$-0.023\,9$ (0.027 5)
$PAT_{it}-PAT_{it-5}$		-0.109 (0.073 6)		$8.08e-05$ (0.001 31)		$-0.017\,9$ (0.023 9)
PAT_{it}	$0.046\,5^{**}$ (0.021 0)		$-0.000\,429$ (0.000 330)		$0.018\,3^{*}$ (0.009 88)	
发明专利						
PAT_{it-5}		-0.482^{***} (0.089 9)		$-0.001\,81$ (0.001 61)		$-0.034\,4$ (0.023 9)
$PAT_{it}-PAT_{it-5}$		-0.179^{**} (0.072 5)		$0.000\,559$ (0.001 25)		$-0.032\,8$ (0.020 2)
PAT_{it}	$0.099\,6^{***}$ (0.020 1)		$0.000\,353$ (0.000 301)		$0.014\,8^{*}$ (0.008 75)	

(续表)

变量	政府补贴		政府补贴/营业收入		市场占有率	
	短期效应	长期效应	短期效应	长期效应	短期效应	长期效应
实用新型专利						
PAT_{it-5}		-0.107 (0.079 5)		0.000 848 (0.001 32)		-0.023 7 (0.020 7)
$PAT_{it}-PAT_{it-5}$		-0.007 04 (0.055 2)		0.000 566 (0.001 20)		-0.013 8 (0.015 7)
PAT_{it}	0.052 7*** (0.018 0)		-0.000 231 (0.000 297)		0.012 5* (0.007 59)	
外观设计专利						
PAT_{it-5}		-0.132* (0.071 1)		-0.000 352 (0.001 21)		-0.005 50 (0.018 6)
$PAT_{it}-PAT_{it-5}$		-0.067 5 (0.050 9)		0.000 432 (0.000 736)		-0.007 20 (0.015 4)
PAT_{it}	0.016 3 (0.016 3)		-0.000 273 (0.000 234)		0.016 5** (0.007 19)	

注释：(1) 小括号里的数字为标准差；(2) ***，**和*分别表示1%、5%和10%的显著水平；(3) 控制了年份固定效应和企业固定效应；(4) 控制变量包括规模、第一大股东持股比例、董事会人数和行业集中度；(5) 由于篇幅限制，仅报告关键变量的回归系数。

5.5.3 战略性专利申请行为

企业申请专利的目的是为了保护自己的发明不被模仿，有调查表明，专利战略性申请行为正在成为趋势。Griliches(1990)指出，专利不仅仅是为了获取利润，而且是为了阻止竞争。Cohen et al.(2000)指出，企业专利申请的原因包括：防止模仿，防止其他企业专利拦截，获得专利许可收益，加强在谈判中的筹码，防止侵权案的发生，作为内部研发业绩衡量指标，提高公司声誉等。他们通过问卷调查发现，96%的被表示申请专利的目的是为了防止模仿，82%选择了防止其他企业的专利拦截的选项。

战略性专利申请的目的是封锁竞争者，它包括两种形式：一是进攻性封锁，也就是为了防止其他企业应用相同或相近专利领域的技术发明而申请专利，即使企业在该技术领域可能没有直接利益，也不能带来盈利；二是防御性封锁，为保证本企业的技术空间不被其他企业的专利侵占，预防其他企业率先拥有相关专利造成自己专利侵权而申请专利（刘小青等，2010）。基于防御性封锁行为申请的专利不能及时转化为新产品并为企业带来效益。

企业专利数量还是一种有效的信号显示器，不少企业将专利作为向客户或市场展示其具有市场竞争优势的一种信号，通过这种方式，建立或提高企业声誉和形象，吸引客户和投资。Holgersson(2012)研究发现企业申请更多的专利有利于融资，尤其是吸引风险投资。企业在宣传自身竞争优势时，将其有多少专利申请、获得了多少授权专利作为证明企业竞争实力的信号，而有意无意地忽视了专利质量以及专利的产业化运用等信息，这种重数量、轻质量的机制诱使企业倾向于生产低质量专利，而丧失创造高质量的专利、强化专利的产业运用的动机。

由于大量专利的申请是出于企业的战略性要求，企业拥有的专利最终能发挥市场价值的仅仅是一小部分，因此在研究专利和企业绩效的关系时，无法建立专利数量和企业绩效显著的相关关系。

5.6 结论与对策建议

5.6.1 研究结论

本章基于上市公司面板数据，利用双固定效应模型的估计方法，研究了专利对企业绩效的影响，研究结果表明：短期来看，专利对企业净资产收益率

(ROE)、总资产收益率(ROA)、主营业务利润率、人均营业收入、净利润和托宾Q有负向影响,对营业收入有促进作用;长期来看,专利对企业绩效均没有显著影响。此外,本章以企业所有制形式、所属上市板块和行业类型为分组依据,进行了分样本回归,证明了结果的稳健性。

为了解释企业技术创新行为的动机,本章从政府补贴和技术创新、市场占有率和技术创新以及战略性专利申请行为三个角度进行了理论分析和实证检验:首先,政府的税收优惠和财政补贴政策是企业进行专利申请的激励之一,但是由于政策设计存在缺陷,企业利用垃圾专利套取政府财政补贴,谋求营业外收入以美化报表,导致垃圾专利和泡沫专利滋生,致使专利对企业主营业务绩效的贡献甚微;其次,企业的技术创新可以作为提高其市场占有率、扩大产品市场范围的手段,从而使企业获得行业领先地位;最后,战略性专利行为也会促使企业申请没有实际市场价值的专利,达到封锁竞争者、向市场传达竞争优势的信号的目的,从而使企业在未来的产业竞争中掌握主动权。

5.6.2 政策建议

目前,技术创新对企业成长、行业进步和国家经济的发展越来越重要。我国制造业依然面临着产业技术创新能力薄弱、缺乏核心技术的问题。企业要想获得市场竞争优势,必须拥有自主知识产权的核心技术,必须生产出具有市场价值的专利,只有这样,才能从根本上解决问题,实现从中国"制造"到中国"智造"的转型。为此,需要企业集中人力、物力和财力进行技术创新,也需要政府制定相关政策、营造良好环境鼓励技术创新。结合本章的研究结论和实际情况,本章从企业和政府的角度出发,给出以下建议。

(1)企业角度。一是树立研发意识,增强自主创新能力。企业应当加大研发投入,树立长期发展战略,提升企业的技术能力。一方面,中小企业在集成、引进和消化吸收创新的基础上,实现产业升级,增大企业规模,为未来发展积累资金和技术资本。另一方面,能够抵御创新失败风险的资产雄厚的大型企业,应当成为技术创新的排头兵,在前沿技术领域下功夫,研发具有自主知识产权的技术。二是加强知识产权管理,参与构建产学研一体的创新体系。企业应不仅仅把申请专利作为保护自己知识产权不受侵犯的战略性措施,而且要以专利质量为导向,生产高质量的专利。通过与研发机构和高校合作,引进已有的技术创新成果,缩短创新活动周期,减少资金占用,并在短时间内实现专利的商业化应用。

(2)政府角度。一是完善知识产权保护制度。目前,我国的知识产权保护制度尚不完善:一方面,专利保护意识不强,盗版侵权事件屡有发生;另一方面,专利审核效率低下,拖慢了专利的商业化进程,致使一些时效性强的技术成果不能及时投放市场,其经济价值大大削减。完善知识产权保护能够引导企业提高知识产权意识,激励其重视专利申请和授权。同时通过规范专利审核程序,提高专利审核效率,便于企业将有价值的专利及时转化为新产品投放市场,创造经济价值。二是建立专利质量评价体系。在专利申请和授权、高科技企业的认定、政府资助筛选等涉及专利技术评价的流程中,强化质量导向,弱化数量标准。阻止低质量的技术创新成果通过授权,筛选出高质量的专利。同时确定合理的专利资助范围和资助额度,消灭利用非正常专利申请套取资助的行为。

第6章

企业增长和盈利能力的相互影响：基于中国工业企业数据库的分析

6.1 引言

关于企业增长,著名管理咨询专家拉姆·查兰和诺埃尔·提切(2005)指出:每个行业都有可增长的空间,增长是人类福祉的关键所在;企业要么增长要么死亡,增长比不增长的风险更小。然而在现实中,过快增长会引发企业资源的紧张,进而导致企业发生财务危机或破产;过慢的增长又可能使得企业资源不能被有效利用。希金斯·罗伯特(2008)也曾提到,因为增长过快而破产的公司数量和因为增长太慢而破产的公司数量几乎一样多。因此,适度稳定的增长是保证企业生存与繁荣的关键。除了企业增长外,提高盈利能力亦是企业管理者最关心的经营目标之一。企业利润是投资者收益、债权人利息和职工福利的基本保障,也是企业经营业绩和管理效能的集中表现。

那么企业增长与盈利能力之间是怎样一种关系呢?理论机制的探讨并没有给出一个明确答案。一些学者认为,企业增长的加快与盈利能力的提高是不可兼得的。企业增长速度的提高会导致盈利能力的下降,提升盈利能力又必须以牺牲增长为代价。另一些学者则指出,企业增长与盈利能力之间存在正向影响关系,企业快速增长的同时可以实现盈利能力的提高,盈利能力的增强可以推动企业的进一步增长。鉴于此,本章试图通过实证方法来检验两者的关系。

梳理实证文献发现,多数研究是围绕发达国家的企业或行业数据展开的,只有少量研究利用中国上市公司或者某一行业的企业数据进行分析。另外,学者们选取的计量方法多种多样,实证检验结果也不尽相同。鉴于各国国情有较大差别,各国企业增长与盈利能力的相互关系存在差异也是合理的。

我们运用1999—2007年中国工业企业库面板数据进行研究。相比国内现有研究,本章的主要贡献有以下几点:第一,所用数据时间跨度长、覆盖面广、样本量比较大;第二,除了进行固定效应模型估计外,本章还运用动态面板GMM方法进行估计,GMM估计方法对于处理内生性问题、异方差、自相关以及扁平型截面数据更具优势,因此实证结果更加稳健;第三,通过构造二次函数和分段函数,本章进一步考察了企业增长与盈利能力之间是否存在非线性关系;第四,依据企业特征以及所属地区标准将总体企业样本划分为子样本,分析企业增长与盈利能力的相互关系在不同子样本之间是否存在差异性。

本章安排如下:第2节是文献综述;第3节给出计量模型,对指标选取及数据处理做出说明;第4节对估计方法做出说明并展示基本回归结果;第5节从三个层面展开进一步检验,并对结果给予经济学解释;最后第6节是本章的结论。

6.2 文献综述

6.2.1 相关理论机制

6.2.1.1 盈利能力对企业增长的影响

首先,盈利能力的提升会促进企业增长。Metcalfe(1994)和Coad(2007)认为企业发展遵循适者生存原则:盈利水平高于行业均值的企业,其市场份额会扩大;盈利水平低于行业均值的企业,其市场份额会逐渐缩小直至退出。类似地,Asplund和Nocke(2006)指出,有效率的企业会在市场竞争中占据有利地位,低效企业会逐渐退出市场并被新企业替代。另外,根据Myers和Majluf(1984)的次序融资理论,由于存在信息不对称,企业的融资成本增加。资金来源按照偏好程度排序分别是:内部资金—债券—股票。企业增长需要充裕的资金作为支撑。盈利能力的提高可以使企业积累更多留存收益,从而可以促进企业增长。

另外一些学者指出,盈利能力的提高会降低企业增长。作为企业的实际管

第6章 企业增长和盈利能力的相互影响：基于中国工业企业数据库的分析

理者，不同经理人的经营模式不同。假如经理人以利润为目标，他会为了维持高利润水平而舍弃具有风险的投资机会。在利润导向的管理模式下，盈利能力的提高并不会带来企业增长。Kahneman 和 Tversky(1979)的前景理论认为，有利条件下的个体更表现为风险厌恶型，而不利条件下的个体更表现为风险偏好型。按照这一思路，盈利公司的管理者比亏损公司的管理者更加厌恶风险。因而，盈利型企业更倾向于维持现状、稳健经营，而非承担风险进行企业扩张。

制度和政策因素也会对盈利能力和企业增长的关系产生影响。贾良定(2005)认为，制度因素(尤其是转型经济国家)和政府政策(例如税法)都会影响企业的扩张选择。Lee(2014)将韩国企业盈利能力对增长的负向影响归因于缺乏对投资者的保护制度和危机后的经济调整政策。

6.2.1.2 企业增长对盈利能力的影响

一方面，企业增长可能会提高盈利能力。企业增长所带来的规模经济可以增强盈利能力。Arrow(1962)提出了干中学理论，企业通过干中学可以掌握管理经验、提高管理效率，进而提高盈利能力。Markman 和 Gartner(2002)提出，企业在增长过程中可以获得声誉和知名度等无形资源，进而拥有更多渠道和客户，在与上下游企业的合同谈判中占据有利地位。

另一方面，企业增长会给盈利能力造成不利影响。企业扩张时，如果采取价格战策略，那么会直接降低企业短期盈利。钱爱民(2011)指出，假如放宽信用政策来争取更多的账面销售额，那么在企业膨胀过程中便潜伏了财务风险。崔学刚(2007)认为超速增长率与企业财务危机发生的概率显著正相关。Jensen 和 Meckling(1976)提出，委托代理双方(公司股东和管理者)都被假定会最大化自己的利益，当两者利益相冲突时，公司的实际控制者可能为了自己的利益而牺牲股东的利益。例如，他们会利用对企业资金使用方向上的实际控制权，将多余资金投在一些效益不高甚至效益为负的项目上。

另外，根据扩张方式，企业扩张可分为专业化与多元化两种类型。针对后者，张翼(2005)指出，企业的多元化扩张可以通过优化资源配置、平衡风险、建立内部资本市场、降低交易成本以及获得税收优势来提高企业业绩，也可能产生过度投资、跨行业补贴、增加代理成本等不利影响进而降低盈利能力。

6.2.2 实证研究

有研究(Cyrus et al.,2002)发现,尽管公司盈利能力指标通常会随着盈余或销售的增长而增长,但如果增长超过最佳增长点而继续增长,企业价值就会降低,并对公司盈利能力造成负面影响。Cowling(2004)利用英国 1991—1993 年部分未上市企业数据(行业涵盖制造业、建筑业、零售业及其他服务业等,共 200 多个观察值),进行普通最小二乘法(OLS)与 2OLS 估计。研究结果发现,企业增长会带来盈利能力的提高,企业盈利会促进增长。

Goddard et al.(2004)最早将广义矩估计方法(GMM)应用于此类检验。他对欧洲 5 国(法国、德国、意大利、西班牙和英国)1992—1998 年的银行数据进行动态面板估计和分行业回归,结果表明:当期盈利是未来企业增长的前提,过快增长会对下一期企业盈利造成不利影响。Coad(2007,2010)和 Coad et al.(2011)尝试 GMM 等多种方法分别对法国以及意大利企业数据进行回归,得到结果:企业增长可以增强盈利能力,然而盈利能力的提高对企业增长无显著影响。Jang 和 Park(2011)对 1978—2007 年美国餐饮业数据进行 GMM 估计,发现滞后一期企业盈利对当期企业增长有正向影响,当期与滞后一期企业增长对当期盈利能力都存在负向影响。Lee(2014)运用 FE(固定效应模型)、GMM(广义矩估计)、LAD(最小一乘法)对韩国 606 家企业进行考察,发现企业盈利会阻碍企业增长、企业增长可以促进盈利能力的提高。

崔学刚(2008)以沪深两市电信与计算机行业 1999—2005 年上市公司为样本,研究发现尽管企业增长与企业盈利保持了显著的正相关关系,但并不总带来企业价值的提升。杜江(2008)运用单变量和多变量方法,结合沪深两市 2004 年度的 1 123 家和 2005 年的 931 家上市公司数据进行分析,发现随着主营业务收入增长率上升,企业的盈利能力也显著改善。但是在统计意义上,主营业务收入增长并不一定是改善盈利能力的重要因素。王文涛(2012)利用 1998—

2010年中国医药类上市公司的相关调研数据,研究发现医药制造企业通过创新实施价值链上的业务扩张可以改善其盈利能力,医药制造企业盈利能力与价值链扩张之间存在着非线性关系。

6.3 计量模型与数据

6.3.1 基本模型建立

为了估计企业增长与盈利能力的相互影响,本章同时构建静态面板和动态面板计量模型,提高了计量结果的稳健性和可信性。在模型中,企业增长变量与盈利能力变量依次作为被解释变量纳入回归。借鉴 Coad(2007,2010)和 Lee(2014),本章在模型中引入企业资本结构、企业规模以及年份作为控制变量。式(6-1)、式(6-2)为静态面板估计模型,式(6-3)、式(6-4)为动态面板估计模型。与静态面板相比,动态面板估计模型在方程右边增加了被解释变量的滞后一期项。

(1) 静态面板:

$$G_{i,t} = \alpha_i + \beta_1 RS_{i,t-1} + \beta_2 RS_{i,t-2} + \beta_3 CONTROL_{i,t-1} + \varepsilon_{i,t} \quad (6\text{-}1)$$

$$RS_{i,t} = \alpha_i + \beta_1 G_{i,t-1} + \beta_2 G_{i,t-2} + \beta_3 CONTROL_{i,t-1} + \varepsilon_{i,t} \quad (6\text{-}2)$$

(2) 动态面板:

$$G_{i,t} = \alpha_i + \gamma_1 G_{i,t-1} + \beta_1 RS_{i,t-1} + \beta_2 RS_{i,t-2} \\ + \beta_3 CONTROL_{i,t-1} + \varepsilon_{i,t} \quad (6\text{-}3)$$

$$RS_{i,t} = \alpha_i + \gamma_1 RS_{i,t-1} + \beta_1 G_{i,t-1} + \beta_2 G_{i,t-2} \\ + \beta_3 CONTROL_{i,t-1} + \varepsilon_{i,t} \quad (6\text{-}4)$$

在上述方程中,G 为企业增长变量,RS 为盈利能力变量,i 为企业代码,t 为年份,α 为常数变量,β、γ 为系数,ε 为误差修正项。

CONTROL 是控制变量,包含资本结构、企业规模以及年份三个变量。在本章中,资本结构用资产负债率(D)进行衡量,企业规模选取总资产(Z)作为衡量指标,并对其进行对数化处理。资本结构反映了企业所面临的财务风险状况,规模代表了企业抵抗非系统风险的能力、综合实力。两者对企业增长和盈利能力都具有一定影响。另外,我们引入时间(T),可以控制宏观经济波动情况。

6.3.2 关键变量指标选取

参考 Coad(2010)和 Lee(2014)的做法,本章选取销售收入增长率($GS_{i,t}$)和职工人数增长率($GE_{i,t}$)作为企业增长衡量指标,选取销售净利率($RS_{i,t}$)作为盈利能力衡量指标,各指标计算方法如下:

$$GS_{i,t} = \frac{SALE_{i,t} - SALE_{i,t-1}}{SALE_{i,t-1}}$$

$$GE_{i,t} = \frac{EMPLOYEE_{i,t} - EMPLOYEE_{i,t-1}}{EMPLOYEE_{i,t-1}}$$

$$RS_{i,t} = \frac{NETINCOME_{i,t}}{SALE_{i,t}}$$

其中,$SALE_{i,t}$、$EMPLOYEE_{i,t}$ 分别为 i 企业在 t 年的产品销售收入、全部职工人数,$NETINCOME_{i,t}$ 是 i 企业在 t 年的净收入(即利润总额减去所得税)。各指标大小在不同行业间存在显著差别,因此对上述三个变量进行行业调整。调整方法即在原始数据基础上减去行业均值①。

$$HGS_{i,t} = GS_{i,t} - MGS_{i,t}$$

---

① 为避免各年份相应行业的组内样本量太少,本章采用两位数行业代码进行分类。另外,采用三位数行业代码时,结果无明显差别。

第6章　企业增长和盈利能力的相互影响：基于中国工业企业数据库的分析

$$HGE_{i,t} = GE_{i,t} - MGE_{i,t}$$
$$HRS_{i,t} = RS_{i,t} - MRS_{i,t}$$

$MGS_{i,t}$、$MGE_{i,t}$、$MRS_{i,t}$分别为i企业在t年时所属行业的平均销售收入增长率、平均职工人数增长率、平均销售净利率。$HGS_{i,t}$、$HGE_{i,t}$、$HRS_{i,t}$分别为行业调整后的销售收入增长率、职工人数增长率、销售净利率。在后文中将对行业调整后的数据进行回归。

6.3.3　数据来源及处理

本章数据源自中国工业企业库。数据处理主要涉及两个问题。第一，产业匹配。2002年前后国家统计局使用了两种产业分类标准①。参考杨汝岱和熊瑞祥(2011)的做法，将2003年之前的行业代码调整为新的行业代码。第二，指标异常值问题，譬如职工人数为零、实收资本为负。对此，本章将企业的首期报告数据②删除。同时，参照李玉红(2008)的方法对不合逻辑数值进行处理③。另外，计算所得的销售净利率和增长率存在部分极端值，但本章并没有进行处理。因为实证检验发现，极端值不会对计量结果产生显著影响。经过以上步骤，数据量由原始数据库的2 064 753减少到1 307 787，本章所用非平衡面板数据占工业库原始数据的63.3%④。

表6.1给出变量的描述性统计。其中，前三列为处理后数据计算所得指标的数量、均值和中值情况，后三列为原始数据计算所得指标的数量、均值和

---

① 两种行业分类标准在两位数行业上没有差异，在三位数行业上有一些差异，在四位数行业上有较大差异。
② 各企业数据的时间跨度不同，首期数据是相对于各个企业而言，并不一定是1998年数据。
③ 产品销售收入为负、职工人数小于8、负债为负、所得税为负的数据都被删除。
④ 运用原始数据进行回归的结果，与本章结果并无显著差别。然而，本章数据处理后的回归结果更为可信。

中值情况。从平均值来看,两类数据各指标情况无显著差异。从中值来看,关键变量(行业调整后的销售收入增长率、职工人数增长率和销售净利率)数值更趋近于0。我们认为,处理后数据极端值减少,更为平稳。

表6.1 描述性统计

	处理后数据			原始数据		
	观察值(1)	平均值(2)	中值(3)	观察值(1)	平均值(2)	中值(3)
HGS	897 636	$-7.67e-08$	-0.229	1 471 077	$1.12e-07$	-0.415
HGE	900 137	$2.10e-10$	-0.096	1 476 552	$-4.89e-10$	-0.120
HRS	1 301 113	$3.97e-10$	0.042	2 027 377	$3.64e-10$	0.059
D	1 305 746	0.593	0.597	2 036 241	0.599	0.603
lnZ	1 307 776	9.849	9.684	2 041 076	9.673	9.521

6.4 基本计量结果与解释

6.4.1 估计方法

本章静态面板估计方法为固定效应、随机效应模型。首先,通过Hausman检验对固定效应模型和随机效应模型进行识别。检验结果发现P值都接近于0,说明在统计上拒绝随机效应模型。同时,固定效应模型可以控制未观测到的企业异质性问题。因此,我们选择固定效应模型,估计结果展示在表6.2中。

本章动态面板估计方法采用Arellano和Bond(1991)发展的GMM方法。该方法在控制未观察到的个体固定效应、克服内生性问题、处理扁平型面板数据上更具优势。另外,为判断GMM估计是否有效,需要进行两个检验:一是通过Hansen过度识别约束检验判断所有工具变量是否有效;二是对一阶差分方程中随机误差项的序列相关进行检验。

6.4.2 基本结果

静态面板模型与动态面板模型的估计结果展示在表6.2中。前四列为固定效应模型回归结果，后四列为GMM估计回归结果。

首先，对静态面板模型回归结果进行分析。第（1）列结果表明，滞后一期销售净利率对销售收入增长率影响显著为正，滞后二期销售净利率对销售收入增长率影响为正但不显著。第（2）列结果表明，滞后一期销售净利率对职工人数增长率影响显著为正，滞后二期销售净利率对职工人数增长率影响为正但不显著。第（3）列结果表明，滞后一期和滞后二期销售收入增长率对销售净利率的影响都显著为负。第（4）列结果表明，滞后一期和滞后二期的职工人数增长率对销售净利率的影响都为负但是不显著。

就控制变量而言，资产负债率除了对职工人数增长率的影响显著为负外，对其他被解释变量的影响都不显著；公司规模对销售收入增长率和职工人数增长率具有显著负向影响，但是对销售净利率影响并不显著。

接下来，动态面板GMM估计结果分析如下。首先，Hansen检验结果表明不能拒绝工具变量有效的假设。残差序列相关性检验表明，差分之后不存在二阶序列相关，因此原模型的误差项不存在序列相关性。因此，本章GMM估计是有效的。第（5）列结果表明，滞后一期销售净利率对销售收入增长率影响显著为正，滞后二期销售净利率对销售收入增长率影响为负但不显著。第（6）列结果表明，滞后一期和滞后二期销售净利率对职工人数增长率影响都显著为正。第（7）列结果表明，滞后一期和滞后二期的销售收入增长率对销售净利率的影响都显著为负。第（8）列结果表明，滞后一期和滞后二期的职工人数增长率对销售净利率的影响都为负但是不显著。

控制变量的影响同静态面板估计结果中类似：资产负债率对职工人数增长率影响显著为负，对其他变量影响不显著；公司规模对增长率变量具有显

表 6.2 静态面板与动态面板估计结果

	FE				GMM			
	HGS(1)	HGE(2)	HRS(3)	HRS(4)	HGS(5)	HGE(6)	HRS(7)	HRS(8)
L.HRS	66.19*** (0.333)	0.004 05*** (4.72e−05)			65.80*** (1.151)	0.004 06*** (9.28e−05)	−0.099 1*** (0.007 92)	−0.083*** (0.020 5)
L2.HRS	0.053 4 (0.110)	1.13e−05 (1.94e−05)			−46.34 (88.99)	0.000 346*** (9.71e−05)		
L.HGS			−0.001 60*** (4.21e−05)		0.695 (1.337)		−0.000 65*** (6.64e−05)	
L2.HGS			−0.001 60*** (4.21e−05)				−0.000 65*** (6.63e−05)	
L.HGE				−1.369 (1.240)		−0.082 4*** (0.022 2)		−1.195 (1.164)
L2.HGE				−0.643 (0.552)				−0.772 (0.779)
L.D	1.731 (8.786)	−0.084 3*** (0.019 1)	−0.647 (0.627)	−0.804 (0.606)	−23.26 (17.77)	−0.098 8*** (0.027 2)	0.024 8 (0.118)	0.097 0 (0.136)

第6章 企业增长和盈利能力的相互影响：基于中国工业企业数据库的分析

（续表）

	FE				GMM			
	HGS(1)	HGE(2)	HRS(3)	HRS(4)	HGS(5)	HGE(6)	HRS(7)	HRS(8)
L.lnZ	−8.46***	−0.215***	0.277	0.743	−15.46**	−0.327***	0.132	0.444
	(2.602)	(0.0121)	(0.209)	(0.484)	(6.206)	(0.0204)	(0.0939)	(0.399)
Constant	68.75***	2.206***	−1.817	−6.310				
	(24.55)	(0.120)	(1.402)	(4.054)				
R^2	0.992	0.135	0.001	0.001				
AR(1)					0.395	0.000	0.303	0.089
AR(2)					0.489	0.309	0.252	0.302
Hansen					0.998	1.000	0.963	0.957
Obs	599 213	599 121	368 744	369 283	331 386	331 386	228 036	228 359
i	227 524	227 508	139 838	139 968	102 919	102 919	102 515	102 639

注：所有模型都引入时间趋势变量；括号内为稳健标准差；
*、**、***分别表示在10%、5%和1%的水平上显著；
L.表示滞后一期，L2.表示滞后二期（下表同）。

著负向影响,但是对销售净利率无显著影响。

对比静态面板与动态面板回归结果,我们发现两者结果基本一致。企业销售净利率的提高会促进增长率指标的提高,然而增长率指标的提高对销售净利率影响为负。换而言之,企业盈利能力的提高会推动企业增长,但是企业增长的加快会降低其盈利能力。

关于盈利能力对企业增长的正向影响,该结果与 Cowling(2004)、Goddard et al.(2004)、Jang 和 Park(2011)相一致,可以用适者生存以及次序融资理论等进行解释。以次序融资理论为例:由于信息不对称,在选择融资方式时企业偏好内源资金。盈利能力的增强可以促进内源资金的积累,进而有利于企业增长。

另外,盈利能力对企业增长的促进作用也反映了中国企业以及市场环境的特殊性。一方面,中国企业普遍有做大的"规模情结",认为大即是强。不论在国内市场还是国际市场,通过兼收并购实现企业扩张都非常盛行。另一方面,中国市场信用体系并不完善,合同执行和监督力度不足。在一个信用制度不健全的国家,企业倾向于自己包揽原材料、生产、销售、物流等各个环节。此外,银行和政府机构也比较偏好大企业,并在借贷、审批等办事流程上予以便利,因为"规模以上"则意味着充裕的固定资产抵押和高额的税收保证。

关于企业增长率的提高会降低其盈利能力,这一结果与 Goddard et al.(2004)、Jang 和 Park(2011)一致,可以解释为以下几点:第一,企业为占据更多的市场份额需要实施一定的竞争策略,譬如价格战。这种策略会在短期内直接降低企业利润率。第二,企业增长过快使管理复杂程度增加,对经理人管理能力提出更高的要求。在管理不当情况下,企业财务风险随之而来,盈利能力进而下降。第三,企业管理中存在委托代理问题。对部分经理人而言,个人利益优于企业利益,短期利益优于长远利益。为了迅速扩大企业规模以提升个人经营业绩,他们会投资于高风险、低收益率甚至亏损的项目。

6.5 进一步检验

接下来,我们对三个问题进行检验:第一,如果数据由非平衡面板转化为平衡面板,结果是否改变;第二,企业增长与盈利能力之间是否存在非线性关系;第三,把总体样本按照不同标准划分为子样本,子样本企业增长与盈利能力的关系是否存在差异。需要说明的是:第一,在下文中,我们只分析关键解释变量的影响,不再对控制变量回归结果做出说明;第二,由于 GMM 与固定效应模型估计结果一致,除了在平衡面板部分同时报告 FE 与 GMM 估计结果外,之后我们只展示固定效应模型估计结果。

6.5.1 平衡面板

使用非平衡面板可以保证样本数量和数据完整性,但是忽略了新企业进入和旧企业退出问题。对此,本章构造平衡面板数据并进行回归。我们将存在数据缺失的样本企业删除,保留有 1999—2007 年的完整数据的样本企业,总计大概 3.8 万家。平衡面板回归结果展示在表 6.3 中。

前 4 列是固定效应模型回归结果。第(1)列结果表明,滞后一期的销售净利率对销售收入增长率影响显著为正,滞后二期的销售净利率影响显著为负,但是销售净利率对销售收入增长率的影响总体为正。第(2)列结果表明,滞后一期的销售净利率对职工人数增长率影响显著为正,滞后二期销售净利率的影响为负但不显著。第(3)、第(4)列结果表明,滞后期的增长率指标对销售净利率的影响总体显著为负。

后 4 列为 GMM 估计回归结果。首先,Hansen 检验结果表明不能拒绝工具变量有效的假设。残差序列相关性检验表明,差分之后不存在二阶序列相关,原模型的误差项不存在序列相关性。因此,平衡面板 GMM 估计是有

表 6.3 平衡面板数据回归结果

	FE				GMM			
	HGS(1)	HGE(2)	HRS(3)	HRS(4)	HGS(5)	HGE(6)	HRS(7)	HRS(8)
L.HRS	34.56*** (0.129)	0.006 4*** (0.000 311)			114.6*** (36.53)	0.018 5*** (0.005 97)	−0.098 2*** (0.009 58)	−0.076 1** (0.031 4)
L2.HRS	−2.579*** (0.142)	−0.000 469 (0.000 341)			98.84*** (34.03)	0.009 45*** (0.002 91)		
L.HGS			−0.001 2*** (2.9e−05)		−0.754*** (0.121)		−0.000 479* (0.000 25)	
L2.HGS			−0.001 2*** (2.9e−05)				−0.000 48** (0.000 25)	
L.HGE				−0.066 7*** (0.025 6)		−0.004 44 (0.003 34)		−0.010 8 (0.013 4)
L2.HGE				−0.003 44 (0.008 20)				0.000 573 (0.000 72)
L.D	−3.482 (4.763)	−0.007 34 (0.011 5)	−0.058 9 (0.087 0)	−0.226 (0.163)	−3.180 (6.015)	−0.008 12 (0.024 7)	0.046 3 (0.084 8)	0.056 8 (0.086 0)

第6章 企业增长和盈利能力的相互影响：基于中国工业企业数据库的分析

(续表)

	FE				GMM			
	HGS(1)	HGE(2)	HRS(3)	HRS(4)	HGS(5)	HGE(6)	HRS(7)	HRS(8)
L.lnZ	−4.748*	−0.165***	0.168***	0.336***	−24.96*	−0.362***	0.163*	0.112*
	(2.491)	(0.006 0)	(0.048 1)	(0.090 3)	(14.66)	(0.035 7)	(0.096 7)	(0.059 3)
Constant	50.44*	1.681***	−1.666***	−3.303***				
	(25.78)	(0.062 1)	(0.502)	(0.941)				
R^2	0.216	0.004	0.013	0.000				
AR(1)					0.000	0.309	0.000	0.102
AR(2)					0.187	0.465	0.311	0.343
Hansen					0.999	0.987	1.000	0.953
Obs	304 726	304 726	266 358	266 698	266 452	266 415	228 072	228 355
i	38 172	38 172	38 169	38 173	38 171	38 171	38 150	38 164

效的。第(5)、第(6)列引入了滞后期增长率指标,观察发现,滞后一期、二期的销售净利率对增长率指标都有显著正向影响。第(7)、第(8)列引入滞后期盈利能力指标,观察发现,销售收入增长率对销售净利率有显著负向影响,职工人数增长率对销售净利率的影响为负但不显著。

综上,平衡面板数据回归结果与基本回归保持一致,盈利能力的提高会促进企业增长,但是企业增长的加快会降低其盈利能力。因此,进入退出问题没有对结果产生显著影响,基本回归结果是稳健可信的。

6.5.2 非线性关系

第 2 节对相关文献的介绍表明,盈利能力对企业增长的影响并不确定。在不同机制下,盈利能力的增强可能会推动企业增长,也可能产生阻碍作用。企业增长对盈利能力的影响亦是如此。可能的情况是:在增长率比较低时,企业增长会提高其盈利能力;随着增长率的不断提高直至超过临界点,过快增长使得管理资源紧张,诱发财务危机,导致盈利能力下降。综上,盈利能力与企业增长之间可能存在非线性关系。下面,我们分别构造二次函数和分段函数模型,以此来检验两者之间是否存在非线性关系。

6.5.2.1 二次函数模型

在静态面板模型基础上,本章引入滞后一期解释变量的二次方项。为避免方程右边出现过多解释变量,我们去掉滞后二期项。模型构造如下:

$$G_{i,t} = \alpha_i + \beta_1 RS_{i,t-1} + \beta_2 RS_{i,t-1}^2 + \beta_3 CONTROL_{i,t-1} + \varepsilon_{i,t} \quad (6-5)$$

$$RS_{i,t} = \alpha_i + \beta_1 G_{i,t-1} + \beta_2 G_{i,t-1}^2 + \beta_3 CONTROL_{i,t-1} + \varepsilon_{i,t} \quad (6-6)$$

在回归结果中,如果二次项系数是显著的,就不能拒绝 U 型非线性关系存在的可能性。回归结果展示在表 6.4 中。

首先,一次项解释变量系数都显著,并且符号与基本回归结果保持一致。其次,二次项系数也都显著,说明盈利能力与企业增长之间确实存在"U"形非线性关系。需要注意的是,二次项的系数相比一次项系数数值较小,说明这种"U"形拟合曲线形态比较平滑。二次项的纳入并不会对两者关系的总体走势产生显著影响。盈利能力对企业增长起推动作用、企业增长会降低盈利能力的相互影响关系保持不变。

表6.4　二次函数回归结果

	HGS(1)	HGE(2)	HRS(3)	HRS(4)
$L.HRS$	15.35*** (0.054 2)	0.002 31*** (0.000 129)		
$L.HRS^2$	0.000 786*** (8.41e−07)	2.66e−08*** (2.00e−09)		
$L.HGS$			−0.001 16*** (0.000 147)	
$L.HGS^2$			2.68e−10*** (0)	
$L.HGE$				−0.968*** (0.091 6)
$L.HGE^2$				0.004 85*** (0.000 808)
$L.D$	−2.154 (2.590)	−0.053 3*** (0.006 17)	−0.547 (0.407)	−0.674 (0.423)
$L.\ln Z$	−5.986*** (1.319)	−0.210*** (0.003 14)	0.210 (0.201)	0.478** (0.209)
Constant	56.70*** (12.90)	2.114*** (0.030 7)	−1.272 (1.997)	−3.673* (2.076)
R^2	0.994	0.099	0.000	0.000
Obs	897 592	897 592	597 892	598 377
i	292 222	292 222	227 027	227 160

6.5.2.2 分段函数模型

在静态面板模型基础上,本章引入分段函数项。为避免在方程右边出现太多解释变量,我们删掉滞后二期项。模型如下:

$$G_{i,t} = \alpha_i + \beta_1 RS_{i,t-1} + \beta_2 RS_{i,t-1}^m + \beta_3 CONTROL_{i,t-1} + \varepsilon_{i,t} \quad (6\text{-}7)$$

$$RS_{i,t} = \alpha_i + \beta_1 G_{i,t-1} + \beta_2 G_{i,t-1}^m + \beta_3 CONTROL_{i,t-1} + \varepsilon_{i,t} \quad (6\text{-}8)$$

其中,分段函数项 $RS_{i,t-1}^m$ 和 $G_{i,t-1}^m$ 设定如下:

$$RS_{i,t-1}^m = (RS_{i,t-1} - RM_{t-1})F \qquad F = \begin{cases} 0 & if \quad RS_{i,t-1} < RM_{t-1} \\ 1 & if \quad RS_{i,t-1} > RM_{t-1} \end{cases}$$

$$G_{i,t-1}^m = (G_{i,t-1} - GM_{t-1})F \qquad F = \begin{cases} 0 & if \quad G_{i,t-1} < GM_{t-1} \\ 1 & if \quad G_{i,t-1} > GM_{t-1} \end{cases}$$

在上式中,RM_{t-1} 为该年份企业 i 所属行业销售净利率均值,GM_{t-1} 为该年份企业 i 所属行业增长率均值。

以式(6-7)为例,当企业盈利能力 RS 小于行业均值 RM 时,F 等于零,分段函数项 $RS_{i,t-1}^m$ 为零;当企业盈利能力 RS 大于行业均值时,F 等于1,分段函数项不为零,盈利能力 $RS_{i,t-1}$ 对 $G_{i,t}$ 的影响系数就会从 β1 变为 β1 + β2。我们所关注的是,β2 是否显著以及 $RS_{i,t-1}$ 对 $G_{i,t}$ 的影响系数是否改变符号。如果 β2 显著,就不能拒绝拟合曲线为分段函数的可能性。该曲线在行业均值处发生弯折,即盈利能力对企业增长的影响是非线性的。如果 β1 变为 β1 + β2 时改变符号,那么回归曲线形状为"V"形或倒"V"形,即盈利能力对企业增长的影响并不是单调为正或单调为负,而是在临界点处改变总体走势。同理可得对于式(6-8)的解释。

回归结果如表6.5所示。首先,观察滞后一期解释变量的系数。第(1)、(2)列中,销售净利率对增长率指标的影响都显著为正。第(3)列中,销售收入增长率对销售净利率影响显著为负。第(4)列中,职工人数增长率对销售净利率影响为负但不显著。以上结果与基本回归无明显差异。

表6.5 分段函数回归结果

	$HGS(1)$	$HGE(2)$	$HRS(3)$	$HRS(4)$
$L.HRS$	66.22***	0.00241***		
	(0.177)	(0.000342)		
$L.HRS^m$	0.0803	0.00165***		
	(0.177)	(0.000342)		
$L.HGS$			−0.000552***	
			(8.84e−05)	
$L.HGS^m$			−0.000313***	
			(5.28e−05)	
$L.HGE$				−0.0490
				(0.113)
$L.HGE^m$				0.0326
				(0.113)
$L.D$	−0.256	−0.0594***	0.0870	0.0370
	(4.652)	(0.00898)	(0.0582)	(0.0568)
$L.lnZ$	−6.679***	−0.225***	−0.0541**	−0.0483**
	(2.320)	(0.00448)	(0.0255)	(0.0236)
$Constant$	47.23**	2.284***	0.616**	0.552**
	(22.62)	(0.0436)	(0.247)	(0.229)
R^2	0.994	0.157	0.006	0.004
Obs	537081	537081	179899	161976
i	216463	216463	120632	111204

接下来,对分段函数项的影响进行分析。第(1)列中,HRS^m项系数为正但不显著,不能判定是否存在非线性关系。第(2)列中,HRS^m项系数显著为正,即$RS_{i,t-1}$对$G_{i,t}$的影响可能是非线性的。该项系数与销售净利率滞后一期项系数的符号相同,因此销售净利率对职工人数增长率的影响始终为正。

从第(3)列来看,HGS^m项系数显著为负,符号与滞后一期项相同,说明销售收入增长率对销售净利率影响始终为负。第(4)列中,HGE^m项系数为正但不显著,不能判定是否存在非线性关系。

在上文中,我们构造二次函数和分段函数模型,结果表明不能拒绝企业增长与盈利能力之间存在非线性关系的可能性。然而对结果进一步分析,我们发现二次项和分段函数项的纳入都不会改变两者相互影响关系的总体走向。换而言之,盈利能力对企业增长的影响始终为正,企业增长对盈利能力的影响始终为负,与基本回归所得结论保持一致。

6.5.3 子样本选取

在这一部分,我们根据企业特征和所属地区标准将总体企业样本划分为子样本,然后对子样本分别进行回归,以此来检验盈利能力与企业增长的相互关系在不同特征企业之间是否具有差异性。

6.5.3.1 从企业特征层面划分

企业特征划分标准有三个:开业时间、所受融资约束和所有制类型。

(1) 开业时间。Lee(2014)研究韩国企业发现,不论是老企业还是新企业,盈利能力对企业成长的影响都显著为负;然而只有在老企业中,企业增长才表现出对盈利能力的显著促进作用,在新企业中这种影响并不显著。按照这一思路,本章试图探究中国老企业和新企业盈利能力与企业增长的关系。

首先,根据工业企业数据库中的开业时间,对老企业与新企业进行划分。观察发现,开业时间数据存在记录错误、同一企业开业年份前后不一致、缺失等问题。本章所做处理是删除缺失数据、对开业年份取众数。另外,本章以1992年为分割点,把之后成立的企业视为新企业,1992年以及之前成立的企业视为老企业。这样既考虑到样本数量前后协调,也考虑到这一年对于中国经济发展的重要意义。通常,我们把1992年确立为市场经济元年。1993年,我国提出转换国有企业经营机制,建立现代企业制度。1994年,中共中央开

第6章 企业增长和盈利能力的相互影响：基于中国工业企业数据库的分析

始推动包括金融体制改革在内的各个领域的改革。因此，1992年对于中国工业企业乃至整体经济都是具有重要影响的一年。老企业和新企业回归结果如表6.6所示。

前4列为老企业回归结果。第(1)列结果表明，滞后一期、二期销售净利率对企业销售收入增长率的影响都显著为正。第(2)列结果表明，滞后期销售净利率对企业职工数量增长率都无显著影响。第(3)列结果表明，滞后期销售收入增长率对销售净利率影响都不显著。第(4)列结果表明，滞后期职工数量增长率对销售净利率影响都显著为负。

后4列为新企业回归结果。第(5)列结果表明，新企业滞后一期、二期销售净利率对企业销售收入增长率影响都显著为正。第(6)列结果表明，滞后一期销售净利率对企业职工人数增长率影响显著为正，滞后二期销售净利率的影响不显著。第(7)、第(8)列结果表明，新企业增长率变量对销售净利率影响都显著为负。

对比第(1)、第(2)、第(5)、第(6)列，总体来看，后两列中滞后期销售净利率的系数值比较大、显著性更强，即盈利能力对企业增长的促进作用在新企业中表现得更为显著。这可能是因为：老企业存在时间长、根基稳，相对新企业而言实力更加雄厚、渠道网络更加完善、抗风险能力更强，企业增长并不受制于短期内盈利状况的好坏；另一方面，新企业成立时间短、根基薄弱，在实力、渠道、抗风险能力上都有差距，面临较强的外部融资约束，其增长更加依赖于内部资金积累。

观察第(3)、第(4)、第(7)、第(8)列发现，企业增长对盈利能力的降低作用在新企业中表现得更加明显。这可能是因为，新企业一方面自身实力弱、管理经验不足、抵御风险能力较差，另一方面外部融资约束大、渠道窄。企业增长会占据较多的管理资源，财务风险出现的可能性更大。

(2) 融资约束。资本是企业不可或缺的生产要素，融资约束则是企业发展的重要障碍。作为转型经济国家，我国市场体系仍不完善、金融市场并未健全，企业普遍面临融资约束问题。本章试图研究面临不同融资约束的企

表 6.6 老企业与新企业回归结果

	老企业（≤1992）				新企业（>1992）			
	HGS(1)	HGE(2)	HRS(3)	HRS(4)	HGS(5)	HGE(6)	HRS(7)	HRS(8)
L.HRS	1.973*** (0.042 6)	-0.000 313 (0.000 26)			66.53*** (0.009 22)	0.004 07*** (2.0e-05)		
L2.HRS	0.613*** (0.045 4)	-0.000 332 (0.000 28)			0.078 0*** (0.009 22)	1.44e-05 (2.0e-05)		
L.HGS			-0.002 59 (0.001 83)				-0.001 6*** (1.3e-05)	
L2.HGS			-0.002 39 (0.001 86)				-0.001 6*** (1.3e-05)	
L.HGE				-3.921*** (0.379)				-0.261*** (0.016 0)
L2.HGE				-1.182*** (0.366)				-0.213*** (0.014 9)
L.D	2.155 (2.010)	-0.080 2*** (0.012 5)	-1.448 (1.492)	-1.528 (1.544)	-12.77** (5.577)	-0.092 1*** (0.012 3)	0.217** (0.092 9)	0.163* (0.097 4)

第6章　企业增长和盈利能力的相互影响：基于中国工业企业数据库的分析

（续表）

	老企业（≤1992）				新企业（>1992）			
	HGS(1)	HGE(2)	HRS(3)	HRS(4)	HGS(5)	HGE(6)	HRS(7)	HRS(8)
L.lnZ	−10.26***	−0.171***	0.586	1.808*	−5.100**	−0.234***	0.025 0	0.071 1
	(1.186)	(0.007 37)	(0.919)	(0.952)	(2.513)	(0.005 56)	(0.042 8)	(0.044 9)
Constant	106.8***	1.771***	−4.506	−17.04*	43.20*	2.391***	−0.065 7	−0.523
	(12.18)	(0.075 7)	(9.553)	(9.891)	(24.57)	(0.054 4)	(0.426)	(0.448)
R^2	0.038	0.005	0.000	0.001	0.997	0.197	0.096	0.003
Obs	183 915	183 915	128 644	128 948	391 872	391 872	223 732	223 931
i	53 943	53 943	41 271	41 354	166 942	166 942	92 782	92 816

业,其盈利能力与企业增长的关系是否存在差异。

企业的融资结构是内源融资与外源融资的结合。因此,本章将从内源融资约束和外源融资约束两方面来度量企业的融资约束问题。参考孙灵燕(2011)的做法,内源融资约束衡量指标为现金流,外源融资约束用利息支付除以固定资产来度量。现金流等于销售收入减去中间品投入成本再扣除税收额。现金流数值越大,说明企业的内源融资约束越低。当企业现金流小于该年份所属行业均值时,我们认为企业面临较高的内源融资约束,反之则受到较低的内源融资约束。类似地,利息支付除以固定资产的比值越大,说明企业的外源融资约束越低。当比值小于该年份企业所属行业均值时,我们认为企业在该年份面临较高的外源融资约束,反之则受到较低的外源融资约束。

依据企业的内源融资约束和外源融资约束程度,我们区分出三种类型企业:低度融资约束的企业、中度融资约束的企业以及高度融资约束的企业①。由于前两种类型的企业回归结果大体相同,本章在表6.7中只列出了低度与高度融资约束企业的估计结果并对其加以比较。前四列是面临低度融资约束企业的回归结果,后四列是面临高度融资约束企业的回归结果。

在第(1)(2)(5)(6)列中,销售净利率对企业增长率指标总体而言具有显著正向影响,即盈利能力的提高可以推动企业增长。同时,从解释变量系数的大小和显著性水平来看,在低度融资约束企业,盈利能力的增强对企业增长的作用更为显著。这可能是因为,在低度融资约束下,盈利能力的提高更能转化为融资能力的增强,促进投资和企业扩张。

对比第(3)(4)(7)(8)列看出,增长率指标对销售净利率的负向影响在低度融资约束企业中更加显著。这一结果与王彦超(2008)[29]的研究类似。本章给出的解释是:企业在受到较低的融资约束时,投资审慎度往往不足,更有

---

① 低度融资约束企业同时面临较低的内源和外源融资约束,高度融资约束企业同时面临较高的内源和外源融资约束,中度融资约束企业只面临较高的内源或外源融资约束。

表 6.7　低度融资约束与高度融资约束企业回归结果

	低度融资约束				高度融资约束			
	HGS(1)	HGE(2)	HRS(3)	HRS(4)	HGS(5)	HGE(6)	HRS(7)	HRS(8)
L.HRS	150.8*** (8.999)	0.028 2*** (0.001 99)			32.58*** (7.656)	0.002 47** (0.001 24)		
L2.HRS	22.74*** (2.718)	0.003 86*** (0.001 42)			−1.906* (1.145)	−0.000 945 (0.000 866)		
L.HGS			−0.002 4*** (0.000 33)				−0.004 44 (0.002 8)	
L2.HGS			−0.001 63** (0.000 79)				−0.003 4** (0.001 7)	
L.HGE				−0.007 24** (0.003 50)				−12.93 (13.20)
L2.HGE				−0.005 56 (0.004 38)				−6.413 (6.730)
L.D	2.922 (4.758)	−0.089 3*** (0.031 3)	−0.074 5* (0.038 8)	−0.096 8** (0.039 6)	5.905** (2.466)	−0.074 1** (0.032 9)	−0.856 (0.859)	0.689 (1.737)

(续表)

	低度融资约束				高度融资约束			
	HGS(1)	HGE(2)	HRS(3)	HRS(4)	HGS(5)	HGE(6)	HRS(7)	HRS(8)
L.lnZ	−2.349 (3.517)	−0.325*** (0.023 6)	−0.044 9*** (0.015 3)	−0.058 9*** (0.016 0)	−5.932*** (1.602)	−0.101*** (0.015 4)	0.405 (0.314)	1.771 (1.684)
Constant	−20.13 (37.82)	3.456*** (0.247)	0.819*** (0.165)	0.891*** (0.170)	48.85*** (15.20)	0.983*** (0.150)	−2.208 (1.400)	−15.47 (14.60)
R^2	0.948	0.041	0.053	0.009	0.459	0.003	0.000	0.005
Obs	193 173	193 173	127 334	127 377	124 518	124 518	70 830	70 919
i	92 589	92 589	62 325	62 341	75 605	75 605	42 747	42 782

第6章 企业增长和盈利能力的相互影响:基于中国工业企业数据库的分析

可能过度投资或投资于高风险项目;企业面临较高的融资约束时,其投资行为更加谨慎,过度投资倾向不明显,增长率的提高对企业盈利能力影响相对较小。

(3) 所有制。企业所有制是中国特有的经济现象。通常企业可以划分为国有、集体所有、私营、联营、股份制、涉外经济等多种类型。不同类型的企业在资本结构、管理模式、企业绩效等方面存在较大差别。本章将以国有企业和私营企业为例,探讨不同所有制企业其盈利能力与企业增长的关系是否存在差别。

首先,我们需要从工业企业数据库中区分出国有企业和私营企业。参考余明桂(2010)和白重恩等(2006)的做法,本章用两种办法来判断企业的所有制类别:一是企业注册类型,二是企业的资本金结构。国有企业的判断标准是:如果注册为国有企业则直接记为国有企业;在其他企业中,如果国家资本金占实收资本的比例超过50%也记为国有企业。私有企业的判断标准是:如果注册为私有企业则直接记为私有企业;在其他企业中,如果个人资本金占实收资本的比例超过50%亦记为私有企业。由于本章数据为非平衡面板,各个回归对应的企业数量都不同。总的来看,国有企业数量大约是私营企业的四分之一。回归结果如表6.8所示。

前四列为国有企业回归结果。从前四列来看,关键解释变量系数都在1%的水平上显著,并且符号与基本回归结果保持一致。其含义是:在国有企业,盈利能力的提高可以显著推动企业增长、企业增长会显著降低其盈利能力。

后四列为私有企业回归结果。在第(5)列中,销售净利率系数显著为正,说明私有企业销售净利率的提高可以显著推动销售收入增长率的提高。在第(7)列中,解释变量系数显著为负,表明销售收入增长率的提高会显著降低销售净利率。第(6)、第(8)列中解释变量系数不显著。说明在私有企业中,销售净利率与职工人数增长率之间不存在显著影响关系。这可能是因为私有企业往往通过多种途径(譬如控制正式员工数量、招募实习生)降低或控制

表6.8 国有企业和私有企业回归结果

	国 有				私 有			
	HGS(1)	HGE(2)	HRS(3)	HRS(4)	HGS(5)	HGE(6)	HRS(7)	HRS(8)
L.HRS	36.35*** (0.324)	0.006 66*** (0.000 257)			58.96*** (0.092 4)	0.001 66 (0.001 30)		
L2.HRS	11.69*** (0.343)	0.001 62*** (0.000 272)			−0.614*** (0.087 5)	−0.000 868 (0.001 24)		
L.HGS			−0.001 5*** (0.000 49)				−0.003 4*** (8.3e−05)	−0.011 5 (0.013 0)
L2.HGS			−0.001 5*** (0.000 49)				−0.003 5*** (8.6e−05)	−0.001 13 (0.011 8)
L.HGE				−8.431*** (0.896)				
L2.HGE				−4.822*** (0.872)				
L.D	−50.18* (30.25)	−0.103*** (0.023 9)	−3.358 (4.540)	−3.413 (4.668)	4.075*** (0.948)	−0.050 8*** (0.013 4)	−0.056 6 (0.063 7)	−0.084 2 (0.064 7)

第6章　企业增长和盈利能力的相互影响：基于中国工业企业数据库的分析

（续表）

	国有				私有			
	HGS(1)	HGE(2)	HRS(3)	HRS(4)	HGS(5)	HGE(6)	HRS(7)	HRS(8)
L.lnZ	−35.39*	−0.184***	2.131	6.131**	−2.131***	−0.224***	0.002 43	0.006 48
	(19.48)	(0.015 4)	(3.015)	(3.101)	(0.414)	(0.005 85)	(0.029 3)	(0.029 8)
Constant	400.8*	1.965***	−19.53	−62.05*	8.861**	2.169***	0.304	0.214
	(206.6)	(0.164)	(32.37)	(33.30)	(3.929)	(0.055 5)	(0.284)	(0.289)
R^2	0.213	0.019	0.001	0.003	0.791	0.014	0.035	0.004
Obs	74 330	74 330	49 408	49 663	232 882	232 882	138 227	138 304
i	26 617	26 617	19 140	19 220	113 062	113 062	66 374	66 399

人力成本以增加效益。盈利能力提高时,私有企业也倾向于控制员工规模。相比之下,国有企业存在机构冗杂、人力资源配置低效的问题。

6.5.3.2 从企业所属地区层面划分

对企业所属地区划分层面的标准有两个:一是地理位置和经济发达程度,二是市场化程度。根据地理位置、经济发达程度的不同,中国通常被划分成东部、中部和西部三大区域。本章将中部、西部地区的数据合并,统称为中西部地区。相比之下,东部地区具有地理位置优越、基础设施完善、人力资源丰沛等优势,是中国工业企业的重心所在。同时,东部是国家政策改革的重点,该地区省市的市场化程度相对较高。由此来看,两种地区划分方式既有区别又有联系。

(1)东部企业和中西部企业。东部地区包含北京、天津、山东、辽宁、江苏、上海、广东、福建、海南、河北、浙江等11个省市,其余省市都划入中西部地区。回归结果如表6.9所示。表中前四列为东部地区回归结果,后四列为中西部地区回归结果。

观察第(1)、第(2)、第(5)、第(6)列发现,不论是东部还是中西部地区,企业销售净利率的上涨对增长率指标的提高总体表现为显著促进作用,即盈利能力的提高会推动企业的增长。同时,在中西部地区,盈利能力对企业增长的促进作用更为显著。这一点可以解释为:一方面,中西部企业在实力、渠道、抗风险能力上与东部企业相比都有差距,面临较强外源融资约束,增长更加依赖于内源资金积累;另一方面,中西部市场竞争程度弱,企业得到较多的政府支持,发展空间大、阻力小,盈利可迅速转化为扩张。

从第(3)、第(7)列可以看出,滞后期销售收入增长率对销售净利率都有显著负向影响。以上结果与基本回归一致。第(4)列结果表明,东部地区职工人数增长率对销售净利率的影响不显著。第(8)列结果表明,中西部地区职工人数增长率的提高会显著降低销售净利率。这一结果与基本回归并不冲突。因为东部地区企业数量众多,所以总样本回归时职工人数增长率对销售净利率的影响表现为不显著。

第6章　企业增长和盈利能力的相互影响：基于中国工业企业数据库的分析

表 6.9　东部企业和中西部企业回归结果

	东　部				中　西　部			
	HGS(1)	HGE(2)	HRS(3)	HRS(4)	HGS(5)	HGE(6)	HRS(7)	HRS(8)
L.HRS	66.04*** (0.011 1)	0.004 01*** (1.8e−05)			143.9*** (0.134)	0.025 5*** (0.000 53)		
L2.HRS	0.000 494 (0.011 1)	−2.66e−06 (1.8e−05)			0.625*** (0.134)	−0.000 237 (0.000 53)		
L.HGS			−0.002 0*** (8.8e−05)				−0.001 6*** (0.000 32)	
L2.HGS			−0.002 0*** (8.8e−05)				−0.001 6*** (0.000 32)	
L.HGE				0.042 2 (0.053 8)				−4.318*** (0.401)
L2.HGE				0.032 9 (0.049 7)				−2.338*** (0.391)
L.D	12.87** (6.232)	−0.050 9*** (0.010 1)	−0.181** (0.086 3)	−0.584** (0.298)	5.989 (4.071)	−0.130*** (0.016 1)	−1.250 (1.820)	−0.828 (1.809)

(续表)

	东 部				中 西 部			
	HGS(1)	HGE(2)	HRS(3)	HRS(4)	HGS(5)	HGE(6)	HRS(7)	HRS(8)
L.lnZ	−7.917***	−0.208***	0.049 9	0.392***	−3.205	−0.227***	0.687	1.644
	(2.900)	(0.004 68)	(0.041 6)	(0.144)	(2.221)	(0.008 77)	(1.044)	(1.039)
Constant	56.22*	2.116***	−0.067 1	−3.289**	−3.255	2.341***	−5.112	−14.80
	(28.74)	(0.046 4)	(0.420)	(1.454)	(22.29)	(0.088 0)	(10.68)	(10.62)
R^2	0.994	0.209	0.004	0.000	0.914	0.028	0.001	0.002
Obs	424 393	424 393	258 957	259 221	174 728	174 728	109 787	110 062
i	163 683	163 683	98 823	98 877	63 836	63 836	41 022	41 098

第6章 企业增长和盈利能力的相互影响：基于中国工业企业数据库的分析

表6.10 高市场化地区和低市场化地区企业回归结果

	高市场化地区				低市场化地区			
	HGS(1)	HGE(2)	HRS(3)	HRS(4)	HGS(5)	HGE(6)	HRS(7)	HRS(8)
L.HRS	2.283*** (0.031 4)	-9.6e-06 (0.000 228)			94.69*** (30.70)	0.017 6*** (0.005 81)		
L2.HRS	0.003 96** (0.001 97)	-3.6e-07 (7.7e-07)			37.05*** (11.64)	0.006 11*** (0.002 15)		
L.HGS			-0.002 9*** (0.000 11)	-0.021 5* (0.012 5)			-0.001 58*** (3.30e-05)	-2.493 (2.291)
L2.HGS			-0.002 9*** (0.000 11)	-0.010 7 (0.007 02)			-0.001 57*** (2.32e-05)	-1.159 (0.997)
L.HGE				-0.007 45 (0.028 3)				
L2.HGE								
L.D	3.477*** (1.348)	-0.028 7 (0.017 9)	0.022 6 (0.027 6)		-7.641 (9.154)	-0.127*** (0.030 3)	-1.020 (1.151)	-0.771 (0.937)

(续表)

	高市场化地区				低市场化地区			
	HGS(1)	HGE(2)	HRS(3)	HRS(4)	HGS(5)	HGE(6)	HRS(7)	HRS(8)
L.lnZ	-3.180***	-0.209***	-0.003 00	0.008 50	-8.235**	-0.223***	0.436	0.934
	(0.639)	(0.013 2)	(0.019 6)	(0.019 5)	(3.993)	(0.019 7)	(0.386)	(0.844)
Constant	33.18***	2.114***	0.409**	0.089 4	53.12	2.304***	-2.961	-8.106
	(6.281)	(0.132)	(0.200)	(0.198)	(41.67)	(0.197)	(2.507)	(7.070)
R^2	0.046	0.009	0.009	0.001	0.562	0.018	0.001	0.001
Obs	301 512	301 512	181 943	182 051	282 076	282 076	176 832	177 232
i	121 339	121 339	71 298	71 318	110 179	110 179	69 433	69 543

第6章 企业增长和盈利能力的相互影响：基于中国工业企业数据库的分析

（2）地区市场化程度。迄今为止，我国市场化改革虽取得了重大成就，但市场化进程并没有结束，各地区市场化程度存在明显差别。本章采用的地区市场化程度衡量指标是樊纲等（2011）估算的地区市场化指数。该指数未涵盖内蒙古、陕西、青海、宁夏、西藏5省区，因此我们在回归时将指数缺失的省区市删除。回归结果如表6.10所示。前四列为市场化程度高地区的企业回归结果，后四列是市场化程度低地区的企业回归结果。

第（1）、第（2）列结果表明，市场化程度高地区企业销售净利率对销售收入增长率影响显著为正，销售净利率对职工人数增长率无显著影响。第（5）、第（6）列结果表明，在市场化程度较低地区，企业销售净利率的提高对销售收入增长率和职工人数增长率的影响都显著为正。对比第（1）、第（2）、第（5）、第（6）列中解释变量系数的大小与显著性水平发现，盈利能力对企业增长的正向影响在市场化程度低的地区表现更为显著。换言之，在市场化程度低的地区，企业盈利更能转化为扩张。该现象可以解释为：一方面，市场化程度较低地区资本市场欠发达，使得企业增长更加依赖于内源资金；另一方面，市场化程度低的地区，如中西部部分省区市，市场竞争程度比较弱、发展空间更大，有益于盈利企业进行扩张。

第（3）、第（4）、第（7）、第（8）列结果表明，在市场化程度高的地区，企业增长对盈利能力的负向影响表现更为强烈。这可能是因为，在市场化程度高地区资本流通更加便利、制度环境更加自由，企业发展面临较小的外部融资约束和政策阻碍，更容易出现投资过度扩张和无效率的现象。

6.6 结论

首先，本章选取1999—2007年中国工业企业库面板数据，利用固定效应模型和动态面板GMM方法对企业增长和盈利能力的相互关系进行估计。基本回归结果发现，盈利能力的提高会推动企业增长，但是企业增长的加快会降低其盈利能力。

其次,本章从三个方面进一步检验。不论是引入平衡面板,还是构造二次函数和分段函数,回归结果都基本不变。依据企业特征以及所属地区对总体样本进行划分,我们发现:(1)在新企业中,盈利能力对企业增长的促进作用更为显著,企业增长对盈利能力的阻碍作用也更为显著;(2)面临低度融资约束的企业,其盈利能力的增强对企业增长的推动更为明显,企业增长对盈利能力负向影响也更为显著;(3)在私有企业,销售净利率与职工人数增长率之间无显著影响关系;(4)中西部地区,盈利能力对企业增长的促进作用更为显著;(5)市场化程度低地区的企业盈利能力对增长的正向影响更为显著,市场化程度高地区的企业增长对盈利能力的负向影响更为强烈。

最后,对本章结果的思考有以下两点:第一,本章选取的是中国工业企业库面板数据。与上市公司数据库相比,它在数据准确性与指标丰富程度上还存在差距。因此,以上市公司为样本的研究可以作为本章的拓展。第二,本章研究表明,盈利能力的提高会推动企业增长,但是企业增长率的提高会降低其盈利能力。企业增长对盈利能力的负向影响体现了中国企业增长过程中的低效率问题。这一问题在成立时间短、面临融资约束低以及市场化程度高地区的企业中更为突出。因此,企业在发展过程中不能盲目追求增长速度,要兼顾盈利能力与风险控制。

第7章

动态干中学与产业结构变迁：韩国经验及对中国的启示

7.1 引言

参与全球经济为中国经济提供了增长的动力,创造了大量就业和财富。但长期以来中国企业的分工多处于产业链的下游,生产低技术含量、低附加值的产品。生产上没有出现地区间雁形产业转移,而主要集中于东部沿海,以劳动力流动代替产业流动。低技能工人的低工资延续了东部地区在产业链下游生产,企业也缺乏足够的技术能力向产业链中游发展来消化工资上涨或货币升值带来的成本压力。

产业链低端对生产服务业的需求主要集中在运输和物流上,对融资、咨询、信息等服务业需求不足,限制了中国生产服务业的发展(江静等,2007)。东部地区服务业比重跟不上经济发展水平,比重较低,吸纳劳动力的能力逐渐下降,制约了中西部地区劳动力向东部的转移,农村大量闲置劳动力不能进入到现代部门就业。承接亚洲"四小龙"转移的加工业就业岗位已经接近极限,并面临周边经济体激烈的竞争。

与中国不同,东亚新兴经济体尤其是韩国,在发展过程中出现了持续的产业升级。最初这些经济体的人力资本和技术都较低,主要从事资金要求较低的劳动密集型纺织和加工业,随着贸易的开展,也面临着工资成本不断上涨的压力。企业通过技术进步、生产率提高来克服成本上升,维持竞争力。技术进步或价值增加体现在产业从劳动密集型转为资本和技术密集型,从产业链下游最终品加工拓展到中游中间品生产,从依赖技术引进、模仿到技术自主创新。持续的产业升级带动了生产服务业需求,生产范围扩大创造了更多就业岗位促进了大量劳动力从农村转移到城市,既有助于生活服务业发展,也有助于城市化进程。

为什么在东亚新兴经济体出现的产业升级经历甚少在中国沿海发生？有人或许认为中国低技能劳动力多,比较优势就在于利用低成本来发展加工制造业,产业升级就是放弃劳动密集型行业。东亚的发展经历表明,一个地区的竞争力是动态的,从最初的低成本优势逐渐转变为依赖高生产率来竞争。即使低技能劳动力,从不断升级的产品生产中也能通过动态干中学来积累人力资本。

我们通过对韩国产业升级过程的分析发现有几点对产业升级特别重要。首先,在升级的过程中,由于技术难度提高,资金需求量大,企业需要足够大的规模和市场占有率才能保证研发资金的来源和创新价值的实现。如果过度竞争,新产品开发的预期收益降低,企业研发的动力也会下降。其次,在产业升级的最初阶段,虽然政府可以给企业倾斜性政策贷款,以及通过关税减少国外企业的竞争,但要制定明确的保护退出机制,企业也要积极参与国际竞争。最后,适宜的技术引进和知识产权政策很重要。过多的技术引进可能会抑制本土企业的创新,而知识产权政策要随着经济发展程度而逐渐加强,以保证研发的收益。

这些经验对我国一些提出升级的沿海地区具有借鉴意义。"腾笼换鸟"不是简单地旧产业出去,新产业进来,而是企业研发和相关产业政策都要做相应调整。低技能劳动力多并不一定阻碍产业升级,因为动态干中学会有助于人力资本形成,产业升级和人力资本是互动的。产业升级也不是完全舍弃劳动密集型产业,而是尽可能从下游的加工向中游更富有技术含量的环节发展。我们在第 2 节详细梳理和分析了韩国发展过程中的产业升级经验。在第 3 节分析韩国经验对中国尤其是部分沿海地区产业升级的启示。

7.2 韩国发展过程中的产业升级经验

1961 年,韩国政府开始采取了出口导向政策,最先支持资本投入要求较低的轻纺和服装业,积极承接来自日本的纺织业转移。强劲的出口弥补了较小国内市场的局限,带动了就业,国内储蓄和资本积累逐渐增加。1973年,面对逐渐上升的国内工资水平,韩国政府决定发展附加值较高的重化工业,主要扶植了钢铁、造船、石化和汽车为主的四大支柱产业。尽管20世纪70年代后期这些行业相关企业出现了亏损,韩国政府依然坚持发展战略,80年代初的全球大复苏带动了重化工业的需求,韩国逐步实现了重工业化。80年代起,韩国又大力发展半导体和精密设备行业,并提升了传统重工业的科技含量和附加值,研发支出占GDP比重迅速提高,逐渐成为科技创新型国家。90年代中期,在美国新经济的影响下,韩国一方面加大传统行业的信息含量,另一方面在新材料和生物技术等方面进行突破,培养韩国的潜在竞争优势,逐渐从80年代前的资源密集型发展模式转变为人力资本和知识密集型发展模式。我们使用小泽辉智(Ozawa,2004)的文章来分析日本产业升级的方法帮助韩国的升级过程,其结构如图7.1所示①。

7.2.1 工资上涨与通过产业升级应对

韩国先后经历了劳动密集型、资本密集型、技术密集型和知识密集型的定位,在每个阶段都会面临工资成本上涨的压力。这主要是因为韩国产业结构的快速转变,创造了大量非农就业机会,大大提高了劳动力从传统部门向现代部门转移的速度和规模,剩余劳动力逐渐减少,劳动力市场一度出现供不应求的局面。在工资上涨过程中,韩国根据产业比较优势的动态变化,通过技术改造和产业升级,不断培育和增强自身的核心竞争力。工资上涨压力逐渐转换为前进的动力,韩国劳动生产率长期以来处于较快的上涨速度,某种程度上缓和了工资上涨导致成本增加的问题。图7.2反映了和美国相比

---

① 根据小泽辉智的定义:无差异化斯密型产业主要是在无差异产品上由规模经济形成的专业化分工,主要包括化工等;差异化斯密型产业,专业化分工的形成既依赖于规模优势,也体现在产品差异化上,主要是使用流水线生产的汽车、电视等产业;创新驱动,是指从事"熊彼特式"的创新活动,基于研发带来的技术突破形成竞争优势。

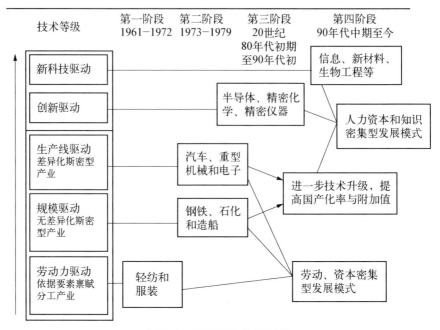

图 7.1　韩国产业升级历程

较,韩国生产率和劳动成本的变化情况。我们可以看出韩国制造业生产率和相对劳动成本同时上升。1997年亚洲金融危机导致韩元大幅度贬值,以美元表示的劳动成本下降,而生产率却持续上升。虽然韩国制造业生产率仍落后于美国,但已经从1980年落后近90%,缩小到2003年落后不足60%。

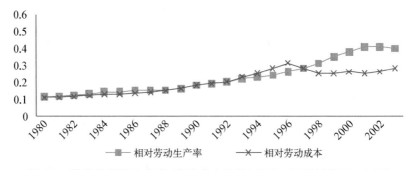

图 7.2　韩国的劳动生产率、劳动成本趋势(1980—2003)(美国=1.00)

相对劳动成本:用美元表示的韩国劳动力成本相对于美国的水平。
相对劳动生产率:韩国劳动生产率相对于美国的水平。
资料来源:Ark et al.(2005)。

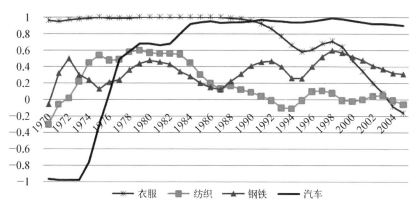

图 7.3 韩国服装、纺织品、汽车、钢铁产业净出口比率

资料来源：Kumagai(2008)。

伴随着成本上升，韩国出口结构也出现了变化。从图7.3可以看出，20世纪80年代随着劳动力成本的提高，纺织品行业净出口比率出现了下降，在之后服装行业也出现了下降。以钢铁、汽车为代表的重化工产业兴起，这些行业的产业政策也由之前的进口替代转向出口导向。产业升级消化了工资成本上涨的压力，并通过高附加值产品的出口为下一步实现高科技产业导向积累了资金，制造业内部结构逐渐向高科技型转变（表7.1）。

表 7.1 韩国制造业结构变化(%)

	1975	1980	1985	1990	1995
技术类型					
高技术	10.7	12	15.7	19.1	22.7
中等技术	17.7	22.4	23.1	30.1	30.9
低技术	71.6	65.6	61.2	46.4	46.4
OECD产业分类					
资源密集型	39.6	33.1	28.8	24.9	22.9
劳动密集型	26.3	24.6	22.5	18.8	16.0
专门供应商	9.1	11.5	16.0	21.3	26.9

(续表)

	1975	1980	1985	1990	1995
规模密集型	21.3	26.9	28.7	30.9	30.3
科学园区型	3.7	3.9	4.0	4.1	3.8

资料来源：Woo & Lim(1998)。

观察7.1：面对工资成本上涨，只有通过劳动生产率的提高才能继续维持竞争力，这体现为从生产链下游拓展到中游，或者从劳动密集型产业向资本和技术密集型产业转变。

7.2.2　动态干中学与产业升级

企业采用的技术依赖于工人的人力资本水平，且相互作用。新技术不仅存在着开发问题，还面临着一旦开发出来，能否及时被采用，即员工能否胜任新技术的问题。通常新技术的使用需要员工必须具备一定知识技能，开始使用时，效率不能充分发挥导致生产率有可能会短暂下降。韩国在发展初期，技术可以从国外通过许可证转移来，因此工人的经验技能就成为新技术能否及时被采用的关键。

干中学有助于人力资本的积累，为韩国产业升级提供可能。虽然韩国发展初期人力资本水平较低(表7.2)，但工人可以从新产品生产中积累干中学能力(Lucas, 1993)。Bessen(1997)的研究也表明干中学是人力资本积累重要的来源，一个行业研发投入越多，技术进步越快，生产经验积累形成的干中学就越多。每一代产品在一段时间内所能产生的干中学边际递减，以至于消失，因此只有不断地引入新产品，才能使工人干中学能力持续地增加(Young, 1993)。韩国企业及时采用新技术提高了工人动态干中学能力，而工人人力资本改善也降低了企业采用新技术的门槛。产品结构不断升级，两次产品间的间隔很短，持续的升级中避免了干中学积累的枯竭。

第7章 动态干中学与产业结构变迁：韩国经验及对中国的启示

表7.2 韩国教育发展过程，1945—1990

	1945	1960	1970	1980	1990
入学率（%）					
初级教育	NA	86	94	100	100
中等教育	NA	27	42	76	88
大学教育	NA	5	8	16	39
教育水准（占年龄15岁以上人口，%）					
文盲	86.6	43.8	31	13.3	8
初级教育	NA	36.2	39.1	28.3	16.1
中等教育	NA	17.4	25.3	49.2	61.9
大学教育	0.3	2.6	4.6	9.2	13.9

资料来源：Korean Educational Development Institute, Educational Indicators in Korea, 1993。

面对20世纪70年代出口竞争的压力，韩国的厂商也开始向工人提供系统的在职培训。工人为了赶上产业结构升级的步伐，不被企业淘汰，也愿意学习新的必要技能。同时，韩国政府也开始建立公共职业培训中心，通过财政手段鼓励私人企业建立培训机构。1967—1990年，韩国有1 600万员工在各层次的培训中心接受了职业培训。Hahn和Park（2009）通过分析1990—2006年韩国制造业数据，发现出口企业和面向国内经营企业生产率差异明显拉大，尤其在那些技能密集型部门以及出口份额更高的企业效应更显著，可见出口升级是工人技术吸收能力提高的重要途径。

观察7.2：动态干中学提高了工人人力资本水平，由于技术采用和人力资本互补，因此人力资本提高有助于进一步产业升级。

7.2.3 产业升级与自主创新

一个相对落后的国家，开放初期应尽量多参与全球生产以便从中获益。

较低的人力资本和资本水平限制了企业自主开发的可能,因此只能通过引进技术来不断地扩大生产的范围。但技术引进的成本在于,必须向发达国家支付技术引进费用,并向合资企业的外方高价格进口零部件等。落后国家由于生产中的干中学和教育改善提高了人力资本,因此存在着通过自主创新的方式来提高该国福利的可能。

企业通过自主创新,逐步实现产业升级,反映在韩国的研发支出占GDP的比重显著提高。产业从一些单纯依赖低工资成本的劳动密集型行业向技术密集型产业过渡的过程中,将和发达国家更直接的竞争,不可能像过去那么容易得到生产技术,因此必须逐渐通过技术开发来培养竞争地位。韩国的发展完成了从技术模仿到技术自主创新的转变。从图7.4可以看出,处于劳动密集型时期的1964年,研发占GDP的比重为0.2%;依赖资本密集产业出口时的1985年上升到近1.5%;而大力发展知识和技术密集型的2006年,研发占GDP的比重已经超过美国,达到3.23%。

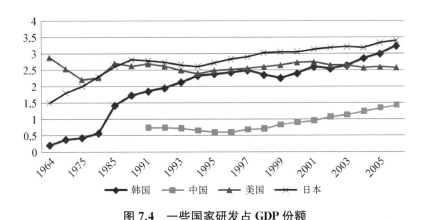

图7.4 一些国家研发占GDP份额

资料来源:美国、韩国和日本数据来自National Science Foundation(www.nsf.gov),中国数据来自国家统计局。

与韩国产业结构升级相对应的是产业界的寡头结构,形成的主要原因是企业需要足够的市场份额和利润支付高研发费用。1974年,韩国刚进入重化工业发展初期,前十大集团的总销售额占韩国GNP的15.1%,但在1980年,

第 7 章 动态干中学与产业结构变迁:韩国经验及对中国的启示

该比例达到 48.1%。为支持大企业的扩张,韩国政府利用金融资源分配中的主导力量,向重化工企业倾斜。由于韩国国内资本市场发展缓慢,企业资金需求主要依赖金融机构以及外债,1974 年企业外部融资高达 80.4%,其中政府可以控制的资源在 50% 以上(Cho & Cole, 1993),包括银行资产、外债以及政府贷款。

政府对大企业的金融支持也会带来一些弊端,例如企业过多借款、规模过度膨胀、低效率企业继续运行等软预算问题。韩国在亚洲金融危机也暴露出这些问题,韩国逐渐通过反垄断和公平竞争法来促进中小企业发展,减少市场结构过度集中带来的问题。对于后发追赶型国家而言,培植一些大型企业集团既是面对国际竞争的反应,也是实现自主研发的需要,这些企业集团也是自主研发的承担者。韩国的经验一方面反映了追赶过程中金融资源倾斜和市场份额集中的好处,另一方面也反映了在追赶的过程中,应通过市场动态地挑选经营者,而不是由政府挑选并一直扶持下去更能维持健康的增长。市场结构是均衡的结果,即使是寡头式结构,也是经过国内和国际市场竞争挑选的。市场导向的产业政策可以避免政府过多救助失败企业,能尽量减少企业的软预算问题。

观察 7.3:由于技术难度提高,资金需求量大,自主创新需要企业具备一定规模和市场集中度。为了鼓励企业做大,在产业升级的过程中,政府可能会给予倾斜性政策贷款,以及相应行业关税保护。但为了减少软预算约束,保护国内市场和加强出口同时并举。

处在经济发展初期时,弱知识产权保护制度,通过鼓励反向工程破解和模仿一些处于成熟期的国外产品,便于企业快速掌握生产,扩大参与全球分工的范围,充分利用大量农村剩余低技能劳动力。虽然弱知识产权保护也会降低本国创新激励,但当本国主要采取模仿而自主研发程度较低时,弱知识产权保护对技术进步的负面影响较小。在已经积累了一定生产能力以及劳动成本也逐渐上升的背景下,生产存在逐渐转向较高附加值产业的必要。在一些发展较快的技术密集型行业,企业已经无法引进技术,需要依赖自主创新与欧美最先进技术竞争,因此需要完好的知识产权来保护已开发专利。可见随着国内存在着研发增加的必要,弱知识产权加快转移国外技术的好处逐渐小于降低本国创新激励的坏处。因此韩国政府一方面加大科研开发的支持力度,另一方面逐渐加强知识产权保护政策,并根据部门相对发展程度和国际竞争地位设置差异化的知识产权保护政策①(Kim et al., 2006)。韩国研发支出也由20世纪七八十年代政府主导转变为私人大企业主导,研发占GDP的比重处于世界前列,韩国逐渐转变为一个自主创新型国家。知识产权保护程度的变化也与本国劳动力受教育的结构变化有关。我们从表7.2可以看出,韩国发展初期低技能工人比例高,受过高等教育的比例较低,进行科研也存在着人才瓶颈。随着高等教育的开展,高技能工人比例上升,为自主性研发展开提供人才储备。韩国经验表明:一个随经济发展而动态调整的知识产权政策对产业升级和自主创新具有推动作用。

观察7.4:采取适宜的知识产权政策。知识产权政策随着经济发展程度而逐渐加强,以确保研发的收益。

7.2.4 产业升级与产业结构变化

产业升级提高了对生产服务业的需求,有助于服务业比重的提升。在产业链低端生产时,企业只从事简单的加工业务,对管理、研发、新产品试制等需求较低。从事简单生产且工资较低的工人对周边地区服务业需求也低。相比而言,产业链中游的中间品生产,传统上属于垄断竞争部门,通过研发来获取专利,不断进行产品创新,因而可以获得较高的回报。产业向产业链中

---

① Kim et al.(2006)的研究表明由于经济发展不同阶段研发活动的内涵的差异,各阶段的知识产权政策也相应不同。这包括知识产权保护强度上的差异,以及采取适宜的、突出阶段侧重点的知识产权政策。

第7章 动态干中学与产业结构变迁:韩国经验及对中国的启示

游技能密集型中间品生产将提高对创新的需要。随着产业分工的深化,制造业更多地将他们的服务外包给一些专业化企业,获得更高效率的同时也意味着服务业份额提高。图7.5显示了产业升级过程中,韩国生产服务业比重持续提高,和其他OECD国家的差距逐渐缩小。

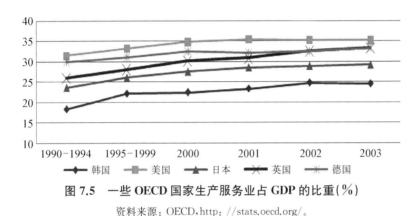

图7.5 一些OECD国家生产服务业占GDP的比重(%)

资料来源:OECD,http://stats.oecd.org/。

工业部门生产率上升,促使辅助的服务业部门需求增加,工业部门技术进步是实现结构变化的前提。由于服务业就业弹性较高,因此成为吸纳农业剩余劳动力的主力军。伴随产业升级的同时,韩国经历了制造业就业比重先上升再下降的过程,实现了结构优化(表7.3)。

表7.3 韩国就业结构(1970—2000)(%)

	1970	1980	1990	2000
农业	50.9	34.0	18.3	10.9
工业	20.2	23.2	35.1	28.1
制造业	14.3	15.9	26.9	20.2
建筑业	4.6	6.1	7.4	7.5
其他	1.3	1.2	0.8	0.4
服务业	29.0	42.8	46.6	61.0
零售、餐饮	12.6	19.2	21.7	28.2

(续表)

	1970	1980	1990	2000
物流、运输	3.3	4.5	5.1	6.0
金融、地产	1.1	2.6	4.2	9.9
社会、个人服务	7.6	7.6	12.1	13.3
政府公共服务	4.4	3.1	4.4	3.6
总计	100.0	100.0	100.0	100.0

资料来源：Bank of Korea，http://ecos.bok.or.kr/EIndex_en.jsp。

制造业和服务业空间上的集聚加快了城市化进程，制造业的集聚带动了生产服务业的发展，人员的聚集也带动了生活服务业的发展。由于制造业的生产和消费在时间和空间上是可分的，因此其发展不依赖于本地的市场容量，而服务业的生产和消费在时间和空间上是不可分的，服务业的规模对当地的市场容量依赖性很强，因此服务业在城市的聚集相对于制造业更加明显。城市化水平的提高对于服务业的发展和产业结构的升级有着显著的促进作用。劳动要素的集聚引起服务业发展所依赖的市场容量的扩大，增加了对服务业的需求，同时通过集聚效应以及集聚引起的外部经济效应来提升服务业发展的质量，从而完成对服务业产业结构的升级改造（唐德才和程俊杰，2008）。从图7.6可以看出与就业结构向服务业倾斜对应，韩国的城市化进程加速进行，到2000年城市化率已接近90%。

观察7.5：产业升级以及产业分工延伸带动生产性服务业需求，人员的聚集也带动了生活服务业发展。产业升级有助于产业结构的演进，产业和服务业的聚集也促进了城市化。

7.2.5 总结经验

从韩国产业升级的经历可以看出，工资上涨迫使产业升级，淘汰了落后

第7章 动态干中学与产业结构变迁：韩国经验及对中国的启示

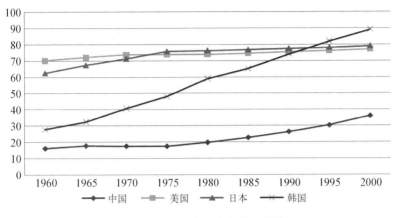

图 7.6　一些国家城市化程度(%)

资料来源：World Bank，World Development Indicators(世界发展指标)，http://data.worldbank.org/indicator。

企业和技术,提高了工人动态干中学积累,也为进一步升级提供基础。在升级的过程中,生产逐渐从行业下游向中游推进,研发的作用逐渐突出,并且带动了咨询、金融等生产者服务需求,提高了服务业在经济中的比重,经济结构逐渐完善。制造业和服务业的聚集促进城市发展,城市化率提高(图 7.7)。

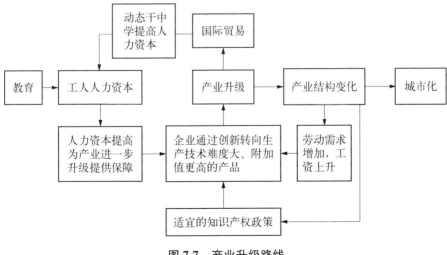

图 7.7　产业升级路线

177

7.3 韩国产业升级经验对中国的借鉴

7.3.1 通过提高生产率来消化成本上涨

近些年由于最低工资调整以及人民币升值,很多人担忧这会冲击中国制造业出口竞争力。工资上涨对企业是成本,对民众是福利。如果长期依赖低工资来维持竞争力,并不是福利最大化的政策选择。我们从韩国的经历可以看出,劳动力成本的上涨可以通过生产率提高来弥补。Ceglowski 和 Golub (2007)的研究表明,改革开放以来,中国生产率的平均上涨速度超过劳动力成本上涨速度(表7.4)。20世纪90年代初期,由于人民币汇率贬值,用美元表示的劳动力成本下降。90年代后期,劳动力成本呈现上升趋势,但是生产率提高得更快,因此成本上升并没有影响竞争力。在人民币面临持续升值的背景下,只有通过产业升级,增加出口附加值,才能消化成本上涨的压力。

表7.4　中国相对于美国的劳动力成本(%)

依据 UNIDO 测算	1980	1985	1990	1995	2000	2002
相对劳动成本	1.9	1.7	1.5	2.0	2.8	3.4
相对劳动生产率	2.6	3.0	3.2	5.0	7.2	7.9
相对单位劳动成本	73.7	55.4	45.5	39.9	39.0	42.8
依据世界银行和 BLS 测算						
相对劳动成本	1.3	1.1	1.1	1.3	1.8	2.1
相对劳动生产率	3.5	3.2	3.3	4.8	6.9	7.7
相对单位劳动成本	38.1	34.2	32.8	27.6	25.9	27.0

说明:相对单位劳动成本=相对劳动成本/相对生产率。UNIDO:联合国工业发展组织;BLS:美国劳工统计局。

资料来源:Ceglowski 和 Golub(2007)。

7.3.2 加强职工培训,促进新技术采用

产业升级通过动态干中学提高人力资本,而人力资本的提高进一步提供持续升级的可能,维持一个较良性的互动。作者的一项研究表明珠三角地区最初的投资主要来自香港,产业主要集中在纺织、玩具等劳动密集型行业,对劳动力需求主要是低技能劳动力。这些低技能劳动力也决定了产业资本的流向,人力资本和技术采用的互补决定了本地区最终的劳动力结构、技术水平和从事的产业。动态干中学积累较少,限制了工人人力资本的进一步提高,也制约了企业新技术的采用。根据国家劳动和社会保障部的数据显示,我国技术工人总数约为7 000万,其中高级工、技师、高级技师280多万人,仅占4%左右,这与发达国家20%—40%的比例相差甚远。据世界银行估算,由于职工队伍的素质偏低,科技成果的转化率只有15%,技术进步对经济增长的贡献率只有29%,比发达国家低60%—80%,甚至低于发展中国家35%左右的平均水平①。我国目前正在大力发展的装备制造业,为新技术、新产品的开发和生产提供重要的物质技术,尤其需要高素质的技工。在劳动力结构给定的条件下,技术工人供给不足,如果政府推动产业升级,短期技术工人工资上涨,造成企业用工成本大幅度增加。因此,为顺利实现产业升级,需要扩大技术工人的供给。由于工人在企业间流动性强,企业不能获取全部培训收益,往往不能提供足够的培训(Acemoglu,1997)。政府可以采取补贴或直接建立培训基地等方式积极促进工人接受培训。政府还要加大对技工学校的重视,顺应产业结构变化趋势,及时调整技工学校的布局和专业结构。

7.3.3 调整技术引进政策,重构市场竞争环境,促进自主创新

通过市场换技术的方式,一方面实现了技术学习,另一方面也导致长期

---

① 以市场需求引导技术创新[N].科技日报,2010年1月29日。

依赖技术引进。由于可以通过合资引进相应技术,导致了技术开发的囚徒困境问题。虽然自主研发对企业以后发展有好处,但是研制周期长,如果对手当期引进并占领市场,自主开发技术政策并不一定带来高利润,结果引进成为最优选择。一些支柱产业核心技术始终依赖于引进,过多引进导致行业内存在过度竞争,行业集中度低。Aghion et al.(2005)认为过度竞争不利于创新,过度竞争降低了创新获益的持续时间而抑制了事前研发激励,研发支出较少。从图 7.8 可以看出,长三角和珠三角研发占 GDP 的份额虽然有着显著的上升,但除上海外,其余三省 2007 年研发占 GDP 的比重仅相当于韩国 80 年代初的水平,特别是广东近些年相对变化不大,甚至低于全国平均水平。

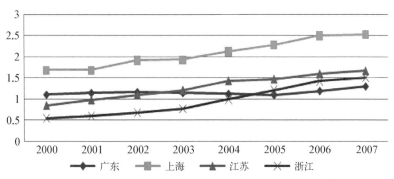

图 7.8　长三角和珠三角省市研发占 GDP 的份额(%)

资料来源:《全国科技经费投入统计公报》。

产业升级依赖于通过重构市场竞争环境和调整产业政策,来影响企业微观行为,促使企业自主创新和增加研发投入。可以借鉴的政策调整有:(1)促进行业内企业合并,增加行业集中度。自主创新意味着在技术追赶的过程中,直接与跨国公司领先技术竞争,因此国内企业要有足够的市场份额来支撑研发。(2)限制技术的引进。企业通过技术转让获取生产能力,但下一代产品的生产仍然依赖于国外技术转让。技术转让降低了自主研发企业创新后的价值,大量技术引进推迟了向自主创新的转变。(3)为促进自主创新,需要政府制定合理的保护退出机制。20 世纪 80 年代以来的产业政策,给予国内企业过多的保护,反而让企业不创新就可以获利。政府应该制定明晰

第7章 动态干中学与产业结构变迁:韩国经验及对中国的启示

的保护政策退出机制,这种有效承诺能促进企业的创新激励。(4)降低行业进入壁垒。市场趋向集中是面对跨国公司竞争以及创新成本高的必然结果,但市场集中的过程是在竞争的背景下实现的,潜在进入者也制约着在位者的价格政策,促使优胜劣汰。(5)采取适宜的知识产权政策,随着国内技术进步,逐渐加强知识产权保护。知识产权从促进技术吸收,转化为增强保护,本国自主创新企业逐渐成为保护加强的受益者。

7.3.3.4 通过产业升级促进服务业发展

改革开放以来,我国服务业得到了快速发展,服务业占国内生产总值的比重从1978年的24.6%上升到2009年的42.6%。但与我国人均GDP接近的中低收入国家比较,我国的服务业比重仍处于较低水平。服务业滞后,单纯依赖低端制造业吸纳农村剩余劳动力的能力逐渐在下降,制约了城乡劳动力转移和城市化进程。从韩国发展的历史经验可以看出,随着经济的发展,生产服务业越来越成为服务业中的重要部分,持续的产业升级带动生产服务业需求。而我国工业生产较集中于生产链下游加工环节,由于这些低端制造业催生不了对这些服务的需求,产业升级缓慢限制了生产服务业的发展。通过产业升级,带动对研发、融资、信息等高端服务业需求,有利于经济结构调整。生产服务业和高端制造业互补,加大生产服务业的发展也有利于进一步产业升级。制造业的升级也带动了宏观经济结构变化,服务业比重逐渐上升,并成为吸纳劳动力的主要部门。

第8章

融资模式与技术采用：直接融资与间接融资的比较研究

8.1　引言与文献综述

20世纪七八十年代,日本经济高速发展,在很多产业中其技术领先于欧洲,接近甚至超过世界头号技术强国美国,然而进入90年代以来,日本经济止步不前。相应地,上述三大区域的技术相对位置也发生了明显变化,以欧盟、美国和日本在欧盟和美国申请技术专利为例:较之于1990年,1996年欧盟在欧、美申请专利的份额下降了15%,平均每年减少2%;美国增加了20%,即每年增长3%,目前美国在信息技术领域奠定了绝对领导地位;日本在美份额维持不变,在欧洲下降20%,或每年减少3%。美国重夺其技术领先位置的原因有很多:政府大量追加的军事和民用研究与开发投入、产业研究与开发开支迅速增长,基础研究和大学研究能力的提高,向创新企业和高新技术产业注资制度的改善等。

与上述解释日美技术相对位置跨时变化的原因不同,本章将重点考察一个经常被忽视的原因——日美企业融资模式的显著差异:美国企业大多采取以资本市场为主的直接融资模式,而日本企业大多采取以银行融资为主的间接融资模式①。以1990年美国公司的融资存量结构为例,股票和公司债占5 152亿美元,占全部外部融资的75.6%,而银行融资仅占24.4%;与此相反,同一时期的日德企业中则以银行间接融资为主,两国的银行融资比例分别高达80%和61%;就银企关系而言,美国的银企关系非常松散,即使存在较长期

---

① 详细说来,实行条文法的日本与德国融资模式相近,而实行判例法的英国与美国融资模式相近,为简明起见,本章重点比较分析美国和日本。

的贷款契约也一般不超过 5 年,而在日本的银企关系则相对紧密,且贷款协议中附有大量的事前、事中、事后的监督条款。融资模式的差异将通过如下两条渠道影响创新成果。

(1) 投资期限的长短。给定技术标准(无论新技术标准,还是原技术标准),融资模式不同将导致投资期限选择不同,无监督的股票融资模式将导致厂商投资行为短期化,由于银行充任了委托监管者的角色,银行融资更易激励企业采取长期投资行为。对于一个每期都需要资本投入的项目,同时外部投资方依据项目的早期结果来决定是否继续投资,相比长期投资,如果短期投资更能让收益提前,即使短期投资总收益低于长期投资总收益,厂商仍然可能发生投资行为短期化偏倚。其原因在于,尽管厂商的努力可以降低早期长期投资行为失败的概率,但由于投资方可能无法识别项目质量的好坏,即使失败是努力后的结果,仍然有可能会被外部投资方提前终止项目。因此,相比股票融资模式,银行融资模式作为一个委托监督者不但避免私人收集信息可能发生的重复性,而且实现了监督成本的节约,从而更有可能促进长期投资行为。这一点已经为众多实证和理论研究所证实(Narayanan,1985;Stein,1989;Porter,1992;Thadden,1995),长期投资自然会造就更多的创新成果,20 世纪七八十年代日本的成功可为之佐证,但是这不能解释 90 年代后美日相对位置的变化,我们必须寻找新的机制。

(2) 技术标准的更替。作为一种公共信息,股票价格能够协调诸厂商的技术采用行为,因而可以加速迈向新技术时代的步伐。融资方式不仅影响着资金来源,还影响着资本市场对现有技术价值、新技术潜在价值的信息显示功能,尤其是面临技术更替时,新技术标准的采纳涉及厂商间的协调,作为私人信息的汇总结果,股票价格同时也反映了战略投资者关于新技术标准潜在价值的判断,因此可作为一种公共信息起到协调其他厂商共同采纳新技术标准的功能,从而会诱致新技术时代更快到来。相比而言,银行融资模式下则缺乏类比于股票价格的公共信息,并且银行对于新技术标准下厂商所实施项目质量的判断能力会下降,这会进一步推迟银行融资模式下新技术标准的采

第8章　融资模式与技术采用：直接融资与间接融资的比较研究

纳。技术标准可以作多种解释，既可以是Katz and Shapiro(1985)所定义的网络外部性技术标准，也可以是Helpman(1999)的通用技术(General Purpose Technology，GPT)，例如从最早的蒸汽机动力系统、内燃机动力系统到现在的计算机为平台的网络技术及在各行业的应用。这个发现是本章的创新，在20世纪90年代，美国在信息技术上先行一步，并在该领域取得了绝对领先优势，资本市场的作用功不可没，因为与蒸汽和电气技术相比，信息技术更强调技术标准的推广，新的标准一旦确立，则强者愈强，弱者愈弱，赢者通吃。同时本章还发现，随着股票市场精度的提高，亦即股票价格愈能反映企业价值，厂商间的行为愈能得到良好协调，股票融资制度的优势会得到进一步加强。信息技术使得资信评估、资产评估、审计、会计、律师等金融辅助体系变得更加完备，又反过来提高了股票市场的精度。

本章综合上述两种渠道，系统地考察了股票、银行两种融资模式下的新技术标准采纳临界值的内生决定及股市信息精度对新技术采纳临界值的影响，本章发现：随着股市信息精度的提高，股票融资下的新技术采纳的临界值将会降低；其他条件不变的情况下，股票融资的这种相对优势将会随着创新幅度的增加先上升，而后下降。这是因为在技术创新幅度不太大的情形下，股票价格，作为一种公共信息，其协调作用的相对重要性较大；而当技术进步收益较大时，仅新技术潜在收益就可以激励厂商采纳新的技术标准。

与本章研究相关的文献如下。

(1) 关于资本市场和银行体系对创新的影响的争论。这个争论由来已久，Schumpeter(1912)论述了金融体制和创新的关系，他认为，金融机构满足新兴企业的信贷要求是经济发展核心所在，并强调银行的功能在于甄别出最有可能实现产品和生产过程创新的企业家，通过向其提供资金来促进技术进步；其后，Gerschenkron(1962)认为，由于范围经济、规模经济，以及国有银行可以克服市场失灵等原因，在发展中国家的工业化进程中，银行融资比资本市场融资更能促进技术进步与增长；Narayanan(1985)、Stein(1989)反对资本市场融资,因为出于对股市反应或者绩效工资的考虑,企业经理人将会牺牲长期投资收益以增加短期收益,从而发生无效的短期化投资偏倚;Thadden(1995)分析了长期合同与项目投资期限选择的关系,不同融资方式影响着长期和短期投资的选择,银行通过监督更能了解厂商的经营情况,因此能从第一期项目失败中判断好项目还是坏项目,因此更能消除长期投资的风险,促进更多的长期投资;Stiglitz(1985)与 Shleifer 和 Vishny(1997)等则从信息的角度出发,认为银行体系在收集和处理信息、实施公司控制等方面比资本市场具有优势,因而有利于资源配置和经济发展。与之相反,Hicks(1969)系统考察了英国金融体系与技术创新的关系后,认为技术创新不是经济发展的源泉,而是完善资本市场的结果,他的结论暗含着在技术创新方面,股票类的资本市场更具有效率,Goldsmith(1969)利用经验数据验证 Hicks 的假说;Weinstein 和 Yefeh(1998)等则批评银行融资的弊端,银行天生的保守性和对企业过多的干预都会不利于企业的创新。Allen 和 Gale(1995,1997,1999,2000)认为银行融资或者市场融资的制度选择可能只是由历史上的偶然事件所导致,两者各有利弊,大致说来,银行体系的跨期风险分担能力较强,而资本市场的跨部门风险分散效果更著;预期收益较确定的成熟技术适合通过银行体系进行融资,而投资回报不确定的新技术则更易从资本市场获得融资。

(2)公共信息的协调功能。区别于银行融资制度,本章的股票融资制度在于额外的提供了关于新技术潜在价值的公共信息,例如在美国的道琼斯和纳斯达克市场,股价就包含风险投资者及战略投资者对未来技术标准的收益估计。Morris 和 Shin(2002)对公共信息和私人信息进行了开创性的分析:每个人观察到异质性的私人信号,同时也观察到一个公共信号,通过信号萃取进行推断时,公共信息将获得比私人更大的权重,因此公共信息起到协调的作用;Aglettos 和 Werning(2006)将价格作为公共信息,考察了货币危机中的多均衡问题,其研究结果表明,当足够多的投机者攻击旧汇率体系时,旧汇率体系不再被维持,与此形成对照,本章则是当足够多的厂商放弃旧技术标准时,旧体系被废弃。

与 Allen 和 Gale(1999)一样,本章关心的主要问题也是新技术的采用问题,但与之不同的是,本章中的技术是具有网络外部性的,亦即技术标准是唯一的,若新技术的采用达到了一定广度,则新技术就会取代旧技术,赢者发展,败者消亡,非此即彼;在技术上,本章的模型建立在 Thadden(1995)的框架的基础上,并将之作为当技术标准不变时的特例。

本章剩余部分结构如下:第 2 节引入模型的基本框架;第 3 节分析股票融资和银行融资制度下,新技术标准采用时机的决定;第 4 节对两种融资制度下新技术标准采纳时机进行比较;第 5 节是一个简短的结论。

8.2 基本假设与模型

8.2.1 信息结构与单个厂商的技术标准选择

厂商运营之前,要么通过银行融资,要么通过股票融资,以筹集所需资金,而且这种融资模式的差异将会导致厂商关于新技术标准的信息集合差异,进而影响厂商关于新技术标准的采纳。具体而言:

股票融资模式下,厂商除得到关于新技术标准潜在价值 θ 的一个含有噪声的私人信号 x 外,还会观测到额外的公共信号——关于新技术标准的股票交易价格 p,并由此推测公众,尤其是风险和战略投资专家对新技术标准的评价。

而银行融资模式在新技术标准的采纳上更显得保守。首先,厂商在银行融资模式下仅能观测到有关新技术标准潜在价值 θ 的一个含有噪声的私人信号 x,因而缺乏一个协调新技术标准采纳的公共信号,使得单个厂商不敢贸然采纳新技术标准;其次,在原技术标准保持不变的情形下,银行融资在激励企业进行长期投资方面具有优势——银行对单个企业的专业化监督有助于克服企业投资期限选择中的"短期化偏倚"问题,但是在新技术标准被采纳的情形下,银行融资的比较优势会得到削弱,由于缺乏对于新技术标准潜在价值进行判断的相关知识,在新技术标准下,银行识别失败项目中好项目的能力下降,因此银行有可能甚至放弃与企业的长期债务契约关系,转而求助于状态依赖的短期债务契约。

8.2.2 投资的期限选择和收益分布

技术标准的选择完成后,厂商观测到技术标准体制,并面临一个包含两期的投资项目,每期需要投入资金成本 I。厂商继续在 $e \times h$ 上作出一个外在融资者不能观测的私人选择,其中 $e \in \{0, 1\}$ 表示高低努力水平组成的二元集合 $h = \{L, S\}$ 表示长短投资期限组成的二元集合。令两类投资在每一时期的成功概率为 P_h^t, $t = (1, 2)$,如果第一时期项目失败,企业将会面临不能继续融资的风险。如果厂商选择低努力水平,则 $P_h^t = 0$, $\forall h, t$;如果选择高努力水平,厂商将承担 $E_0 + na$ 单位(a 是新技术带来的单位投资收益)的努力成本,且收益分布如下:

$$R_t^h = \begin{cases} 0, & \text{概率为 } 1 - P_h^t \\ X_t, & \text{概率为 } P_h^t \end{cases} \tag{8-1}$$

另外,本章规定:

$$P_s^1 > P_l^1, \text{且} P_s^2 < P_l^2, \tag{8-2}$$

$$P_s^1 X_1 + P_s^2 X_2 < P_l^1 X_1 + P_l^2 X_2 \tag{8-3}$$

$$P_s^2 X_2 > I \tag{8-4}$$

其中式(8-2)和式(8-3)表明,相比短期投资,长期投资收益优势只有在较长时期才能表现出来,即短期投资更能提早实现一个较好的产出结果,但是在两时期的总期望收益方面则严格劣于长期投资。式(8-2)和式(8-4)表明,在厂商采取高努力水平情形下,即使第一期经营失败,获得 0

收益,此时继续进行第二期的投资仍然是社会有效的。然而,厂商和外部投资者之间的信息不对称使得外在融资者不能识别第一期经营失败的确切原因,由此厂商面临着投资项目被提前终止的风险,导致企业偏向于短期投资。这也说明,融资方必须设计出一个激励相容的契约,以激励厂商选择高努力水平及长期投资项目,如甄别早期项目失败原因的融资者监督或分期偿还的债务契约主要施加在早期项目收益之上等,都有可能增加厂商选择长期投资的激励。

为简化下文分析,进一步假定:

$$V_s = P_s^1 X_1 = P_s^2 X_2 = V \tag{8-5}$$

$$V_l^1 = P_l^1 X_1 = (1-\alpha)V$$
$$V_l^2 = P_l^2 X_2 = (1+2\alpha)V, \text{且 } 0 < \alpha < 1 \tag{8-6}$$
$$V_l = V_l^1 + V_l^2 = (2+\alpha)V$$

$$V > I \tag{8-7}$$

最后,厂商还面临一种"与外界技术标准体制相协调"风险:相比原技术标准,尽管新技术标准具有额外的潜在收益 aI,但是这个潜在的附加收益只有在项目成功,且新技术标准体制得以确立的前提下才能实现,此外本章规定:一旦新技术标准体制得以确立,采用原来技术标准的厂商收益将变为 0;一旦原技术标准体制没有被替代,采用新技术标准的厂商收益将为 0。

8.2.3 技术标准的更替

如前所述,厂商将在不同融资模式所决定的信息集上作出生产标准的选择,而新技术标准体制的确立则是单个厂商生产标准选择的汇总结果。具体而言,令厂商集合为单位连续统,$0 < A < 1$ 表示意愿采纳新技术标准的

厂商度量，θ 代表新技术标准基本值（力量）。当 $\theta \in [1, +\infty)$，$A > 1-\theta$，旧技术标准一定被取代；仅当 $\theta \in (0, 1)$ 时，旧技术标准既可能被保留，也可能被取代，因此将讨论限制在 $\theta \in (0, 1)$ 区域①。具体的体制转换函数如下：

$$regime = \begin{cases} 原技术标准体制，若 1-A > \theta \\ 新技术标准体制，若 1-A < \theta \end{cases} \qquad (8-8)$$

8.2.4 行动顺序

厂商及外部投资者行动的时间顺序如下：

$t=0-\varepsilon$，根据建立在不同融资模式上的信息集合，选择技术标准，若选择新技术标准，应追加成本为 ma 的研发投资以及 $E_0 + na$ 单位的努力成本；

$t=0$，厂商观测到新技术标准体制得以确立与否，若选择标准与观测到体制不同，则所有相关收益均变为 0；

$t=0+\varepsilon$，厂商在 $e \times h$，即 $\{0, 1\} \times \{L, S\}$ 上作出关于努力水平和投资期限的二维选择，这两个变量选择都不能为外部投资者所观测，同时接受外部融资并开始第一时期经营；

$t=1$，如果所采纳技术标准与技术体制相同，第一期投资收益显示，为简化分析，假定新技术标准的采纳仅造成第一期的潜在收益增加 aI，同时，融资方根据第一期的收益结果决定是否继续融资；

$t=2$，若继续融资，厂商长期项目显示结果。

以上是本章模型的基本构架，在正式考察融资模式对新技术标准的影响

---

① 参照 Angeletos 和 Werning(2006)中的 Regime Change 的规则设定，这也是 Global Game 研究货币危机模型中旧体制被取代的通用设定方法。

第8章 融资模式与技术采用：直接融资与间接融资的比较研究

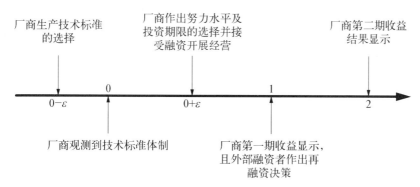

图 8.1 厂商及外部投资者行动顺序

之前，首先给出一个引理，为此，首先：

定义 $S^{st} = V + P_s^1(V-I) - I - E_0$；$S^M = (2+\alpha)V - I - E_0 - K$；$K^{ns} = (1 - P_s^1)(V-I) + \alpha V$。

在上述定义中，S^{st} 表示短期项目的社会剩余；第一期得到的期望收益为 $V - I - E_0$；由于对第二期项目进行再融资是状态依赖的，因此第二期项目得以进行的概率等于第一期项目的成功概率 P_s^1；而第二期的期望收益为 $V - I$。因此，两期加总社会期望剩余为 $V + P_s^1(V-I) - I - E_0$，此种情形不存在银行监督成本 K，股票市场发挥"用脚投票"的功能。S^M 表示长期项目的社会剩余；此时存在银行监督成本 K，这种监督成本是这样产生的：第二期项目的进行并不单纯依赖第一期项目的成功与否，而是来自银行的监督和筛选——即使成功了，如果银行发现企业并未投入高努力水平，银行将提起中止债务契约，即使失败了，如果银行发现企业已经投入高努力水平，将会对企业第二期项目继续进行融资。这样长期项目的社会剩余将为 $(2+\alpha)V - E_0 - K$。K^{ns} 表示银行促使企业从选择短期项目转向长期项并实施监督功能的收益；在厂商实施高努力情形下，长期投资相对于短期投资的总社会剩余差为 αV；对于好项目，银行监督可以节约的提前终止损失为 $(1-P_s^1)(V-I)$。在此基础上，给出如下引理。

引理：若 $S^{st} \geq 0$，在股票融资下，存在一个导致高努力水平的合同，产生短期投资项目,即如果第一期末项目收益为零,项目将被终止;若 $S^M \geqslant 0$, $K < K^{ns}$ 且技术标准保持不变,那么对于任何一个在股票融资模式下能够以短期投资方式开展的项目,都会存在一个在社会总剩余上严格占优的银行监督下的长期投资计划。

证明:在式(8-5)、式(8-6)、式(8-7)给出的参数关系下,可构造出 Thadden(1995,引理2)的研究中股票融资模式下产生短期投资选择的条件,此时不存在监督的最优契约中再融资是状态依赖的,即如果企业第一期末项目收益为零,那么投资项目会被提前终止;同时厂商将会选择短期项目;当 $S^{st} \geqslant 0$ 时,可以构造出一个引致高水平努力的合同。

若 $S^M \geqslant 0$,$K < K^{ns}$,则根据 Thadden(1995,定理5,6)的结论,相比上述任何无监督的最优股票融资契约,总是存在帕累托改善的有监督的最优银行契约。**证毕**。

上述引理表明,在厂商实施高努力情形下,只要银行监督收益大于其监督成本,银行融资就可以改善项目期限选择,从而提高社会效率。

在下文中,我们将分析股票融资制度对第一期失败的项目不进行融资,银行融资制度通过监督,对虽然失败但自己判断为好项目的投资继续融资的情况。同时仅限于引理中的参数类,由此两种融资制度下都能找到一个合同来保证厂商努力的激励兼容条件得以满足,这样我们就能集中考虑厂商的技术标准选择问题。最后,本章假设外部投资者都是完全竞争的,从而社会总剩余等于厂商所获利润。

8.3 单调均衡与新技术标准的采纳

为保持不同融资模式下新技术标准价值 θ 的可解析性,本章将仅限于考察单调均衡(或者临界值均衡的情形)。在单调均衡中,对于任意实现的一个股票价格 p,总存在一个临界值 $x^*(p)$,当且仅当私人信号 $x_i \geqslant x^*(p)$ 时,厂商采用新技术标准；其次，我们的技术标准体制转换函数暗含着采用新技术标准的厂商数量是随着 θ 的递增而递增的，因此也存在一个临界值 $\theta^*(p)$，当且仅当新技术标准价值 $\theta \geqslant \theta^*(p)$ 时，新技术标准体制得以确立。由此，一个单调均衡将通过 $(x^*(p),\theta^*(p))$ 来刻画。下面给出不同融资模式下的单调均衡。

8.3.1 股票融资模式下的技术临界值

股票融资模式下，厂商 i 可以获得关于新技术标准价值 θ 的私人信号：

$$x_i = \theta + \sigma_x \xi_i, \text{ 其中 } \sigma_x > 0, \xi_i \sim N(0,1) \tag{8-9}$$

与此同时，任意厂商都可观测到战略（风险）投资者关于采用新生产标准厂商的股票定价 p：

$$p = \theta + \sigma_p \lambda, \text{ 其中 } \sigma_p > 0, \lambda \sim N(0,1) \tag{8-10}$$

由此得到厂商 i 关于 θ 的后验概率分布为：

$$\theta \mid (x_i, p) \sim N(\delta x_i + (1-\delta)p, \alpha^{-1}) \tag{8-11}$$

其中 $\delta = \eta_x/\eta$，$\eta = \eta_x + \eta_p$，$\eta_x = \sigma_x^{-2}$，$\eta_p = \sigma_p^{-2}$。

首先，如果给定了新技术标准的价值 θ 和股票价格 p，那么采纳新技术标准的厂商数量将是私人观测值 $x_i \geqslant x^*(p)$ 的厂商集合，即，$A(\theta,p) = prob(x \geqslant x^*(p) \mid \theta,p)$，进一步变换为：$1 - A = prob(x < x^*(p) \mid \theta) = \Phi(\sqrt{\eta_x}(x^*(p) - \theta))$。该式表明，不采用新技术标准的厂商数量是随着新技术标准的价值 θ 递减的，当且仅当 $\theta \geqslant \theta^*(p)$，原来的技术标准体制才被放弃，因此 $\theta^*(p)$ 将是方程 $\theta^*(p) = \Phi(\sqrt{\eta_x}(x^*(p) - \theta))$ 的唯一解，即：

$$x^*(p) = \theta^*(p) + \frac{1}{\sqrt{\eta_x}}\Phi^{-1}(\theta^*(p)) \tag{8-12}$$

其次,厂商实施新技术标准需要注入额外投资 ma,但仅当新技术标准体制得以确立,并额外承担 na 单位努力成本下,新技术标准采纳带来的第一期每单位收益增加 aI 才能实现(a 为外生给定),因此采用新技术标准厂商的期望利润为

$$\pi_S^{NS}(\theta^*, x_i) = prob(\theta \geqslant \theta^* \mid x_i, p)(P_1^s aI + V - I + P_1^s(V-I) - E_0 - na) - ma;$$

相应的,不采纳新技术标准的厂商期望利润为

$$\pi_S^{OS}(\theta^*, x_i) = (1 - prob(\theta \geqslant \theta^* \mid x_i, p))(V - I + P_1^s(V-I) - E_0)$$

观测到私人信号 $x^*(p)$ 厂商将对是否采纳新技术标准无差异,即

$$prob(\theta > \theta^* \mid x^*, p) = \frac{ma + (1 + P_1^s)(V-I) - E_0}{aP_1^s I - na + 2(1 + P_1^s)(V-I) - 2E_0}$$

(8-13)

令 $b(a) = \dfrac{ma + (1 + P_1^s)(V-I) - E_0}{aP_1^s I - na + 2(1 + p_1^s)(V-I) - 2E_0}$,并集中考察满足 $0 < b(a) \leqslant 1$ 参数集合。利用式(8-11)变换式(8-13)得到

$$\Phi(\sqrt{\eta}(\theta^* - \delta x^*(p) - (1-\delta)p)) = 1 - b(a) \quad (8\text{-}14)$$

将式(8-12)中 $x^*(p) = \theta^*(p) + \dfrac{1}{\sqrt{\eta_x}}\Phi^{-1}(\theta^*(p))$ 代入上式得

$$\Phi^{-1}(\theta^*) - \frac{\eta_p}{\sqrt{\eta_x}}\theta^* = \sqrt{1 + \frac{\eta_p}{\eta_x}}\Phi^{-1}(b) - \frac{\eta_p}{\sqrt{\eta_x}}p \quad (8\text{-}15)$$

由于 η_p 是股票价格的精度,我们定义 η_p/η_x 为股票价格的相对精度,η_p 越大,即厂商认为外部投资者(公众)对新技术标准的价值判断波动愈小,η_x 越小,即每个厂商都认为所有厂商对新技术标准的私人价值判断波动越大,

那么在信号提取时,股票价格就会被赋予更高的权重,此即股票市场的精度愈高,或谓股票价格愈能反映新技术的基本值,反之则反是。根据 Aglettos and Werning(2006),在 $\frac{\eta_p}{\sqrt{\eta_x}} \leqslant \sqrt{2\pi}$ 条件下,上式有唯一解,由此得到:

命题 8.1:在股票融资模式下,技术进步收益 a 的上升、研发成本系数 m 的减少和股价 p 的增加,都会导致新技术标准采纳的临界值 $\boldsymbol{\theta}^*$ 的减少;对于两个不同精度的股票市场,如果存在某一技术进步收益使得两者的新技术标准采纳的临界值相同,那么对于在该技术进步收益上所发生的再次技术进步,股票价格精度越高的市场,所导致的临界值的下降幅度就越大。

证明:令 $G(\theta) = -\frac{\eta_p}{\sqrt{\eta_x}}\theta + \Phi^{-1}(\theta)$、$\Omega(a, p) = \sqrt{1+\frac{\eta_p}{\eta_x}}\Phi^{-1}(b) - \frac{\eta_p}{\sqrt{\eta_x}}p$;

若 $\frac{\eta_p}{\sqrt{\eta_x}} \leqslant \sqrt{2\pi}$,则 $\frac{\partial G(\theta)}{\partial \theta} \geqslant 0$,且 $\frac{\partial \Omega}{\partial \eta} < 0, \frac{\partial \Omega}{\partial p} < 0$,因此由隐函数定理得到:$\frac{\partial \theta^*}{\partial a} < 0, \frac{\partial \theta^*}{\partial m} > 0, \frac{\partial \theta^*}{\partial p} < 0$,第一部分得证。

再次运用隐函数定理得:$\frac{\partial \theta^*}{\partial a} = \frac{\sqrt{1+\frac{\eta_p}{\eta_x}}\frac{\partial \Phi^{-1}(b)}{\partial a}}{-\frac{\eta_p}{\sqrt{\eta_x}} + (\phi(\Phi^{-1}(\theta^*)))^{-1}} < 0$,由于

$\frac{\eta_p}{\sqrt{\eta_x}} \leqslant \sqrt{2\pi}$,该式分母严格大于零,从而随着技术进步收益的提高,新技术标准采纳的临界值严格下降;而且,随着公共信息精度的提高,上式分子的绝对值将增加、分母的绝对值将减小,导致上述表达式的绝对值严格增加,故第二部分得证。**证毕**。

8.3.2 银行融资模式下的技术临界值

首先,银行融资模式下,厂商 i 仅可以观测到一个如式(8-9)所表示的关

于新技术标准价值 θ 的私人信号。另外,采用新技术标准的厂商期望收益将变为:

$$\pi_B^{NS} = prob(\theta > \theta^* \mid x_i)[P_l^1 aI + V_l - 2I - (1 - P^{NT})(1 - P_l^1)(V_l^2 - I) - E_0 - na] - ma$$

其中 p^{NT} 表示,如果第一期运营发生失败,银行继续融资的概率。因此,银行在新技术标准下的犯第二类错误而失去的价值为 $(1 - P^{NT})(1 - P_l^1)(V_l^2 - I)$。

仍然采用原来技术标准的期望收益为:$\pi_B^{OS} = (1 - prob(\theta > \theta^* \mid x_i))(V_l - 2I - E_0)$,观测到的私人信号值 x^* 的临界厂商对于新旧技术标准无差异,经过简单运算得到:

$$\Phi(\sqrt{\eta_x}(\theta^* - x^*)) = 1 - \frac{ma + V_l - 2I - E_0}{2P_l^1 aI - na + 2(V_l - 2I) - (1 - P^{NT})(1 - P_l^1)V_l^2 - 2E_0}$$

(8-16)

定义 $d(a, P^{NT}) = \dfrac{ma + V_l - 2I - E_0}{2P_l^1 aI - na + 2(V_l - 2I) - (1 - P^{NT})(1 - P_l^1)V_l^2 - 2E_0}$,

其次,银行融资模式下(8-12)式仍然成立,将其代入(8-16)式,得到 $\theta^* = d(a, m, P^{NT})$ 及如下命题:

命题 8.2:银行融资模式下的新技术标准采纳的临界值将随着技术进步收益 a 的增加,创新成本系数 m 的减少,银行在新技术标准下继续融资概率 P^{NT} 的增高而降低。

与命题 8.1 证明过程类似,故证明过程略。

在资本市场融资制度下,技术进步收益、研发成本、股价与新技术采纳的临界值之间的关系比较符合直觉;在银行融资制度下,技术进步收益、研发成本、银行继续融资的概率与临界值之间的关系也比较显然;而股票价格的精度与临界值之间的关系还有更微妙、更丰富的含义,我们在第 4 节中进一步详细分析；银行在新技术标准下继续融资概率的降低,将会导致银行融资临界的上升,由此加剧了银行在技术革新方面的融资劣势。

8.4 不同融资模式下临界值的比较分析

下面考察两种融资模式对技术创新的影响,令 θ_s^*, θ_B^* 分别为股票融资、银行融资模式下的新技术标准临界值,利用式(8-15)、式(8-16)可得：

$$\Phi^{-1}(\theta_s^*) - \frac{\eta_p}{\sqrt{\eta_x}}\theta_s^* = \sqrt{1+\frac{\eta_p}{\eta_x}}\Phi^{-1}\left[\frac{ma+(1+P_1^s)(V-I)-E_0}{aP_1^sI-na+2(1+P_1^s)(V-I)-2E_0}\right]$$

$$-\frac{\eta_p}{\sqrt{\eta_x}}p \qquad (8\text{-}17)$$

$$\Phi^{-1}(\theta_B^*)$$
$$=\Phi^{-1}\left(\frac{(2+\alpha)V-2I+ma-E_0}{(4+2\alpha-(1-P^{NT})(1-P_1^l)(1+2\alpha))V-2(2-P_1^la)I-2E_0-na}\right)$$
$$(8\text{-}18)$$

p 是股票制度情形下、体现基本值 θ 的随机变量,因此,对于给定 θ,p 存在无限个最终现实取值,因此当对股票、银行两种融资模式下的技术采纳时机进行比较时,应将式(8-17)中的 p 取条件期望,由于 $E(p\mid\theta)=\theta$,因此在股票制度下,式(8-17)可变为：

$$\Phi^{-1}(\theta_s^*)=\sqrt{1+\frac{\eta_p}{\eta_x}}\Phi^{-1}\left(\frac{ma+(1+P_1^s)(V-I)-E_0}{aP_1^sI-na+2(1+P_1^s)(V-I)-2E_0}\right)$$

$$(8\text{-}17\text{a})$$

式(8-17a)和式(8-18)说明,银行与股票两种融资模式下的临界值差异 $\theta_s^*-\theta_B^*$、将随技术进步收益率的变化而连续变化,且这种映射关系将受到股票价格精度、项目收益结构、银行继续投资可能性 P^{NT} 这些外生参数的影响。本章将重点关注股票价格精度,下面将借助数值模拟方法演示股票价格精度,以及技术进步收益率对新技术标准采纳的临界值差异的影响,具体而言,给定参数集合($m=0.04, n=0.02, E_0=1, P_1^s=0.8, P^{NT}=1, P_1^l=0.64, \alpha=0.2, V=6, I=2$),而股票价格精度分别取 0、0.44 和 2,得到图 8.2。

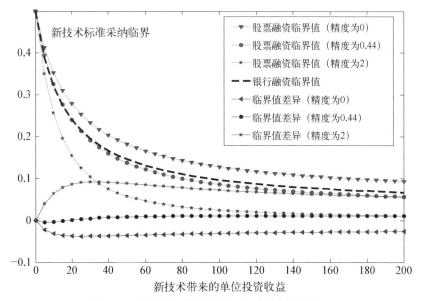

图 8.2 股票市场信息精度对于临界值的影响

数值模拟结果给我们的启示有以下两条。

(1) 随着技术进步收益率的增大,不同融资模式的临界值都是降低的。然而在股票价格精度为零的情况下,股票融资临界比银行融资临界下降的慢;在精度为 0.44 时,股票融资临界比银行融资临界下降得快;为 2 的时候,股票融资临界下降更快。这说明其他因素不变的情形下,公共信息精度的提高将会加速降低股票融资模式下的临界值。

(2) 给定公共信息精度,随着技术进步收益率的增加,不同融资模式下的临界差异首先扩大,而后缩小。直觉上,扩大部分是于公共信息的协调作用所带来的,这在新技术收益率较低时,这种放大潜在收益信息的作用至关重

第 8 章 融资模式与技术采用：直接融资与间接融资的比较研究

要，然而，随着技术进步收益率的增大，收益效应已经足够推动新技术标准采纳了，此时公共信息的协调性作用就显得相对不重要了。

当采纳新技术标准的创新收益足够大时，此时融资具体模式的差异无足轻重，企业对新技术标准的采纳必然趋之若鹜。但现实情形下，出现足够大的技术创新收益的时机并不多，更多的情形是，新技术标准仅是弱优于旧技术标准，技术标准的更替是一个循序渐进的过程，此时采取何种融资模式就非常关键，作为一种公共信息，股票价格协调了诸厂商的行为，相比银行融资模式而言，使得新技术标准更早地得到采纳，因此美国在信息技术领域奠定绝对创新优势也就在情理之中了。但是，并不是说，股票融资必然优于银行融资，股票价格精度至关重要，在精度低时，股票融资没有任何优势，只有精度高时，股票融资才有绝对优势，在美国，借助于无监督的"用脚投票"的资本市场，资本市场的信息公开性、资产的高度流动性良好地协调了企业采纳新技术标准的共同信念，促进了技术创新在整个经济系统中的迅速传播和扩散。同时在技术标准不变时，银行融资的相对优势还相当明显。

8.5 结论

本章基于对美日创新差异的关注——在 20 世纪七八十年代，日本与美国并驾齐驱，进入 90 年代以后，日本止步不前，美国重夺优势，尤其在信息技术领域奠定了绝对领先地位，通过考察两国的融资模式，本章提出了一个全新的解释视角，美国以股票融资为主，日本以银行融资为主，这两种模式各有利弊：银行充任了委托监管者的角色，因而银行融资有利于激励企业进行长期投资；而在股票融资模式下，由于缺乏外在监督者，状态依赖的融资方式使得企业更加倾向于短期项目投资，即使长期项目收益高于短期项目收益。另外，股票融资模式——作为公共信息协调的一种方式，能够使得诸厂商共同采纳新技术标准，从而加速新技术的传播与扩散；银行融资模式则缺乏这种公共信息的协调功能。最后，股票融资相对优势的发挥，尤其依赖于股票价格精度，即仅当股票价格精度较高时，才能发挥股票融资在新技术标准采纳过程中的项目融资相对优势，因此，一个国家的资信与资产评估系统、审计系统、会计系统、律师系统等金融辅助体系的发育程度，将对股票融资相对优势的发挥具有重要作用。

然而，给定技术标准时，相比股票融资、银行融资将更具优势。例如，在20世纪七八十年代，主流技术还是电气技术，加之当时美国的金融辅助体系还不如今天这般成熟，于是，相比美国，日本获得了更快的技术进步；进入90年代以后，全世界面临着技术标准的更替，信息技术逐渐成为主流技术，与此同时，美国金融辅助体系不断发育成熟，股票融资的相对优势开始凸显出来，美国重新回到技术领先地位，尤其在信息技术领域具有绝对优势。这一点在纳斯达克市场上得到了很好的体现，作为全球第一家股票电子交易市场，直到1991年，其股指也不过从100点增长到500点，但从1991到2000年，它冲破了5 000点，增长10倍有余。

对于中国的经济建设，本章结论具有一定的借鉴意义。首先，作为一个发展中国家，中国经济尚处于转型阶段，因此要继续完善资本市场及银行体系的制度和组织架构，维护股票市场的透明度和公信力，确保银行监管职能的独立性和执行力，否则资本市场和银行体系的各自优势将无从谈起；其次，本章的一个可能推论是，对于技术标准既定的行业（成熟行业），银行融资将更有优势，而对于面临技术标准更替的行业（新兴行业），股票融资将更具活力，政府在制定相关金融政策时，应该虑及此点。

最后，本章仅是一个初步研究，其不足也是显而易见的：纵向上讲，本章关注的只是美日最近30多年的技术创新比较；横向地看，本章只是重点考察了美日，对世界上的其他国家考虑甚少。金融深化是中国目前的一个热点问题，金融结构自然是其应有之意，深入研究融资模式差异对中国下一步金融改革的启示，将是作者未来的工作方向。

第9章

产业升级、收入分配改善与需求结构变化

9.1　引言

2010年,中国人均GDP达到4 380美元,按照世界银行的指标衡量,中国已经步入中等收入国家行列。但是,从总需求结构看,消费比重明显偏低。改革开放40年来,消费占GDP的比重逐年下降,从20世纪80年代初超过60%的水平下降到目前的50%左右,自2000年以来,下降幅度非常明显,累计降低了14个百分点,特别是居民消费占GDP的比重从80年代初超过50%一直下降到目前的35%。经济增长过度依赖高投入、高能耗、高污染的粗放型模式,尚未完成从生产型社会向消费型社会的转变。同时,现阶段我国收入分配两极分化日益严重,世行公布的数据显示,1990年以来,位于收入顶层20%的人口占有国民总收入比重从40.27%上升至47.93%,而位于收入最底层20%人口占有国民总收入比重则从8.04%下降到4.99%,基尼系数从1990年的0.32攀升到2007年的0.48(表9.1)。中等收入阶层过于弱小,使得消费长期不振,影响经济长期持续发展。2011年中央政府工作报告中适时提出"积极调整收入分配关系,着力提高低收入群众收入,扩大中等收入者所占比重"。本章首先探讨了产业结构、收入分配和需求结构三者的互动关系,在此基础上,总结了日本、韩国工业化进程中的成功经验。以史为鉴,本章认为,为实现中国经济的可持续增长,必须从两方面采取措施:第一,以技术创新和市场竞争加快产业升级进程;第二,通过加大中西部地区基础设施投资和培训当地劳动力,促进中西部地区的工业化,缩小地区和城乡收入差距,进而改善收入分配格局。

表 9.1 中国 1990—2005 年的收入分配变化 （单位：%）

年份	基尼系数	最低 10%	最低 20%	第二 20%	第三 20%	第四 20%	最高 20%	最高 10%
1990	32.43	3.49	8.04	12.15	16.51	22.57	40.73	25.27
1993	35.5	3.18	7.35	11.32	15.8	22.3	43.23	27.44
1996	35.7	3.11	7.24	11.31	15.83	22.3	43.32	27.55
1999	39.23	2.73	6.39	10.29	15.01	22.21	46.1	29.72
2002	42.59	2.28	5.47	9.37	14.33	22.19	48.64	31.67
2005	42.48	1.79	4.99	9.85	14.99	22.24	47.93	31.97

资料来源：World Development Indicators 数据库。

9.2 产业升级与收入分配的关系

马克思在《〈政治经济学批判〉导言》中指出："过程总是从生产重新开始的。交换和消费不能是起支配作用的东西，这是不言而喻的。分配，作为产品的分配，也是这样。……当然，生产就其单方面形式来说也决定于其他要素。例如，当市场扩大，即交换范围扩大时，生产的规模也就增大，生产也就分得更细。随着分配的变动，例如，随着资本的积聚，随着城乡人口的不同的分配等等，生产也就发生变动。最后，消费的需要决定着生产。"恩格斯在《反杜林论》中也指出："分配并不仅仅是生产和交换的消极的产物；它反过来也影响生产和交换。"边际生产力理论也指出：生产要素土地、资本、劳动和企业家才能等根据其在生产过程中的边际贡献获取报酬，而后要素所有者再根据收入及相对价格体系决定其需求。与此同时，需求对生产规模和结构具有反作用，如西斯蒙第、凯恩斯都认为需求总量不足将会导致经济危机，

第9章 产业升级、收入分配改善与需求结构变化

当代经济学家也论述了合理的收入分配格局对工业化进程、产业结构升级的积极推动作用。这些论断表明：产业升级是收入分配改善的基本前提，反过来，合理的收入分配格局会引导消费结构的不断升级，从而对产业升级具有积极的推动作用。

第二次世界大战以来，发达国家及新型市场国家的发展历史也表明，任何一个经济体的需求结构变化及收入分配的改善都是产业升级的自然结果。20世纪50年代以来，随着新技术的推广与应用，西方各国率先在产业结构与就业结构方面发生了深刻变化。生产规模与市场范围的扩大使得物质资本与人力资本的优化配置以及技术创新成为企业竞争力的源泉，从事管理与技术创新的脑力劳动者的重要性日益突出。此外，生产自动化和信息化程度的提高，促使高技能白领工人对低技能蓝领工人的大量替代，增加了脑力劳动者的就业机会快速地提高了他们的从业收入。由此加快了发达国家三次产业结构的快速变化，传统制造业所占的产值及就业比重不断下降，第三产业尤其是生产性服务业迅速崛起，其产值与就业人数逐渐超过第二产业，成为主导产业。随着产业升级与转型，国民收入初次分配从三方面得到了改善：(1)资本密集型的第二产业产值比重下降，劳动密集型的第三产业产值比重上升，导致劳动收入份额上升。由于物质资本相比劳动更容易为个人所囤积，要素收入分配格局的这种变化缩小了个人间的收入差距。(2)在第三产业内部，零售业、批发业、运输业、餐饮业、公用事业等传统第三产业比重下降，为工农业结构升级提供专业化技术服务的研发、设计等生产性服务业比重上升。生产性服务业的快速发展，提高了工业与服务业之间的关联程度，缩小了行业间的劳动生产率和工资差距（表9.2）。(3)产业升级使得工业和服务业对高技能劳动力的需求不断增加。由于高技能劳动力的供给相对有限，且激励工资占其总收入比重较高，从而促进了劳资双方对增长收益的共享。截至20世纪末，与发展中国家相比，发达国家的贫富差距长期保持在合理范围内，形成了"纺锤形"收入分配格局（表9.3）。

表 9.2　1950—2000 年典型发达国家的产业结构系数①

	美国		英国		法国		德国	
	1950年	2000年	1950年	2000年	1960年	2000年	1950年	2000年
工　业	0.90	1.10	1.20	1.20	1.05	0.90	1.10	1.00
服务业	1.20	1.00	0.80	1.00	1.24	1.10	1.30	1.00

资料来源：世界银行，World Development Indicators 数据库。

表 9.3　典型发达国家的收入分配状况

国家	最低10%	最低20%	第二20%	第三20%	第四20%	最高20%	最高10%
美国	1.8	5.2	10.5	15.6	22.4	46.4	30.5
英国	2.1	6.1	11.7	16.3	22.7	43.2	27.5
法国	2.8	7.2	12.6	17.2	22.8	40.2	25.1
德国	2.0	5.7	10.5	15.7	23.4	44.7	28.0

资料来源：World Development Indicators 数据库。其中，美国为 1997 年数据，德国为 1998 年数据，法国和德国为 1995 年数据。

这种贫富差距适度的收入分配格局促进了发达国家的产业升级和结构优化。一国的国民收入分配格局决定着消费需求，居民消费需求又为产业发展提供方向和动力。不同群体的收入水平决定其消费模式和消费结构，低收入群体的消费动机主要是为了满足生存的需要，因此该群体的消费大多集中于低端生活必需品，对高品质、高技术含量的创新产品的需求比较低；中等收入群体已经跨越生存需要，其消费需求主要集中于改善生活质量、舒适性的产品，因此对技术含量适中、价格适中的消费品需求比较强烈；高收入群体则更偏好于享乐型或炫耀性的消费品。如此一来，家庭购买力分布将会通过两种相互竞争、相互制约的渠道影响产品创新，进而影响经济增长的速度和质

---

① 产业结构系数等于其附加值比重与就业比重之比。表 9.2 表明：随着产业结构升级，发达国家工业和服务业之间的生产率差异明显缩小。除法国外，其他三个国家的行业生产率差异缩小都在 50% 以上。

量。具体而言,在产品创新阶段,新产品仅为高收入群体所消费,较高的支付意愿主导着创新企业的利润;在产品成熟阶段,中低收入阶层开始消费新产品,扩大了的市场规模主导着企业所获利润。因此,如果社会收入分配过度平均化,在产品创新阶段就难以获得一个高价格,导致企业的创新激励不足,产业结构处于低水平重复,经济表现出粗放型发展模式。相反,如果财富过度集中,前期的创新投入就难以通过市场规模获得补偿,创新活动发生的概率就会降低。如果收入分配呈"纺锤形"分布,以高技能劳动力为代表的中等收入群体占人口的绝大多数,影响创新活动的价格效应和市场规模效应就能得以兼顾,新产品的创造和成熟产品的推广在时间上就会相互继起,消费结构和生产结构将步入持续升级的良性循环。以拥有庞大中产阶级的英、美为例,1980年以来,最终消费率始终保持在80%—85%的水平,第三产业比重分别上升了20.3%和14.86%,最终均达到了78%的高水平(图9.1)。

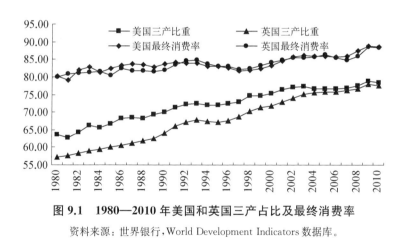

图9.1 1980—2010年美国和英国三产占比及最终消费率

资料来源:世界银行,World Development Indicators数据库。

9.3 新兴市场国家的发展经验:以日韩为例

第二次世界大战以来,全世界共有13个经济体在25年或更长的时间里维持了年均7%以上的增长率①,这些国家和地区都根据自身比较优势参与国际分工,通过高储蓄率实现快速的资本积累,取得了令人瞩目的发展。但很多经济体在人均收入增至3 000—5 000美元后,其产业升级停滞、收入增长缓慢、社会贫富分化严重,落入了"中等收入陷阱"。迄今为止,仅日本、马耳他、亚洲"四小龙"6个经济体实现了连续的产业升级,发育出自己的中产阶层,成长到高收入阶段。本章重点关注日、韩的发展经验,通过考察两国自20世纪中期以来产业结构、收入分配结构的动态演进,总结其产业升级、收入分配合理化的经验和教训。

9.3.1 日本

第二次世界大战后,日本的产业结构变化大致经历了三个阶段:结构调整阶段、重化工业发展阶段、制造业高端化和第三产业发展阶段。战后,为了尽早恢复生产,日本推行重积累、轻消费的政策,增加制造设备投资,同时为缓解粮食的供不应求,实施了"土地改革",大批无地、少地农民获得了土地,农业生产得到恢复,并为工业提供了充足的原材料供给,推动了食品、纺织等劳动密集型工业的发展。1944—1955年,第一产业产值比重从17.8%上升到22.8%,第二产业的比重从40.5%下降到30.8%,第三次产业的比重从41.7%上升到46.8%。

其后,美国对日本的扶植政策以及亚非拉等新兴独立国家对机械设备的进口需求,强烈拉动了日本重化工业的发展。1955—1960年,日本的钢铁、有色金属和机械等基础工业迅速发展,制造业中重化工业比重由44.6%提高到56.6%。这一时期,日本制造业内部轻重工业增长极不平衡,钢铁工业、有色金属工业、机械工业分别高达19.9%、19.0%、28.5%,而纺织、食品工业的增

---

① 这些国家和地区包括:日本、韩国、中国内地(大陆)、中国香港、中国台湾、新加坡、马耳他、博茨瓦纳、阿曼、印度尼西亚、泰国、巴西、马来西亚。

速仅为9.7%和5.7%。从20世纪50年代后期开始,这种投资驱动的发展模式遭遇到了经济危机,失业人口增加,迫使日本从60年代初启动为期10年的国民收入倍增计划,通过实施该计划,重化工业发展趋缓,制造业内部的轻重比例重新恢复平衡,国民收入分配状况持续改善(表9.4)。至1973年,中等收入群体占总人口的73%,城市化率超过72%,形成了一个庞大且稳定的中产阶层,有力地支撑了消费需求的扩大和升级。1950—1976年,恩格尔系数从52.4%下降到28.7%。"其他"一项①的支出比重则上升了近20个百分点(表9.5)。

表9.4　日本1962—1974年的收入分配变化

年　份	1962	1964	1968	1970	1972	1974
基尼系数（全国）	0.376	0.353	0.349	0.355	0.357	0.344

资料来源：厚生省《国民生活实态调查》。

表9.5　日本1955—1976年的消费支出结构变化

年份	食品(%)	服装(%)	居住(%)	光热费(%)	其他(%)
1950	52.4	8.6	11.6	6.9	20.5
1960	41.8	12.9	12.4	4.5	28.4
1970	31.9	10.9	15.9	4.8	36.5
1976	28.7	9.9	17.4	5.7	38.3

资料来源：南亮进,《日本的经济发展》,东洋经济新报社,1981年,第325页。

70年代后期,日本经济供需矛盾突出、资源和环境压力加大,原有的重化产业结构开始向知识密集、高附加值的产业转型,造船、电器及电子、汽车、民用电器机械等通过机器人、数控机床和微电子技术的利用获得快速发展,第

---

① 其他一项包括卫生保健费、交通费、教育以及娱乐与交际费用等。

二产业就业和产值比重开始缓慢下降,第三产业的就业和产值比重快速上升(表9.6)。

表9.6 日本1955—2000年的产业结构变化

年 份	就业比重			国内生产总值		
	第一产业	第二产业	第三产业	第一产业	第二产业	第三产业
1955	41.1	23.4	35.5	19.2	33.7	47.0
1960	32.7	29.1	38.2	12.8	40.8	46.4
1965	24.7	31.5	43.7	9.5	40.1	50.3
1970	19.3	34.0	46.6	5.9	43.1	50.9
1975	13.8	34.1	51.8	5.3	38.8	55.9
1980	10.9	33.6	55.4	3.5	36.5	60.0
1985	9.3	33.1	57.3	3.1	35.1	61.8
1990	7.1	33.3	59.0	2.4	35.7	61.8
1995	6.0	31.6	61.8	1.8	30.3	67.9
2000	6.0	29.5	64.3	1.3	28.4	70.2

资料来源:Statistics Bureau, MPHPT. http://www.stat.go.jp/english/data/handbook。

在战后发展过程中,日本始终保持了合理的收入分配格局,这对生产和消费之间的良性互动关系的形成至关重要。除累进税、社会保障支出等再分配工具外,日本居民收入分配趋于均等化的因素还包括:(1)利用产业政策扶植主导产业发展,推动了主导产业的劳动生产率和工资上升,并通过主导产业与其他产业的关联使得技术创新收益快速渗透到各行业,导致制造业各行业的工资普遍上升;(2)采用双重经济体制,在发展大型企业的同时,扶植高技术水平的中小企业发展,提高了生产性服务业以及高技能劳动力的需求,导致专业技术人员、管理阶层、公务员阶层和商务阶层人员迅速增加,受教育年限、职业声望等社会资源渐呈纺锤形分布,各职业阶层内部的分布趋于均等化(表9.7);(3)1960年以后,劳动力市场从过剩转为短缺,打破了第三产业依赖低工资的粗放发展模式,第三产业工资水平向高劳动生产率的制造业收敛,非农劳动分配率降低的趋势停止,行业工资差距开始缩小;(4)农村家计的兼业化不断发展,农业收入加上兼业所得快速上升,农业与非农收入差距持续缩小。

表9.7 日本1955—1975年按职业分类的收入分布变化 （单位：万日元）

职业阶层	1955年		1965年		1975年	
	平均收入	标准差系数	平均收入	标准差系数	平均收入	标准差系数
专业技术	26.8	0.90	79.0	0.70	262.9	0.56
管理	49.6	0.68	117.7	0.54	359.0	0.51
公务员	21.9	0.61	59.6	0.47	221.5	0.40
商业	29.2	1.07	68.5	0.81	211.7	0.73
技术	17.2	0.59	57.2	0.70	185.4	0.59
半技术	17.5	0.95	46.4	0.51	187.0	0.49
非技术	12.9	0.70	47.8	0.79	155.0	0.44
农业	12.6	0.93	39.2	0.48	173.6	0.76

资料来源：富永健一，《日本的阶层结构》，东京大学出版社，1979年，第43页。其中，标准差系数等于标准差除以平均收入。

9.3.2 韩国

20世纪60年代,韩国经济开始起飞,利用本国劳动力的低成本优势,成功地承接了美日低端劳动密集型产业的国际转移,大力发展轻纺工业,并奉行出口导向型战略。1972—1980年,政府开始推行"重化工业运动",重点发展钢铁、非铁金属、机械、造船、汽车、电子、石油化工、水泥等重化工业,同时加快商业银行的国有化进程,以保证对重化产业的"政策性贷款"的支持力度。农业比重持续降低、资本密集型制造业比重上升使得国民收入开始向资本倾斜。同时,政府重点扶植大型企业发展,就业增长放缓,导致个人间收入差距上升。至1976年,基尼系数达到0.39,个人收入不均等程度达到历史最高水平。

从80年代开始,韩国开始以稳定价格和开放市场为目标的结构调整,落实"产业结构高级化"政策。通过实施重化工业的技术改造,重点发展精细化工、精密仪器、计算机、电子机械等产业,高技能劳动力的需求扩大,技能溢价逐渐上升。工资的持续上涨淘汰了落后企业和技术,人力资本积累通过干中学也不断得到提高,韩国产业开始从资本密集型向技术密集型转变,高端制造业与生产性服务业步入协同发展。相应地,国民收入分配开始改善,1996年的基尼系数比1976年下降了20%,回落到经济起飞前的水平。90年代后期,韩国进一步推进金融体系、劳动力市场和公共部门的改革,重点发展计算机、半导体、生物技术、新材料、航天航空等知识密集型产业,成功实现了从中等收入国家向高收入国家的跃迁(表9.8)。

表9.8 韩国1960—2000年的三次产业结构变化(产值比重)

年 份	农业(%)	工业(%)	服务业(%)
1960	36.0	20.0	44.0
1970	28.0	31.0	41.0
1980	15.0	41.0	44.0
1990	9.0	43.0	48.0
2000	5.0	42.0	53.0

资料来源:中华人民共和国国家统计局,《国际统计年鉴2005》,中国统计出版社,2005。

与日本政府并重大型和中小型企业的发展模式不同,韩国政府对中小企业在创新、就业以及改善收入分配方面的积极作用缺乏足够认识。直至1977

年,中小企业才真正在韩国的经济发展政策中占据重要地位,这导致了韩国同期的基尼系数高于日本。但是,自20世纪70年代以来,韩国政府成功实施了"新村运动",这一举措不仅提高了农村人均收入,推进了城镇化进程,而且大大缩小了城乡收入差距。90年代初,韩国基尼系数降至0.26,城市化率达74.4%,中产阶级人口比重达到75.2%,经济形态实现了从投资型经济向消费型经济的转变。

9.4 日韩发展经验对我国的启示

通过考察生产、分配和消费间的辩证关系,本章认为:推动产业升级是改善我国居民收入分配、扩大内需规模并推进消费结构升级的根本途径;同时,也要注意到分配对生产的反作用,利用税收、社会福利支出等再分配手段及时调整因产业结构演变,尤其是重工化所带来的收入分配失衡。另外,日韩在产业升级和国民收入分配调节方面的经验表明:在尊重产业结构发展规律的基础上,应重点通过技术创新、市场竞争来推进产业升级;通过缩小地区和城乡收入差距来改善国民收入分配格局。具体对策如下。

9.4.1 加大研发投入,改善创新的组织方式

按照产业结构从轻工业到重工业,再到知识和技术密集型工业的发展规律,我国应以技术创新为基础,密集利用高技能劳动力,重点发展高端制造业和生产性服务业。与美国、日韩相比较,我国仍需要大幅度提高研发(R&D)的投入(图9.2),以完成从"引进、模仿"到"自主创新"模式的转变。此外,技术创新体系应逐步由政府主导型向政府引导型转变:在技术发展方向上,政府逐步将主导权交给企业,由企业决定技术创新的方向;政府应更多地采用税收、金融等间接手段引导企业从事技术创新。此外,积极采取各种措施协

调各创新主体之间的关系,将产学研用等创新主体有效衔接起来,提高创新体系的效率。

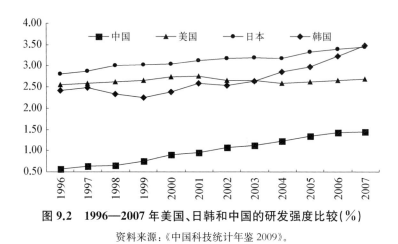

图 9.2　1996—2007 年美国、日韩和中国的研发强度比较(%)

资料来源:《中国科技统计年鉴 2009》。

9.4.2　降低行业进入壁垒,建立支持中小企业发展的制度和组织体系

由行政性进入壁垒所造成的行业垄断,不仅引起就业需求的减少、中小企业和竞争性行业的讨价还价能力下降,还会使得企业创新激励降低,妨碍产业的技术升级。当前,降低行业进入壁垒,支持并切实落实民营资本进入铁路、市政、金融、能源、电信、教育、医疗等各个领域,将会增加就业和提高劳动收入份额。特别是开放民间资本进入金融领域,改善金融结构,将会缓解劳动密集型中小型制造和服务企业的"融资难"问题。中小企业在促进竞争、创新以及扩大就业方面具有大企业不可替代的作用①,我国应尽快确立类似于日本《中小企业基本法》的政策体系,建立、健全相应的组织结构,为中小企

---

① 2003 年,超过 99% 的日本企业都是中小企业,所雇佣的劳动力占全部劳动力的 81%。中小企业还生产了 51% 的出口制造业产品,62% 的批发出口,以及 73% 的零售出口。这些数字在过去的 35 年中一直相对稳定。

业的发展提供融资支持和业务支持,提高市场进入和技术革新能力。

9.4.3 加大中西部基础设施投资,承接东部劳动密集型制造业,缩小地区以及城乡收入差距

由于我国幅员辽阔且中西部剩余劳动力众多,因此通过将剩余劳动力向东部转移这一渠道仅能有限地缩小地区收入差距,而且持续流入的低技能劳动力使得低工资得以长期维系,延缓了产业升级的步伐。中央政府应参照韩国的"新村运动",加大中西部地区的基础设施投资、培训当地劳动力,使得东部低端制造业通过区域间的成本竞争向中西部转移。东部则在高工资的压力下,集中发展高端制造业和生产性服务业,不仅能够实现产业升级,而且可以通过扩大高技能劳动力的需求,提高劳动报酬占国民收入的比重,进而改善总体收入分配格局。

市场制度深化与产业结构变迁

总 结

从政府主导投资驱动向大企业主导创新驱动转变

在新的经济增长动能转换中,我国要从政府主导投资驱动向大企业主导创新驱动转变。促使这种转变有三个背景:第一个背景就是随着经济发展,中国逐渐地缩小和世界技术前沿边界的距离。当接近技术边界的时候就存在着由投资向创新转变的必要,怎样挑选出好企业并鼓励创新就很关键(Acemoglu *et al*., 2006)。第二个背景是全球现在处于超级明星企业竞争的格局,全球创新100强或者世界级的制造企业中,中国企业稍微少了一点。第三个背景是大企业的竞争决定了全球价值链租金的分配。通过改革开放,中国有越来越多的地区加入合格生产者行列,但租金却更多地要交给跨国公司。因此,我们面临一个转变,即从交租金到获取租金的转变。

从投资向创新的转变,意味着地方政府和企业在产业发展决定权发生变化。过去我们的研究GDP竞赛或者财政分权,都是强调地方通过竞争推动基础设施建设,促进投资,越来越多的地区加入全球的制造业体系,越来越多的中国企业可以成为全球标准化生产者。这个阶段属于Acemoglu *et al*.(2006)强调的注重投资阶段。就像邓小平同志讲的"猫论",对当时的我们来说,只要增加了投资,都意味着先进生产力,我们通过投资、通过学习,切入全球价值链的制造业的环节。但是这也带来一个问题,当越来越多的中国企业加入全球化的时候,就逐渐演变为过度投资,特别的是从周期性的产能过剩变成结构性产能过剩。

为什么会出现这种格局呢?中国和世界其他国家有什么不一样才导致了过剩的产能,以及虽然我们总是在强调创新,但是现实中核心技术的创新总成为卡脖子的难题?很重要的原因就是改革开放以来,地方政府和企业的关系是地方政府主导,地方政府实际上是产业的制定者和决策的先动一方。地方政府制定产业规划,招商引资,合资和技术引进带来生产力提高,最大的问题是无法有效制约行业产能,有太多的企业可以通过技术合作介入生产领域。为什么国外相对来讲这类问题比较少呢?因为国外获得专利是行业进入的前提,很少出现同行业授权。而在中国很容易通过合资取得专利授权,从而获得生产能力。一方面,整个行业的集中度非常低,所以无法像其他国家那样,行业寡头主动约束自己的产能。另一方面,这种行业低集中度很难形成创新竞争策略,大量厂商充斥市场,最后模仿和价格竞争往往成为主导策略,自主创新和质量竞争很难成为占优策略。

为了扭转这种局面,企业作为创新的主体,应该成为先动方。行业主导大企业制定标准和新产品方向,约束行业的产能,根据地方的基本条件来进行选址。地方政府要转变为产业要素深化的提供者,包括提供更多技能劳动力,促使技工梯队的形成,还要在金融、文化、制度、技术基础和知识生产上面提供更好的条件。地方政府要在软件方面多构筑这些条件来促成企业选择。

举个现实中的例子,液晶面板行业目前处于京东方和三星的竞争格局,京东方成为行业中规则的重要制定者。表面上我们看到的是它在合肥、重庆等地设厂,其实是京东方依据各地带来的便利进行选址投资,行业中约束产能主体始终是京东方。但是其他产业很难形成行业主导者约束产能,地方政府通过各种补贴重复进行投资,最终导致整个行业出现过度竞争的格局。地方政府可以超越本地要素禀赋基础,通过合资凭空打造一个产业,结果却压制了那些要素禀赋处在优势的产业发展,产能过剩下的价格竞争,实际上压缩了他们的利润空间和未来依赖于自主创新的动力。企业做主导方,意味着地区的要素禀赋可以更加发挥产业上的优势。所以当我们接近世界技术前沿时,需要依赖于创新,这就要由行业中的大企业来主导,而不是像过去那样各地尽量扩大投资,这是促成向大企业主导创新驱动转变的第一个动因。

促成向大企业主导创新驱动转变的第二个动因,是当今世界处于超级明星企业竞争的格局:行业处于少数寡头,每个企业研发支出极高,研发竞争主导了全球创新格局。从数据上来看,2014年全球研发支出最多的20家企业,总研发支出超过1 600亿美元,第一名是德国大众,接下来是三星、苹果。三星、英特尔的研发支出超过中国整体计算机通信行业,这意味着我们的下一步的增长必须要培养足够强的大企业。2016年全球10%的上市公司占有80%的利润、60%的销售额、65%的市场价值,相对而言中国的产业集中度非常低。市场分割和保护使得企业很难退出,整个行业兼并壁垒高,压低了市场集中度,难以形成和世界主流大企业研发竞争适应的模式。

在高科技企业中,华为是中国少见的大企业主导创新驱动的典范,每年有100亿美元以上的研发支出。正如我们所看到的华为和联想模式争论,从长期来看,华为更代表创新驱动的主流模式,通过高研发成为行业中主要的控制者。这个过程中不可或缺的还有强有力的企业家,在利用信念推动迈向新技术的研发,是创新的主动力。前段时间看到一些报道,"谁是真正的英雄?"我认为中国的企业家就是当今经济领域的英雄。我们现在的地方政府和20世纪80年代的不一样,那个时候敢于尝试。我们实现创新驱动就是要通过向企业家支配的大企业倾斜,他们是带领我们实现技术前沿突破的中坚力量。

第三个向大企业主导创新驱动转变的动因是全球大企业的竞争力决定了全球租金的分配。前面讲到,我们现在的地方政府主导推动合格的生产者的形成,跨国公司就像一个拍卖人一样,选择在哪里进行投资。中国越开放,提供低成本的各种基础设施就越发达,合格的生产者越多。这个时候带来一个问题,那就是你有出口却没有价值分配权。例如,苹果有全球智能手机20%的销售额和90%的销售利润。这样,如何能够参与全球价值链租金分配,取决于大企业主导创新驱动的机制形成。

当然,我们所强调的大企业是动态的,不是排斥小企业对于创新的作用。而是关注金融制度等对创新企业的支持,科技小企业快速扩张,成为大企业的过程。像Google、Facebook这些公司,都是在很短的时间内实现了从小变大。所以,当我们说大企业主导,实际上是动态的结果。例如,美国发达的生产服务业为企业成长提供了各种便利的标准接口和模块,融资、法律、咨询服务,只要你有想法,从雏形开始不停地调用这些模块,最终快速形成大企业。

这些外部制度环境支撑了产品从概念转化为现实,企业的快速扩张、赢者通吃,成为行业中的主导,但这种主导不意味着垄断,需要不断地通过创新来摆脱潜在的进入者竞争取代。这些成长背后的支撑环境,恰恰是政府可以做到的事情:努力打造一个良好的金融制度,提供各方面基础条件的扶持,包括直接融资方面的一些创新,能促进科技型小企业快速成长。

向大企业主导创新方式的转变,实际上也是未来增长模式变化的需要。经济增长理论区分了产品种类拓展的水平型增长和质量不断提升的垂直型质量阶梯增长,前者强调产品多样性、新产业的出现,后者强调熊彼特创造性破坏、产品推陈出新。我国过去的增长,以及其他东亚经济体,大都是垂直型质量阶梯模式下的追赶、学习型的增长模式,价值链不断地升级到高端:沿着美国人开创的产业,逐渐在生产率和质量上越来越接近于它。但这也会带来问题,就是学习型的国家速度放慢以及全球的速度放慢。因为研发成本是递增的,一个产业质量提高难度是越来越大的,所以前沿质量提升的速度慢下来,但是后面的追兵不断地通过学习来趋近你。这就形成了生产能力的堆积,于是出现了过度供给,数量越来越扩张,整个行业价格大幅度降低,产品逐渐的饱和。日本就是典型的例子,一直在学习美国,但是越来越多的国家也参与学习,韩国可以,中国也参与,最终日本产业被挤压,一些产业要抛掉。这种过度供给也是全球陷入长期停滞的重要原因。

美国在过去的一百多年处于全球经济优势,长期作为世界经济的驱动,很重要的就是它是开拓型模式,不断地推动产品种类的扩张。不仅产品质量不断地提升,像英特尔芯片速度的提高,还开拓新产品带来新行业的出现。这种开拓型既可以是新产品从无到有,也可以像智能手机那样功能整合改变了产品的传统定义。开拓型解决了前面所看到的生产能力堆积问题:领头羊被追赶上,但是跟随者无法根本取代领头羊的角色,于是行业出现停滞和生产能力堆积;现在通过开拓新产品类型,提供更多的可创新的空间,在更多产品维度拓展技术前沿,避免生产资源过多无效地集中于少数行业。

中国是经济大国,未来应该更多承担起拓展全球产品种类的重任,增长的模式需要既垂直追赶又要开拓新行业，既在高端上与现有强国竞争分享份额，又要像美国那样一起参与开拓型模式，实现新产品种类的扩张，通过新行业的引入为全球提供新的分享空间，这也是中国对于世界科技和经济动力的贡献。我们向大企业主导创新驱动的转变，正是实现这种增长模式变化的内在要求。在此过程中，政府可以提供更多的基础科学成果，有助于企业有更多可以进行新产品、新种类扩张的空间。

向大企业主导创新方式的转变也意味着增长观念和思路的变化。我们和美国存在六七倍的人均收入差距，但是人均消费数量并没有那么大差距，更多是消费产品质量（价格）的差距。这给予我们一个思路，缩小和美国的差距，不是一味地生产更多数量，而是要生产出更多高质量的产品，增长模式从数量型向质量型过渡。产品质量提升、在国际市场定价权的提升、不变的数量、更高的美元GDP，所以把握住行业中的定价权就是增长。如果还是过去数量扩张的老思路，就会掉入一种陷阱，即数量是增加了，但是全球价格下来了，国际贸易条件恶化了，因为中国是大国，是会影响国际价格的。所以不要单纯拘泥于国内增长率是6%或8%，毕竟是缩小和美国的差距，如果产品质量提升，在国际市场上卖出更高价格，可以承受人民币对美元的升值，这也是增长。而且，美元折算的增长，比一些库存和过剩产能下的国内增长率更靠谱。巴拉萨-萨姆尔逊效应说生产率进步快的国家会出现持续的升值，观察有些按照本币计算人均GDP比中国低的国家（如韩国），最终人均美元GDP却比中国更高，主要就是靠着生产率进步、产品质量提升，既能支撑实际产出增长，又能支撑实际汇率升值，从而实现缩小美国差距的双驱动，而支撑双驱动的核心是创新。可见，当一个国家中足够多的企业具有全球竞争力，这个国家实际汇率的有效提升，也起到和先进国家缩小收入差距的效应。

参考文献

白重恩,钱震杰,武康平.中国工业部门要素分配份额决定因素研究[J].经济研究,2008(8):16-28.

白重恩,钱震杰.国民收入的要素分配：统计数据背后的故事[J].经济研究,2009(3):27-41.

白重恩,钱震杰.我国资本收入份额影响因素及变化原因分析——基于省际面板数据的研究[J].清华大学学报(哲学社会科学版),2009(4):137-147.

白重恩,钱震杰.谁在挤占居民的收入——中国国民收入分配格局分析[J].中国社会科学,2009(5):99-115.

白重恩,路江涌,陶志刚.国有企业改制效果的实证研究[J].经济研究,2006(8):4-13+69.

蔡昉.农村剩余劳动力流动的制度性障碍分析[J].经济学动态,2005(1):35-39.

陈体标.技术增长率的部门差异和经济增长率的"驼峰形"变化[J].经济研究,2008(11):102-111.

陈体标.经济结构变化与经济增长[J].经济学(季刊),2007,6(4):1053-1072.

陈晓光,龚六堂.经济结构变化和经济增长[J].经济学(季刊),2005(3):583-604.

崔学刚,王立彦,许红.企业增长与财务危机关系研究[J].会计研究,

2007(12):55-62.

崔学刚.企业增长、盈利与价值创造[J].当代财经,2008(8):125-128.

邓曲恒,古斯塔夫森.中国的永久移民[J].经济研究,2007(4):137-148.

丁守海.农民工工资与农村劳动力转移:一项实证分析[J].中国农村经济,2006(4):56-62.

杜江.企业成长与盈利能力:来自中国上市公司的证据[J].四川大学学报,2008(1):73-79.

樊纲,王小鲁,马光荣.中国市场化进程对经济增长的贡献[J].经济研究,2011,46(09):4-16.

高连和.论国有大中型企业融资从制度优势向交易优势的转移[J].当代经济研究,2006(6):43-46.

何洁.外国直接投资对中国工业部门外溢效应的进一步精确量化[J].世界经济,2000(12):29-36.

侯跃龙,罗小亮.上市医药企业专利与经营绩效的相关性研究[J].中南药学,2015(9):993-998.

胡珊珊,安同良.中国制药业上市公司专利绩效分析[J].科技管理研究,2008,28(2):194-196.

黄先海,徐圣.中国劳动收入比重下降成因分析——基于劳动节约型技术进步的视角[J].经济研究,2009(7):34-44.

贾良定,张君君,钱海燕等.企业多元化的动机、时机和产业选择[J].管理世界,2005(8):94-104.

江静,刘志彪,于明超.生产者服务业发展与制造业效率提升:基于地区和行业面板数据的经验分析[J].世界经济,2007(08):52-62.

姜磊,张媛.对外贸易对劳动分配比例的影响——基于中国省级面板数据的分析[J].国际贸易问题,2008(10):26-33.

姜胜建.专利资助机制的分析与思考[J].今日科技,2006(9):5-7.

橘木俊诏.日本的贫富差距[M].丁红卫译.北京:商务印书馆,2003.

拉姆·查兰,诺埃尔·提切,鲁刚伟.持续增长[M].北京:中国社会科学出版社,2005.

李稻葵,刘霖林,王红领.GDP中劳动份额演变的U型规律[J].经济研究,2009(1):70-82.

李国庆.日本社会[M].北京:高等教育出版社,2001.

李牧群,刘金贺等.中国外贸出口市场与商品结构变化[J].Samsung Economic Research Institute China Review,2008,12(14):2-14.

李文鹣,谢刚.中国电子及设备制造公司的专利活动、战略与绩效贡献[J].科学学与科学技术管理,2006,27(4):155-158.

李玉红,郑玉歆,王皓.企业演化:中国工业生产率增长的重要途径[J].经济研究.2008(6):12-24.

刘小青,陈向东.专利活动对企业绩效的影响——中国电子信息百强实证研究[J].科学学研究,2010,28(1):26-32.

罗长远,张军.经济发展中的劳动收入占比:基于中国产业数据的实证研究[J].中国社会科学,2009(4):65-79.

罗长远,张军.劳动收入占比下降的经济学解释:基于中国省级面板数据的分析[J].管理世界,2009(5):25-35.

罗长远,张军.卡尔多特征事实的再思考:对劳动收入占比的分析[J].世界经济,2008(11):86-96.

马克思恩格斯选集第2卷[M].北京:人民出版社,1995.

迈克尔·波特.国家竞争优势[M].北京:中信出版社,2007.

南亮进.日本的经济发展[M].毕志恒译.北京:经济管理出版社,1992.

钱爱民,张新民.企业财务状况质量三维综合评价体系的构建与检验[J].中国工业经济,2011(3):88-98.

孙灵燕,李荣林.融资约束限制中国企业出口参与吗?[J]经济学(季刊),2011,11(1):232-252.

谈儒勇,丁桂菊.外部融资依赖度与增长机会:金融发展效应行业差异探析[J].华南师范大学学报(社会科学版),2007(3):23-27.

唐德才,程俊杰.服务业发展、城市化与要素集聚——以江苏省为例[J].软科学,2008(5):69-75.

汪同三.改革收入分配体系解决投资消费失调[J].金融纵横,2007(22):23.

王文涛,付剑峰,朱义.企业创新、价值链扩张与制造业盈利能力[J].中国工业经济,2012(4):50-62.

王小鲁.城市化与经济增长[J].经济社会体制比较,2002(1):23-32.

王彦超.融资约束、现金持有与过度投资[J].金融研究,2009(7):121-133.

魏浩.中国对外贸易出口结构研究[M].北京:人民出版社,2010.

文家春,朱雪忠.政府资助专利费用对我国技术创新的影响机理研究[J].科学学研究,2009,27(5):686-691.

伍海华,张旭,经济增长·产业结构·金融发展[J].经济理论与经济管理,2001(5):11-16.

吴敬琏.技术进步与经济增长[M]//张占斌.和谐增长:中国经济的未来.上海:上海远东出版社.2006.

吴延兵.中国工业研发投入的影响因素[J].产业经济评论,2009(6):13-21.

肖文,周明海.贸易模式转变与劳动收入份额下降——基于中国工业分行业的实证研究[J].浙江大学学报(人文社会科学版),2010(5):154-163.

解维敏,方红星.金融发展、融资约束与企业研发投入[J].金融研究,2011(5):171-183.

谢千里,罗斯基,张轶凡.中国工业生产率的增长与收敛[J].经济学,2008(2):809-826.

杨汝岱,熊瑞祥.干中学与中国工业企业出口生产率[D].湘潭大学工作论文,2011.

叶林祥,李实,罗楚亮.行业垄断、所有制与企业工资收入差距——基于第一次全国经济普查企业数据的实证研究[J].管理世界,2011(4):26-36.

余明桂,潘红波.金融发展、商业信用与产品市场竞争[J].管理世界,2010(08):117-129.

苑泽明,严鸿雁,吕素敏.中国高新技术企业专利权对未来经营绩效影响的实证研究[J].科学学与科学技术管理,2010,31(6):166-170.

张杰,高德步,夏胤磊.专利能否促进中国经济增长——基于中国专利资助政策视角的一个解释[J].中国工业经济,2016(1):83-98.

张若雪,张涛.经济增长和收入差距缩小何以兼得——韩国和中国台湾的经验[J].经济学家,2008(5):96-101.

张涛,陈磊,王学斌.融资模式、信息协调与技术采用[J].世界经济,2008(11):47-56.

张涛,乐文平.资本深化、劳动收入份额与消费需求[J].毛泽东邓小平理论研究,2009(12):9-13.

张涛,伏玉林.公共品供给、公平感与收入分配[J].学术月刊,2009(5):81-87.

张翼,刘巍,龚六堂.中国上市公司多元化与公司业绩的实证研究[J].金融研究,2005(9):122-136.

赵远亮,周寄中,侯亮等.医药企业知识产权与经营绩效的关联性研究[J].科研管理,2009,30(4):175-183.

朱农.论收入差距对中国乡城迁移决策的影响[J].人口与经济,2002(5):10-17.

Acemoglu D. Training and Innovation in an Imperfect Labour Market [J]. Review of Economic Studies, 1997(64):445-464.

Acemoglu D. Labor — and Capital — Augmenting Technical Change [D]. NBER Working Paper, 2000.

参考文献

Acemoglu D, Aghion P, Zilibotti F. Distance to Frontier, Selection, and Economic Growth[J]. Journal of the European Economic Association, 2006, 4(1): 37-74.

Acemoglu D, Guerrieri V. Capital Deepening and Non-balanced Economic Growth [J]. Journal of Political Economy, 2008, 116 (3): 467-498.

Aghion P, Howitt P. A Model of Growth through Creative Destruction [J]. Econometrica, 1992, 60(2): 323-351.

Aghion P, Askenazyy P, Bermanz N, et al. Credit Constraints and the Cyclicality of R&D Investment: Evidence from France[D]. Working Paper, Harvard University, 2008.

Aghion P, Bloom N, Blundell R, et al. Competition and Innovation: An Inverted-U Relationship[J]. The Quarterly Journal of Economics, 2005, 120(2): 701-728.

Aizenman J, Noy I. Prizes for Basic Research: Human Capital, Economic Might and the Shadow of History [J]. Journal of Economic Growth, 2007, 12(3): 261-282.

Young A. Invention and Bounded Learning by Doing[J]. Journal of Political Economy, 1993, 101(3): 443-472.

Allen F, Gale D. A Welfare Comparison of the German and U. S. Financial Systems[J]. European Economic Review, 1995, 39: 179-209.

Allen F, Gale D. Financial Markets, Intermediaries, Intertemporal Smoothing[J].Journal of Political Economy, 1997, 105: 523-546.

Allen F, Gale D. Diversity of Opinion and Financing of New Technologies[J]. Journal of Financial Intermediation, 1999, 8: 68-89.

Allen F, Gale D. Comparative Financial Systems[M]. Cambridge: MIT Press, 2000.

Amsden A H. Asia's Next Giant: Korea and Late Industrialization[M]. New York: Oxford University Press, 1992.

Anandarajan A, Chin C L, Chi H Y, et al. The Effect of Innovative Activity on Firm Performance: The Experience of Taiwan[J]. Advances in Accounting, 2007, 23: 1-30.

Angeletos G M, Werning I. Crises and Prices: Information Aggregation, Multiplicity, and Volatility [J]. American Economic Review, 2006, 96: 1720-1736.

Arellano M, Bond S. Some Tests of Specification for Panel Data: Monte Carlo Evidence and an Application to Employment Equations. Review of Economic Studies, 1991, 58(2): 277-297.

Arrow K J. The Economic Implications of Learning by Doing[J]. Review of Economic Studies, 1962, 29(3): 155-173.

Asplund M, Nocke V. Firm Turnover in Imperfectly Competitive Markets[J]. Review of Economic Studies, 2006, 73(2): 295-327.

Austin D H. An Event-Study Approach to Measuring Innovative Output: The Case of Biotechnology[J]. American Economic Review, 1993, 83(2): 253-258.

Ark B V, Stuivenwold E, Ypma G. Unit Labour Costs, Productivity and International Competitiveness[D]. Groningen Growth and Development Centre, 2005.

Baumol W J. Macroeconomics of Unbalanced Growth: The Anatomy of Urban Crisis[J]. American Economic Review, 1967, 57(3): 415-426.

Becker S O, Hornung E, Woessmann L. Catch Me If You Can: Education and Catch-up in the Industrial Revolution[D]. IZA Discussion Papers, 2009, 4556: 1-52.

Dennis B N, Iscan T B. Engel versus Baumol: Accounting for

Structural Change Using Two Centuries U. S. Data[J]. Explorations in Economic History，2009，46(2)：186-202.

Bessen J. Productivity Adjustments and Learning-by-Doing as Human Capital[J]. Working Papers，1997，97-117.

Blanchard O J，Giavazzi F. Macroeconomic Effects of Regulation and Deregulation in Goods and Labor Markets[J]. Quarterly Journal of Economics，2003，118(3)：879-907.

Bloom N，Sadun R，Reenen J V. Americans Do IT Better：US Multinationals and the Productivity Miracle[J]. American Economic Review，2012，102(1)：167-201.

Braun R A，Okada T，Sudou N. U. S. R&D and Japanese Medium Term Cycles[D]. Bank of Japan，2006.

Brown J R，Fazzari S M，Petersen B C. Financing Innovation and Growth：Cash Flow，External Equity and the 1990s R&D Boom[J]. Journal of Finance，2009，64(1)：151-185.

Caballero R J，Farhi E，Gourinchas P O. "An Equilibrium Model of "Global Imbalances" and Low Interest Rates[J]. American Economic Review，2008，98(1)：358-393.

Ceglowski J，Stephen G. Just How Low are China's Labor Costs？[J]. World Economy，2007，30(4)：597-617.

Chen Z，Liu Z，Serrato J C S，*et al*. Notching R&D Investment with Corporate Income Tax Cuts in China[D]. NBER Working Papers，2018.

Cho Y J，Cole D C. The Role of the Financial Sector in Korea's Structural Adjustment[R]. Korea Development Institute，1986.

Cheng T. Transforming Taiwan's Economic Structure in the 20th Century[J]. China Quarterly，2001，165：19-36.

Hahn C H，Park C G. Learning-by-exporting in Korean Manufacturing：

A Plant-level Analysis[D]. Global COE Hi-Stat Discussion Paper Series, 2009. 96.

Clark C. The Conditions of Economic Progress[M]. London: MacMillan & Co. Ltd, 1951.

Coad A. Testing the Principle of "Growth of the Fitter": The Relationship between Profits and Firm Growth[J]. Structural change and economic dynamics, 2007, 18(3): 370-386.

Coad A. Exploring the Processes of Firm Growth: Evidence from a Vector Auto-Regression[J]. Industrial and Corporate Change, 2010, 19(6): 1677-1703.

Coad A, Rao R, Tamagni F. Growth Processes of Italian Manufacturing Firms[J]. Structural Change and Economic Dynamics, 2011, 22(1): 54-70.

Cohen W, Nelson R, Walsh J. Protecting Their Intellectual Assets: Appropriability Conditions and Why U.S. Manufacturing Firms Patent (or Not)[D]. NBER Working Paper, 2000.

Cowling M. The Growth: Profit Nexus[J]. Small Business Economics, 2004, 22(1): 1-9.

Ramezani C A, Soenen L, Jung A. Growth, Corporate Profitability, and Value Creation[J]. Financial Analysis Journal, 2002, 58(6): 56-67.

Diamond D W. Financial Intermediation and Delegated Monitoring[J]. Review of Economic Studies, 1984, 51(3): 393-414.

Draca M. Reagan's Innovation Dividend? Technological Impacts of the 1980s U.S. Defense Build-Up[D]. CAGE Online Working Paper Series 168, Competitive Advantage in the Global Economy (CAGE), 2013.

Helpman E. R&D and Productivity: The International Connection[M]. Razin R, Sadka E. The Economics of Globalization. Cambridge: Cambridge University Press, 1999: 17-30.

Ernst H. Patent Applications and Subsequent Changes of Performance: Evidence from Time-Series Cross-Section Analyses on the Firm Level[J]. Research Policy, 2001, 30(1): 143-157.

Schiantarelli F, Srivastava V. Debt Maturity and Firm Performance: A Panel Study of Indian Companies[D]. Policy Research Working Paper Series 1724, The World Bank, 1997.

Feenstra R C. Symmetric Pass-Through of Tariffs and Exchange Rates under Imperfect Competition: An Empirical Test [J]. Journal of International Economics, 1989, 27: 25-45.

Foellmi R, Zweimüller J. Structural Change, Engel's Consumption Cycles and Kaldor's Facts of Economic Growth[J]. Journal of Monetary Economics, 2008, 55(7): 1317-1328.

Caprio G, Kunt A. The Role of Long Term Finance: Theory and Evidence[J]. The World Bank Research Observer, 1998, 13(2): 171-189.

Gersbach H, Schneider M T, Schneller O. Basic Research, Openness and Convergence[J]. Journal of Economic Growth, 2013, 18(1): 33-68.

Gersbach H, Schneider M T, Schneller O. How Much Science? New Insights on a Classic Policy Challenge[D]. Working paper, SSES Annual Congress, 2017.

Amon C, Gersbach H, Sorger G. Hierarchical Growth: Basic and Applied Research[J]. Journal of Economic Dynamics and Control, 2018, 90: 434-459.

Gerschenkron A. Economic Backwardness in Historical Perspective[M]. Cambridge: Cambridge University Press, 1962.

Goddard J, Molyneux P, Wilson J. Dynamics of Growth and Profitability in Banking[J]. Journal of Money, Credit and Banking, 2004, 36(6): 1069-1090.

Goldberg L S. Industry Specific Exchange Rates for the United States [J]. Economic Policy Reivew, 2004, 10(1): 1-16.

Goldsmith R W. Financial Structure and Development[M]. Newhaven: Yale University Press, 1969.

Gourinchas P, Rey H. From World Banker to World Venture Capitalist: U. S. External Adjustment and the Exorbitant Privilege[D]. NBER Working Paper No.11563, 2005.

Griliches Z. Patent Statistics as Economic Indicators: A Survey[J]. Journal of Economic Literature, 1990, 28(4): 1661-1707.

Griliches Z, Hall B H, Pakes A. R&D, Patents, and Market Value Revisited: Is There A Second (Technological Opportunity) Factor? [J]. Economics of Innovation and New Technology, 1991, 1(3): 183-201.

Grossman G M, Helpman E. Quality Ladders in the Theory of Growth [J]. Review of Economic Studies, 1991, 58(1): 43-61.

Guerrieri P, Meliciani V. International Competitiveness in Producer Services[J]. Social Science Electronic Publishing, 2005.

Hertel T, Zhai F. Labor Market Distortions, Rural-Urban Inequality and the Opening of China's Economy[J]. Economic Modelling, 2006, 23 (1): 76-109.

Hicks J R. A Theory of Economic History[M]. New York: Oxford University Press, 1969.

Holgersson M. Patent Management in Entrepreneurial SMEs: A Literature Review and an Empirical Study of Innovation Appropriation, Patent Propensity, and Motives[J]. R & D Management, 2012, 43(1): 21-36.

Holmes T J, Levine D K, Schmitz J A. Monopoly and the Incentive to Innovate When Adoption Involves Switchover Disruptions[J]. American

Economic Journal: Microeconomics, 2012, 4(3): 1-33.

Hu M W, Chi S. The Changing Competitiveness of Taiwan's Manufacturing SMEs[J]. Small Business Economics, 1998, 11: 315-326.

Morris S, Shin H S. Social Value of Public Information[J]. American Economic Review, 2002, 92: 1521-1534.

Iaria A, Schwarz C, Waldinger F. Frontier Knowledge and Scientific Production: Evidence from the Collapse of International Science[J]. Quarterly Journal of Economics, 2018, 133(2): 927-991.

Jang S C, Park K. Inter-Relationship between Firm Growth and Profitability[J]. International Journal of Hospitality Management, 2011, 30(4): 1027-1035.

Jeanneney S G, Ping H. Real Exchange Rate and Productivity in China[D]. CERDI Working Paper, 2003.

Jeanneney S G, Ping H. How Does Real Exchange Rate Influence Labor Productivity in China? [J]. China Economic Review, 2011, 22: 628-645.

Nugent J B. Variations in the Size Distribution of Korean Manufacturing Establishments across Sectors and Over Time[D]. Korea Development Institute, 1989.

Jensen M, Meckling W. Theory of the Firm: Managerial Behaviour, Agency Costs and Ownership Structure[J]. Journal of Financial Economics, 1976, 3(4): 305-360.

Kim J H. Korean Industrial Policy in the 1970's: The Heavy and Chemical Industry Drive[D]. Korea Development Institute, 1990.

Kahneman D, Tversky A. Prospect Theory: An Analysis of Decisions under Risk[J]. Econometrica, 1979, 47(2): 262-291.

Ekholm K, Moxnes A, Ulltveit-Moe K H. Manufacturing Restructuring and the Role of Real Exchange Rate Shocks[J]. Journal of International

Economics, 2012, 86(1): 101-117.

Katz M L, Shapiro C. Network Externalities, Competition, and Compatibility[J]. American Economic Review, 1985, 75(3): 424-440.

Kim Y K, Lee K, Park W G. Appropriate Intellectual Property Protection and Economic Growth in Countries at Different Levels of Development[J]. Research Policy, 2012, 41(2): 358-375.

Kongsamut P, Rebelo S, Xie D. Beyond Balanced Growth[J]. Review of Economic Studies, 2001, 68(5): 869-882.

Kuijis L. How will China's Saving-investment Balance Evolve[D]. World Bank China Office Research Working Paper No. 5, 2006.

Kumagai S. A Journey Through the Secret History of the Flying Geese Model[D]. IDE Discussion Paper No. 158, 2008.

Kuznets S. Modern Economic Growth: Rate, Structure and Spread[M]. New Heaven and London: Yale University Press, 1966.

Kwack T. Industrial Restructuring Experience and Policies in Korea in the 1970s[D]. Korea Development Institute, 1984.

Lee S. The Relationship between Growth and Profit: Evidence from Firm-Level Panel Data. Structural Change and Economic Dynamics, 2014, 28: 1-11.

Levine R. Financial Development and Economic Growth: Views and Agenda[J]. Journal of Economic Literature, 1997, 35(2): 688-726.

Levinsohn J, Petrin A. Estimating Production Functions Using Inputs to Control for Unobservables[J]. Review of Economic Studies, 2003, 70(2): 317-341.

Lewis A. Economic Development with Unlimited Supplies of Labor[J]. Manchester School, 22(2): 139-191.

Fung L, Liu J T. The Impact of Real Exchange Rate Movements on

Firm Performance[J]. Japan and the World Economy, 2009, 21(1): 85-96.

Fung L, Baggs J, Beaulieu E. Plant Scale and Exchange-Rate-Induced Productivity Growth[J]. Journal of Economics & Management Strategy, 2011, 20(4): 1197-1230.

Mancusi M L, Vezzulli A. R&D and Credit Rationing in SMEs[D]. Bocconi University, 2010.

Markman G, Gartner W. Is Extraordinary Growth Profitable? A Study of Inc. 500 High Growth Companies[J]. Entrepreneurship Theory and Practice, 2002, 27(1): 65-75.

Maskus K, Neumann R, Seidel T. How National and International Financial Development Affects Industrial R&D[J]. European Economic Review, 2012, 56(1): 72-83.

Mcbeath G A., Taiwan Privatizes by Fits and Starts[J]. Asian Survey, 1997, 37(12): 1145-1162.

McGrattan E R, Prescott E C. Technology Capital and the U.S. Current Account[J]. American Economic Review, 2010, 100 (4): 1493-1522.

Melitz M. The Impact of Trade on Intra-Industry Reallocations and Aggregate Industry Productivity [J]. Econometrica, 2003, 71 (6): 1695-1725.

Metcalfe S. Competition, Fisher's Principle and Increasing Returns in the Selection Process[J]. Journal of Evolutionary Economics, 1994, 4(4): 327-346.

Mokyr J. Cultural Entrepreneurs and the Origins of Modern Economic Growth[J]. Scandinavian Economic History Review, 2013, 61(1): 1-33.

Murphy K, Shleifer A, Vishny R. Industrialization and the Big Push [J]. Journal of Political Economy, 1989, 97(5): 1003-1026.

Myers S, Majluf N'. Corporate Financing and Investment Decisions

When Firms Have Information Investors Do Not Have[J]. Journal of Financial Economics, 1984, 13(2): 187-221.

Narayanan M P. Managerial Incentives for Short-Term Results[J]. The Journal of Finance, 1985, 40(5): 1469-1484.

Nelson R. The Simple Economics of Basic Scientific Research[J]. Journal of Political Economy, 1959, 67(3): 297-306.

Ngai R, Pissarides C. Structural Change in a Multi-Sector Model of Growth[J]. American Economic Review, 2007, 97(1): 29-443.

OECD. Frascati Manual — Proposed Standard Practice for Surveys on Research and Experimental Development, 2002.

Ozawa T. Structural Transformation, Flying-Geese style and Industrial Clusters: Theoretical Implications of Japan's Postwar Experience[D]. Colorado State University, 2004.

Park H J. Dirigiste Coalition Politics and Financial Policies Compared[J]. Asian Survey, 2001, 41(5): 846-864.

Park J K, Industrial Policies for Industrial Restructuring[R]. Korea Development Institution, 1994.

Pavitt K. Uses and Abuses of Patent Statistics[M]. //A. F. J. Van Raan. Handbook of Quantitative Studies of Science & Technology. The Netherlands: Elsevier Science Publishers B. V., 1988.

Porter M E. Capital Choices: Changing the Way America Invests in Industry[J]. Journal of Applied Corporate Finance, 1992, 5(2): 4-16.

Raghuram G R. Insiders and Outsiders: The Choice between Informed and Arm's-Length Debt[J]. The Journal of Finance, 1992, 47(4): 1367-1400.

Sungsup R. Current State and Policy Issues of Declining Industries in Korea[R]. Papers and Discussions from the Joint KDI/FES Conference,

1985.

Lucas R E. Making a Miracle[J]. Econometrica, 1993, 61(2): 251-272.

Romer P M. Endogenous Technological Change[J]. Journal of Political Economy, 1990, 98(5): S71-S102.

Romer P M. Increasing Return and Long-Run Growth[J]. Journal of Political Economy, 1986, 94(5): 1002-1037.

Scherer F. Corporate Inventive Output, Profits, and Growth[J]. Journal of Political Economy, 1965, 73(3): 290-297.

Schmookler J. Invention and Economic Growth[M]. Cambridge, MA: Harvard University Press, 1966.

Schumpeter J. The Theory of Economic Development[M]. Harvard University Press, 1912.

Schumpeter J A. Theory of Economic Development[M]. Cambridge, MA: Havard University Press, 1911.

Shaikh A. The Falling Rate of Profit and the Economic Crisis in the U. S[M]. //Cherry R. Imperiled Economy: Macroeconomics From A Left Perspective. New York: Monthly Review Press, 1987.

Sharpe S A. Asymmetric Information, Bank Lending and Implicit Contracts: A Stylized Model of Customer Relationships[J]. Journal of Finance, 1990, 45(4): 1069-1087.

Shea Jia-dong, Internationalization of the Financial Sector in Taiwan, Republic of China[R]. Papers and Discussions from the Joint KDI/CHIER Conference, 1988.

Stein J C. Efficient Capital Markets, Inefficient Firms: A Model of Myopic Corporate Behavior[J]. Quarterly Journal of Economics, 1989, 104(4): 655-669.

Stiglitz J E. Credit Markets and the Control of Capital[J]. Journal of

Money, Credit and Banking, 1985, 17(2): 133-152.

Yao T. Does Productivity Respond to Exchange Rate Appreciations? A Theoretical and Empirical Investigation[D]. Bowdoin College Economics Department Working Paper Series, 2010.

Von Thadden, E L. Long-Term Contracts, Short-Term Investment and Monitoring[J]. The Review of Economic Studies, 1995, 62(4): 557-574.

Todaro M. Model of Labor Migration and Urban Unemployment in Less Developed Countries[J]. American Economics Review, 1969, 59(1): 138-148.

Ark B V, Pilat D. Productivity Levels in Germany, Japan, and the United States: Differences and Causes[J]. Brookings Papers on Economic Activity: Microeconomics, 1993, 2(2): 1-48.

Viale R, Etzkowitz H. The Capitalization of Knowledge: A Triple Helix of University-Industry-Government[M]. Cheltenham: Edward Elgar, 2010.

Weinstein D, Yafeh Y. On the Cost of a Bank-Centered Financial System: Evidence from the Changing Main Bank Relation in Japan[J]. Journal of Finance, 1998, 53(2): 635-672.

Weitzman M L. Recombinant Growth[J]. Quarterly Journal of Economics, 1998, 113(2): 331-360.

Woo C S, Lim C S. Promoting SMEs in Korea: Mandate for a New Approach[D]. Paper presented at University of Hawaii-KDI conference on Korea's Transition to a High Productivity Economy, 1998.

Xu Y. Lessons from Taiwan's Experience of Currency Appreciation[J]. China Economic Review, 2008, 19: 53-65.

Zhang K, Song S. Rural-Urban Migration and Urbanization in China: Evidence from Time-series and Cross-section Analysis[J]. China Economic Review, 2003, 14(4): 386-400.

图书在版编目(CIP)数据

市场制度深化与产业结构变迁/张涛著. —上海:复旦大学出版社, 2019.6 (2020.3 重印)
(纪念改革开放四十周年丛书)
ISBN 978-7-309-14368-3

Ⅰ.①市… Ⅱ.①张… Ⅲ.①产业结构调整-研究-中国 Ⅳ.①F269.24

中国版本图书馆 CIP 数据核字(2019)第 104159 号

市场制度深化与产业结构变迁
张　涛　著
责任编辑/王雅楠等

复旦大学出版社有限公司出版发行
上海市国权路 579 号　邮编:200433
网址:fupnet@fudanpress.com　http://www.fudanpress.com
门市零售:86-21-65642857　　团体订购:86-21-65118853
外埠邮购:86-21-65109143
江阴金马印刷有限公司

开本 787×1092　1/16　印张 17.25　字数 226 千
2020 年 3 月第 1 版第 2 次印刷

ISBN 978-7-309-14368-3/F·2579
定价:78.00 元

如有印装质量问题,请向复旦大学出版社有限公司出版部调换。
版权所有　侵权必究